Design Competition for KOSEN Students

デザコン2023 舞鶴
official book

予選

(Additive Manufacturing)

課題テーマ　新しい生活様式を豊かにしよう!　Part2

本選

予選

課題テーマ　みんな、あつまれ!

本選

付篇

註（本書共通）
＊本書に記載している「高専」は、高等専門学校および工業高等専門学校の略称。
＊高専名は、「高専名（キャンパス名）」で表示。
＊応募作品名は、原則としてエントリーシートの記載の通り。一部、提出したプレゼンテーションポスターなどに合わせて修正。作品名が予選と本選のプレゼンテーションポスターで異なる場合は、本選のプレゼンテーションポスターに合わせて修正。
＊作品番号は、原則として応募登録時の番号。
＊作品紹介欄の参加学生の氏名は、応募登録時の記載をもとに、同じ学科や専攻科、学年ごとにまとめて、高学年から順に記載。氏名の前にある◎印は学生代表。
＊外国人名は、カタカナ表記の場合は原則として（姓）・（名）で表示。姓を持たない場合は名前のみ表示。アルファベット表記の場合は、本人の申告通りに記載。
＊所属、学年の記載は、大会開催時（2023年11月）のもの。
＊「目次」の[000]、プレデザコン部門の[フィールド名000]は作品番号。「空間」は「空間デザイン・フィールド」、「創造」は「創造デザイン・フィールド」、「AM」は「AMデザイン・フィールド」を示す。

「session」の聖地、舞鶴で奏でる――新しい協働の形

▪2つのエリアが「session」する舞鶴

デザコン2023の開催地となった舞鶴市は、京都府北部の中丹地域に位置し、戦国大名の細川藤孝(幽斎)が築いた田辺城の城下町として発展してきた。田辺城は、江戸時代に雅称(優雅さを込めた別名)として舞鶴(ぶかく)城と呼ばれた美しい城の1つであった。舞鶴という地名は、田辺城の雅称に因んで明治時代に名付けられたとされる。
舞鶴湾に面する舞鶴市は、2つのエリア――古くから城下町、漁港として栄えた西舞鶴と、鎮守府(海軍の本拠地)として近代化し、太平洋戦争後は造船や海運などが営まれる港湾都市として成長した東舞鶴――が「session」する都市である。デザコンの会場となった舞鶴市総合文化会館と舞鶴赤れんがパークが立地する東舞鶴は、「海の京都」の一画を成す舞鶴を象徴するエリアで、中でも、舞鶴赤れんがパーク内の「舞鶴赤れんが倉庫群」は日本の近代化を支えた建物として、重要文化財(近代化遺産)に指定されている。

▪モノやコトの計画、設計がデザコンの真髄

1977年に明石高専と米子高専の建築学科で行なった研究交流シンポジウムが、デザコンの源流になったと聞いている。つまり、デザコンには、長い歴史がある。
2004年に、全国高等専門学校連合会(高専連合会)の主催で、デザコンの第1回が開催された。対象とする技術領域を「人が生きる生活環境を構成するための総合的技術」ととらえ直して、それ以前の対象であった、いわゆる建築物の意匠設計から、広い意味でのデザイン領域へと生まれ変わったのである(本書156ページ〜「デザコンとは？」参照)。
デザインの定義は人によって異なるだろうが、私は「モノやコトを計画したり、設計すること」だと考えている。高専では、中学校を卒業したばかりの学生を相手に、モノづくりを重視した教育を実施している。人が生きる生活環境に関わる問題を発見し、モノづくりとコトづくりの側面から問題解決のためのデザインを探求することは、高専の教育において特に重要である。決められた期間で、他の高専の学生と作品の出来を競い合い切磋琢磨するデザコンには、実社会で必要とされる、「プロジェクトに取り組み、成果を出す」ためのスキルを磨くという側面がある。そして、他のコンテストでは見られないような審査員からの厳しい講評にめげず、参加学生が、自分のアイディアはいかにすばらしいかを説明することも、デザコンの重要なファクター(要素)になっているのだ。
このように、デザコンは他のコンテストとはひと味違う、重要な実践教育の場となっている。

▪「session」が生み出すデザイン

デザコン2023の大会メインテーマは「session――新しい協働の形」とした。ジャズ音楽における「session」とは、集まったミュージシャン1人1人が、その場の雰囲気や他のミュージシャン、自身の状況などに応じて即興的に演奏することを言う。そこでは、同

＊文中では、高等専門学校および工業高等専門学校を高専と省略

林 康裕（第20回全国高等専門学校デザインコンペティション実行委員会委員長、舞鶴工業高等専門学校校長）

調や共鳴、楽譜に沿った演奏に留まらず、各ミュージシャンは感覚的に演奏して偶発性を許容し、展開を他のミュージシャンに委ねることで、相互の関係性による新たな音楽が生み出される。同様に、デザインの分野においても、現代社会における多様性を受け入れ、さまざまな人々がいろいろな方法で関係性を結ぶこと（session）のできる社会を実現するためのデザインが求められている。

会場となった「舞鶴赤れんが倉庫群」では、かつて、市民が中心となって企画運営する「赤煉瓦サマー・ジャズ in 舞鶴」というジャズ音楽のフェスティバルが開催され、世界的なジャズ・ピアニストの山下洋輔氏をはじめ、数多くのミュージシャンが出演した。現在でも、ここでは、それに代わるジャズ音楽のイベントが開催されている。つまり、デザコン2023は、ジャズ音楽における「session」の聖地である空間を使った、高専の学生たちによる、多様で新たなデザインの競演（session）の場であったとも言える。

▪歴史と文化、5部門それぞれの「session」

デザコン2023で実施したのは、空間デザイン部門、構造デザイン部門、創造デザイン部門、AMデザイン部門、プレデザコン部門の5部門。空間デザイン部門では、「多様な20人が集って『session』する住まいのデザイン」が競われた。構造デザイン部門では、紙で作成した複数の部品（橋を構成するパーツ）を「session」させて1つの橋を作り、静的荷重と衝撃荷重の両方に耐え得るデザインを競った。創造デザイン部門では、3D都市モデルのオープンデータ「PLATEAU（プラトー）」を活用して、都市と地域を「session」させることで、私たちのwell-being（ウェルビーイング＝充実した生）を高めるさまざまなアイディアが提案された。AMデザイン部門では、新しい生活様式を豊かにするための「session」の模索により、3Dプリンタを活用した斬新なアイテムが登場した。プレデザコン部門では、本科3年生までの学生が、空間デザイン部門、創造デザイン部門、AMデザイン部門に連動する3つのフィールドそれぞれで出された提案条件に対し、自由な発想でチャレンジしていた。

会期中、「舞鶴赤れんが倉庫群」をはじめ、舞鶴の歴史や文化に十分に触れることができた今回のデザコンは、全国の高専から参加した学生たちにとって、何ものにも代えがたい経験となったのではないだろうか。

最後に、この場を借りて、甲乙つけがたいデザインの優劣を判定するという難しい判断とすばらしい講評を担った審査員をはじめ、デザコン2023への協賛者一同、支援者である内閣府、文部科学省、国土交通省、経済産業省、科学技術振興機構、日本建築家協会、日本建設連合会、舞鶴市ほか、関連団体に心よりお礼を申し上げたい。

そして、これまで長年にわたりデザコンを支えてきた関係者に、改めて敬意を表するとともに、デザコンのますますの発展を祈念する。

舞鶴湾めぐり遊覧船
Lee

全国高等専門学校デザインコンペティション
載荷装置
A

空間デザイン部門

課題テーマ　住まいのセッション

予選▼

136 作品

2023.8.1-8.21
予選応募
2023.9.6
予選審査

本選▼

10[*1] 作品

2023.11.11
ポスターセッション
ポスターセッション講評
2023.11.12
プレゼンテーション
最終審査(公開審査)
審査員総評

受賞▼

8 作品

■最優秀賞(日本建築家協会会長賞):
舞鶴高専『サンドイッチ・アパートメント──3人の単身高齢者と5世帯の家族が暮らす家』[132]
■優秀賞:
岐阜高専『「よそ者」と「地域」を紡ぐ集合住宅』[049]
呉高専『個性が彩るみち──みちから広がる世帯間交流』[116]
■審査員特別賞:
明石高専『風立ちぬ仮寓(かぐう)』[086]
呉高専『開いて、閉じて。』[114]
■建築資料研究社/日建学院賞:
釧路高専『選択できる洗濯場──霧の町釧路における新しい洗濯のあり方』[022]
■三菱地所コミュニティ賞:
岐阜高専『抽象と具象が生む居場所(スマイ)』[038]
■エーアンドエー賞:
明石高専『トマリギ──災害と共生する暮らし』[110]

*1　10作品:作品番号[131]は作品展示のみで、学生は本選不参加のため、本選の審査対象は9作品。

多様な世帯があり、多様な生き方がある現在。しかし、各世帯が孤立していては、困難に直面した時に窮することもあるだろう。そこで、今一度、人が集まって住む可能性を考えてほしい。個人や世帯の個性、自由と平等とを尊重しながら人々が再結合するという、現代だからこそ実現可能な住まい方があるのではないか。今回は、人が集まって生きるための「20人の住まい」の提案を求める。現在と未来を見定め、建築空間内の要素同士の「セッション」を通して、多様な人々が相互に関係し合う生き方を、住まいの空間デザインとして表現してほしい。

132 舞鶴高専

◎亀井 俊輔、梅宮 丈瑠、石髙 五樹[建設システム工学科建築コース5年]
担当教員:尾上 亮介、今村 友里子[建設システム工学科]

サンドイッチ・アパートメント
——3人の単身高齢者と5世帯の家族が暮らす家

審査講評

応募作品の多くが20人という枠を超え、より多くの人々と交流する提案だったのに対し、最優秀賞となった本作品は、限られた敷地の中で、3人の独居老人と5組の家族の合計20人がいかに仲良く快適に暮らすか、というテーマに正面から取り組んでいる。
この作品は一見、地味だが、どの地方都市の中心街でも成り立つ現実性と普遍性を備えており、環境のみならず人間関係においても、豊かでゆとりのある未来への生活像が明確な形で提示されている。その点で審査員からの高い評価を得た。
各住戸の間に十分なすき間をとることにより、そのすき間を動線に用いたり、陽が当たりにくい場所へ光を導く「光の通り道」にしたりする平面と断面の計画は隅々まで詳細に計画されていて、本当に見事だ。構造の面でも、木造の大断面によるラーメン構造形式*1のサステナビリティ(持続可能性)を十分に理解し、その特性を生かした設計になっていて、プロの建築家も顔負けの出来栄えであった。
ただし、植物はこの作品に描かれているほど人間の思うとおりには育たない。自然とは、自然本来の生き生きとした姿の時のみ、人に豊かさを与えてくれることを理解してほしい。 (横内 敏人)

註 *1 ラーメン構造形式:垂直材(柱)と水平材(梁)を剛接合した構造形式。

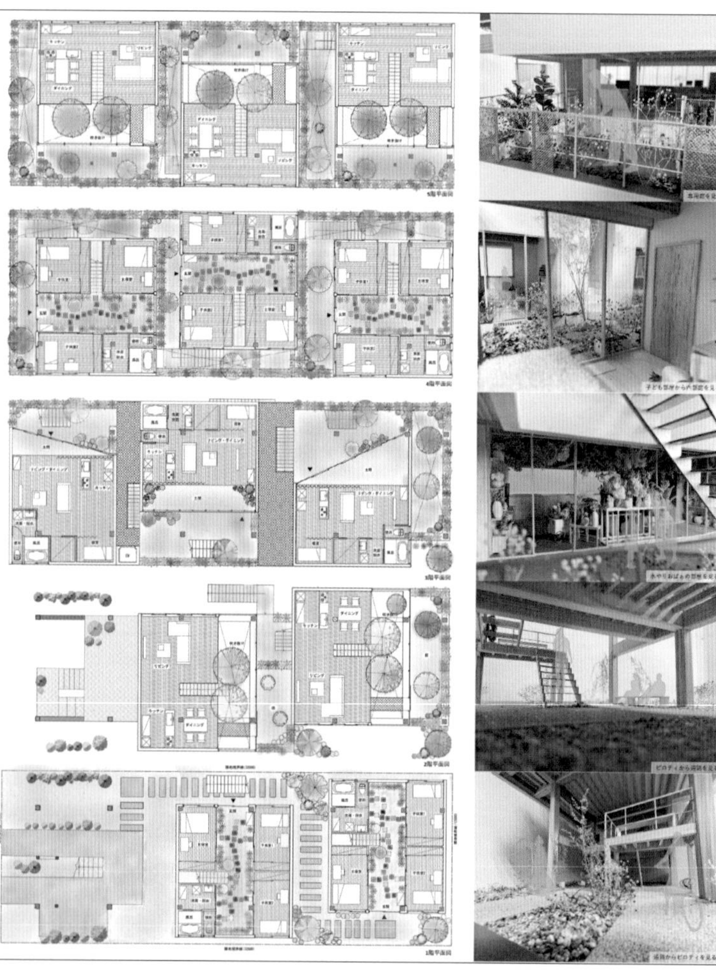

内部庭から吹き抜けを見る
専用庭からリビングを見る
水やりおばぁの部屋を見る
おもちゃおじいの部屋を見る
道路側からピロティを見る
じぃばぁを挟む
1,2階、4,5階のメゾネットを家族用、3階をじぃばぁ用の住戸にし、独り暮らしのじぃばぁを家族世帯で挟む。
3階はエキスパンドメタルの床で住戸同士を繋げることで全体が公共空間になり、住人達が集まる場所となる。
3階に動線が集まるようにし、家族達が自然に3階に集まるようにする。
人員構成
お絵かきおじぃ(70)
柴犬しゅん(10)
趣味：水彩画
特徴：日々の幸せな出来事を絵にしている。
おもちゃおじぃ(65)
オカメインコのウメ(1)
趣味：竹細工
特徴：作った竹細工で子供たちが遊んだり、一緒に作ったりしている。
水やりおばぁ(67)
亀の石ちゃん(不明)
趣味：料理と植物
特徴：そこら中の植物を管理している。
家族1
父 (35)
母 (34)
長男(10)
長女(9)
家族2
母 (32)
長男(8)
長女(5)
家族3
父 (36)
母 (36)
長男(9)
次男(5)
家族4
父 (29)
母 (29)
長男(6)
家族5
父 (37)
長男(12)
長女(6)
対象敷地
敷地は兵庫県神戸市東灘区森南町の赤の部分。周りは道路や線路、マンションや一戸建て等のある都市部である。
今回はこの敷地を選んだが、どの都市部でも普遍的に実現できる集合住宅にしている。
北側は道路、東・西側は5階建てアパート、南側は3階建ての建築物に囲まれた敷地となっている。周辺は閑静な住宅街となっているため、住人だけで落ち着いた暮らしを送ることができる。

049 岐阜高専

◎武藤 創太[建築学科4年]
担当教員：櫻木 耕史[建築学科]

「よそ者」と「地域」を紡ぐ集合住宅

審査講評

地形的にも特徴のある魅力的な街の様子を建築的な視点で観察して、街から抽出した建築エレメント(構成要素)を、今を生きる人たちに向けた住居群として再構成し、見たことのあるようで見たことのない、新しい街の地形と風景をつくり出している。
現状の川に面した生活が表出しているエレメント群は、小さな部屋と大きなベランダとなり、室内外とスケール(規模)を反転させることで、新たな生活が自然に溢れ出すきっかけとなっている。また、川へ下る小道は計画全体の地形の中に組み込まれ、これらを巡ることで地域を身体で感じることのできる体験として増幅されており、計画のイメージを軽やかな模型が担保していた。
その反面、構造計画に不安を感じる点や、小さな居室のプライバシーが十分でなさそうな点、共用スペースの使い方のリアリティ(現実性)などは検討の余地があるだろう。
最低限必要なパーソナルスペース(個人の占有空間)をあえて小さくし、人の居場所を街に分散した生活の方法は、一見、都市的であるように思われる。しかし、環境資源を建築的にうまく取り入れた本作品は、地方での新しい暮らし方として十分なリアリティを持つと感じさせてくれた。　(松本 尚子)

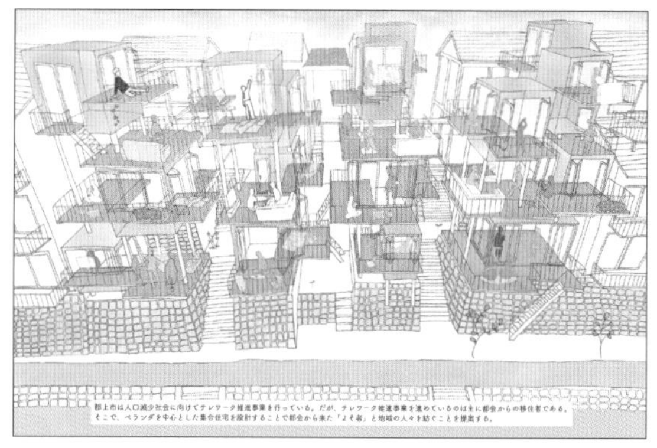

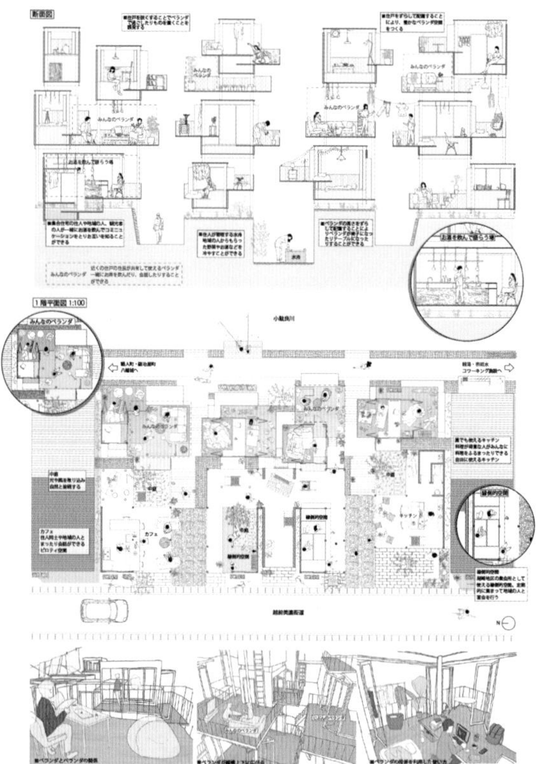

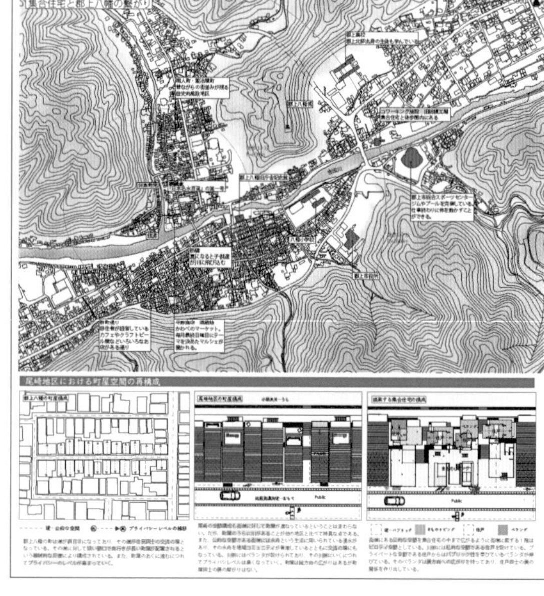

116 呉高専

◎元永 龍志、大坂 康介、佐藤 舜、藤井 脩真[建築学科4年]
担当教員：仁保 裕[建築学科]

個性が彩るみち
──みちから広がる世帯間交流

審査講評

郊外にある小規模商店街の再生計画。「セッション」する住人を「街に散在する残り少ない商店の経営者」とし、彼らを結集させ、互いを盛り上げていくというストーリー設定である。商店の継続と街の賑わい、その目標に向かって張り切る20人の顔が判りやすく、課題テーマに合致している。

住戸はRC（鉄筋コンクリート）造の2階建てで、10世帯の住宅が2列に並ぶ。住戸から各店舗の商品を陳列する「ミセの間」が元気に張り出す。アーケードの上部には店舗のディスプレイが吊り下げられ、正方形の屋根が一段高いレベルで分散設置され、小規模パサージュ（小径）を構成している。

秀逸なのは住居1階の土間空間で、商売にもプライベートにも、開放でも閉鎖でも使えるよう、間仕切りできるカーテンとガラス戸が用意されている点。これは交流の関係性の強弱を調整する道具（建具）になるだろう。空間をリアルに構想できていないと気づけないアイディアだと感心した。

構造方式や材料の種別について審査でも議論になったように、店舗すべてをRC造ではなく木造にして、木などの細い材料で繊細に作るという選択肢もあったのではないか。　（玉置 順）

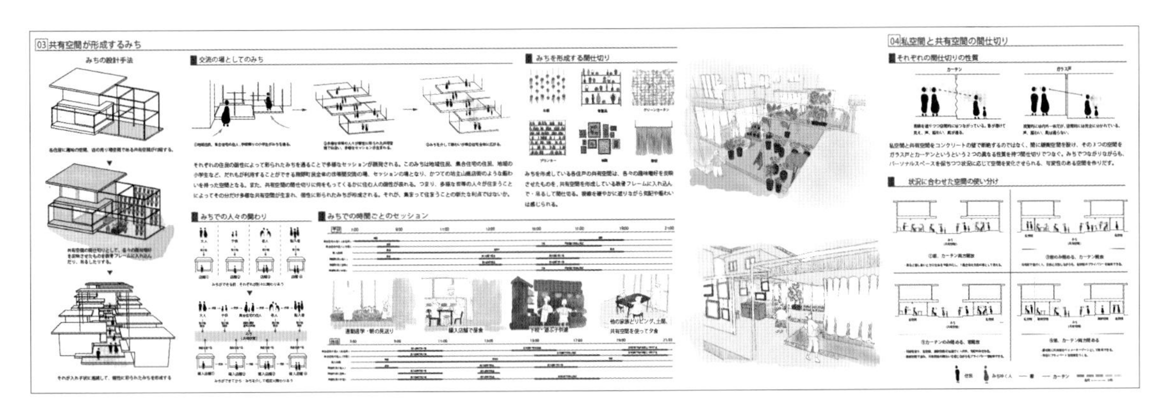

086 明石高専

◎山本 真幸、大西 治季、松田 快翔[建築学科4年]
担当教員：水島 あかね[建築学科]

風立ちぬ仮寓

審査講評

風に着目した作品。長閑な敷地で長く伸びる回廊状に住居が点在し、建物は寺院の宿坊として機能する。住民が清らかな気持ちで、清々しい風に吹かれながら活動するという設定は、一見、牧歌的な自然讃美になってしまいがちだが、実はここの風景をつくる小高い周りの山々は、昭和の大開発により頂部を平に削られて大規模ニュータウンになっている。ただし、その周部に残された山の傾斜部分に樹木が残されたおかげで、谷部はかろうじて昔ながらの風景を保っており、本作品はその一画を敷地とし、長閑な敷地に屋外を満喫する、気持ちの良い伸びやかな回廊を放っている。
その反面、計画の規模が大きいため20人は分散してしまい、住民同士がどのようにコミュニケーションするのか、どのような「セッション」を起こしていくのかを想像できなかった。具体的に住人を巻き込んでいく行為を企画し、図面に表現できていれば、評価が変わったかもしれない。
環境の世代——屋外の魅力を感じられる、時代に合った良い作品である。
（玉置 順）

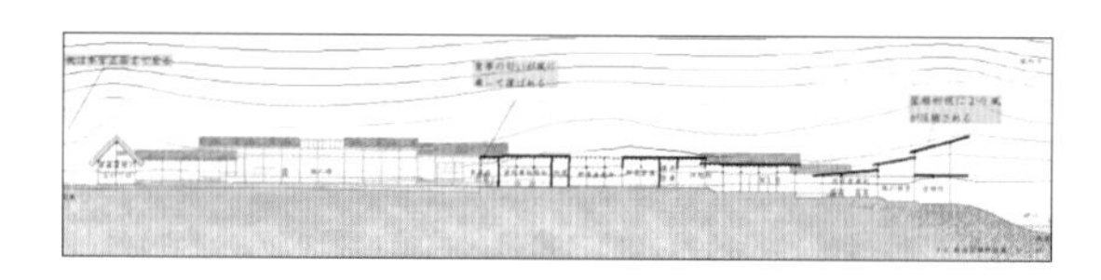

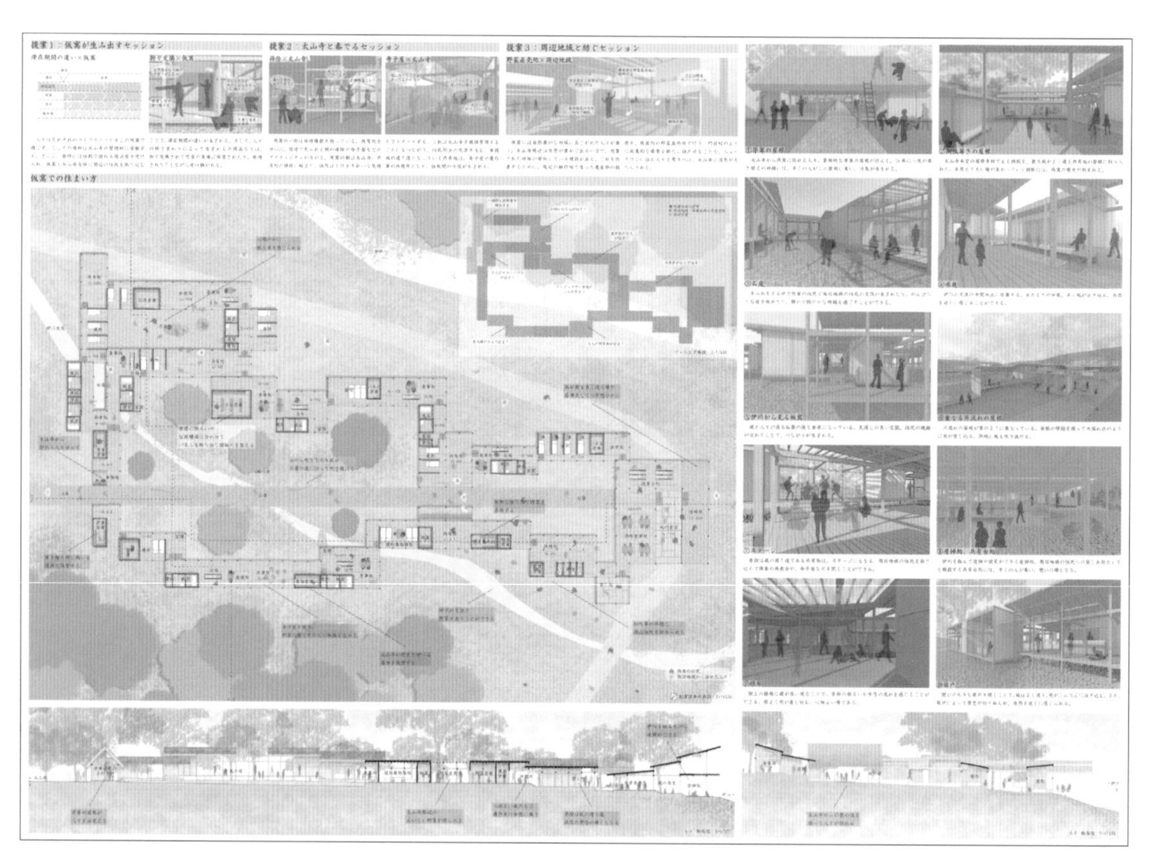

114 呉高専

◎宮本 知輝、林 青空、上江洲 悠希[建築学科4年]
担当教員：安 箱敏[建築学科]

開いて、閉じて。

審査講評

広島県呉市の、街の歴史や生活文化をよく理解した上で、その地域の特性を生かした具体性に富むすばらしい提案である。屋台の持つ仮設性、可動性、可変性は、「自由」を感じさせる独特の魅力を持っているが、まず、その魅力を何とか建築に応用できないだろうか、という発想がとても新鮮だった。さらに、時間ごとに建築が変化することで、その周辺にさまざまなアクティビティ（活動）が発生し、それが地域の活性化につながるというプログラミングは周到に考えられていて、説得力があった。
建築の形態は具体的でイメージしやすい反面、現実性を多少、犠牲にしても、こんな建築だったら実現したいと思えるほどの空間的魅力という点では、やや物足りなさを感じた。特に2階の住居部分のプラン（平面計画）は、息の詰まるほど空間が密集していて風通しが悪く、屋根もうまく架かっていないように見える。これらがうまく設計できていれば、評価はもっと上がっていただろう。
（横内 敏人）

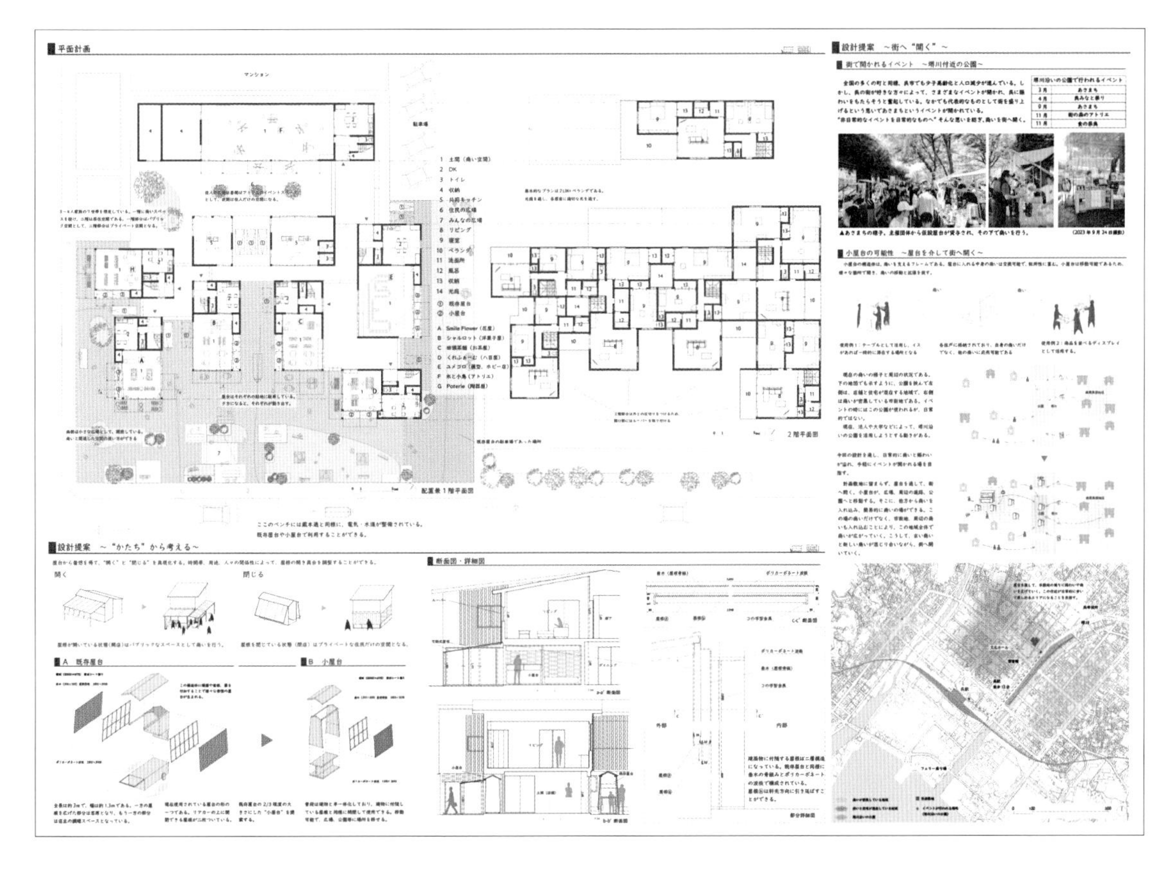

022 釧路高専

◎右田 孝太、庄司 樹里[創造工学科建築デザインコース建築学分野5年]
担当教員：西澤 岳夫[創造工学科建築デザインコース建築学分野]

選択できる洗濯場

――霧の町釧路における新しい洗濯のあり方

審査講評

この作品の特徴は完全な分棟配置で計画されている点で、各棟の間にヒューマンスケールの屋外空間ができあがっているのは作者の意図どおりだと思った。各住戸にはバラエティに富んだ間取りが提案されていて、多様な生活を営む他者を受け入れる寛容さに満ちており、周辺の住宅地の人々もここに来てランドリーを使用しながら自然に仲良くなるという、そもそものアイディアには心温まるものがあり、すばらしかった。

しかし、今回の「集まって住む」という課題テーマの求める内容に対しては、あまりにバラバラすぎて、「集まって住む」意味を十分に感じられない。また、北海道の寒冷で厳しい気候風土の中で、分棟という形式が本当に理にかなったものだったかについては疑問をもった。地域性や温熱効率の面においても、そのデメリットを補って余りあるような提案になり切っていなかったのは残念だ。　（横内 敏人）

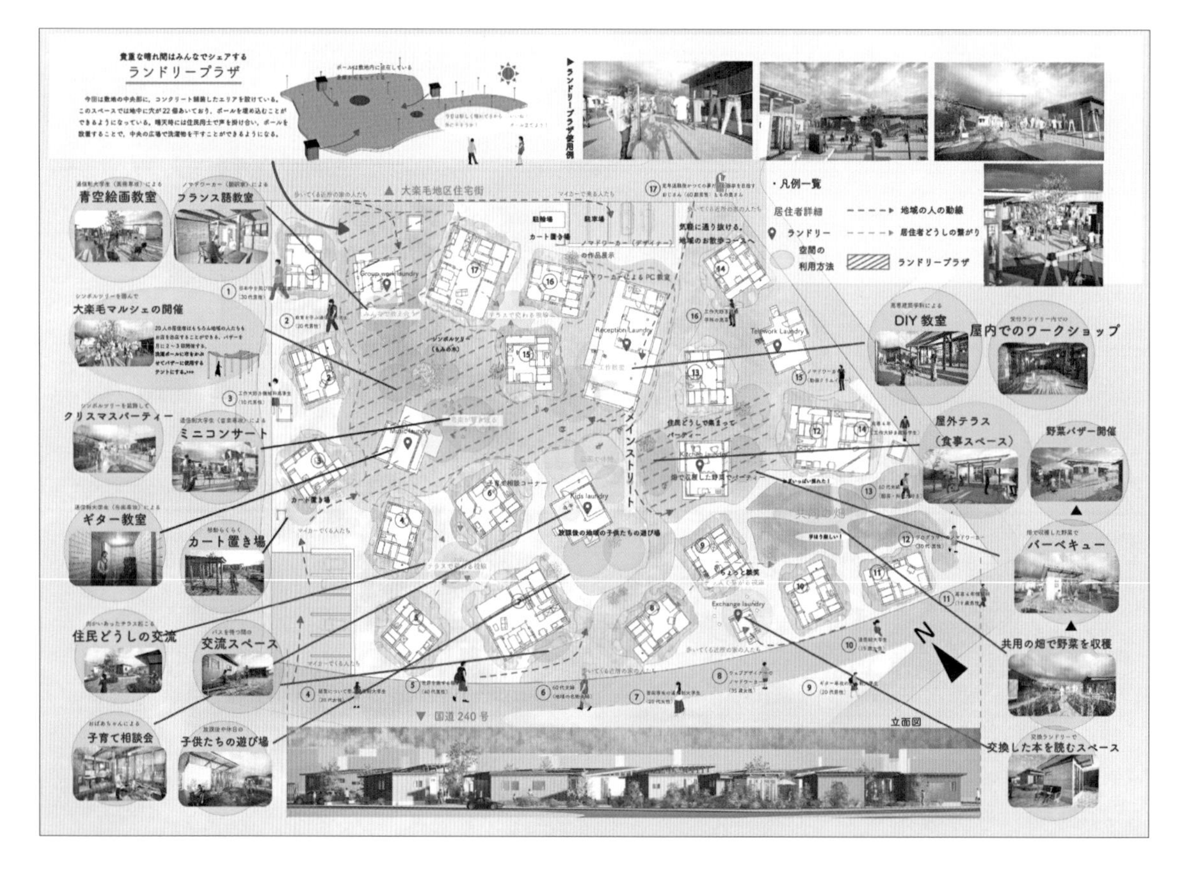

038 岐阜高専

◎早矢仕 怜汰、南谷 陽平、瀬上 嵩斗、瀬 仁一郎[建築学科4年]
担当教員：櫻木 耕史[建築学科]

抽象と具象が生む居場所（スマイ）

審査講評

本作品は予選の最初から本選の最後まで刺激的だった。何と言っても、大阪の西成という日本中で最も特徴ある人々が集まる街に、樹木のような形状のアーティストの住まいを放り込み、そこを周辺地域に開放することで、地域住民とアーティスト、両者の間に予測もできないような果実を生み出そうとする発想は、とても若者らしく新鮮だった。また、西成の住民とアーティストには「自由の身」という共通点があるので、両者の共存することには意外と現実性もあり、説得力を感じた。
しかし、見事な本選のプレゼンテーションで描かれたそこでの生活像が、CAD(設計支援ツール)上の既成のイメージを切り貼りした「きれい」なものに留まっていたこと、提示された建築の形態は構造的に不明解で、具体性に乏しかったことは残念だった。すばらしい芸術はもっと混沌とした泥のようなものの中から、もがき、這い出すようにして生まれてくるのではないだろうか。建築表現がそのような本質を反映していたなら、本当にすばらしい提案になったと思う。 (横内 敏人)

110 明石高専

◎川中 優梨子、首浦 胡桃、増本 唯衣[建築学科4年]
担当教員：水島 あかね[建築学科]

トマリギ
──災害と共生する暮らし

審査講評

千年以上の歴史を持つ四国遍路は「修行の場」から出発し、体験を通した総合的な地方文化へと広がりを見せている。
この作品の特徴は、「お接待」という遠方からの客を受け入れ、もてなす地域文化の特異性と豊かな可能性を、空き家という建築空間に丁重に落とし込んだ点にある。遍路という行為には利他的側面があり、受け入れる地域の人々の行為もまた、利他的であると言えるが、何かのため、誰かのためという小さな思いがつながった結果として、「縁」というキーワードが生まれ、地域の人々のサードプレイス（心地いい場所）や、防災時への備えといった大きな物語への接続を可能にしている。
建築としては、既存の空き家をていねいに観察し、小さな建築的アイデアを積み重ねた誠実なリノベーション（改修）計画であったが、その一方で、さまざまなアイデアを実現可能にするために必要な建築エレメント（構成要素）をどう扱うかといった、物として把握できるレベルの具体性がほしかった。
縮尺1/30ぐらいの詳細図や映像を使用するなど、プレゼンテーション（表現と説明）の方法が違っていれば、もっと伝わることがあったかもしれない。
本選に参加した作品すべてに共通することであるが、自分たちの提案の特性を生かした伝え方について、自覚的になることで、より多くの人の心に届く作品になると思う。（松本 尚子）

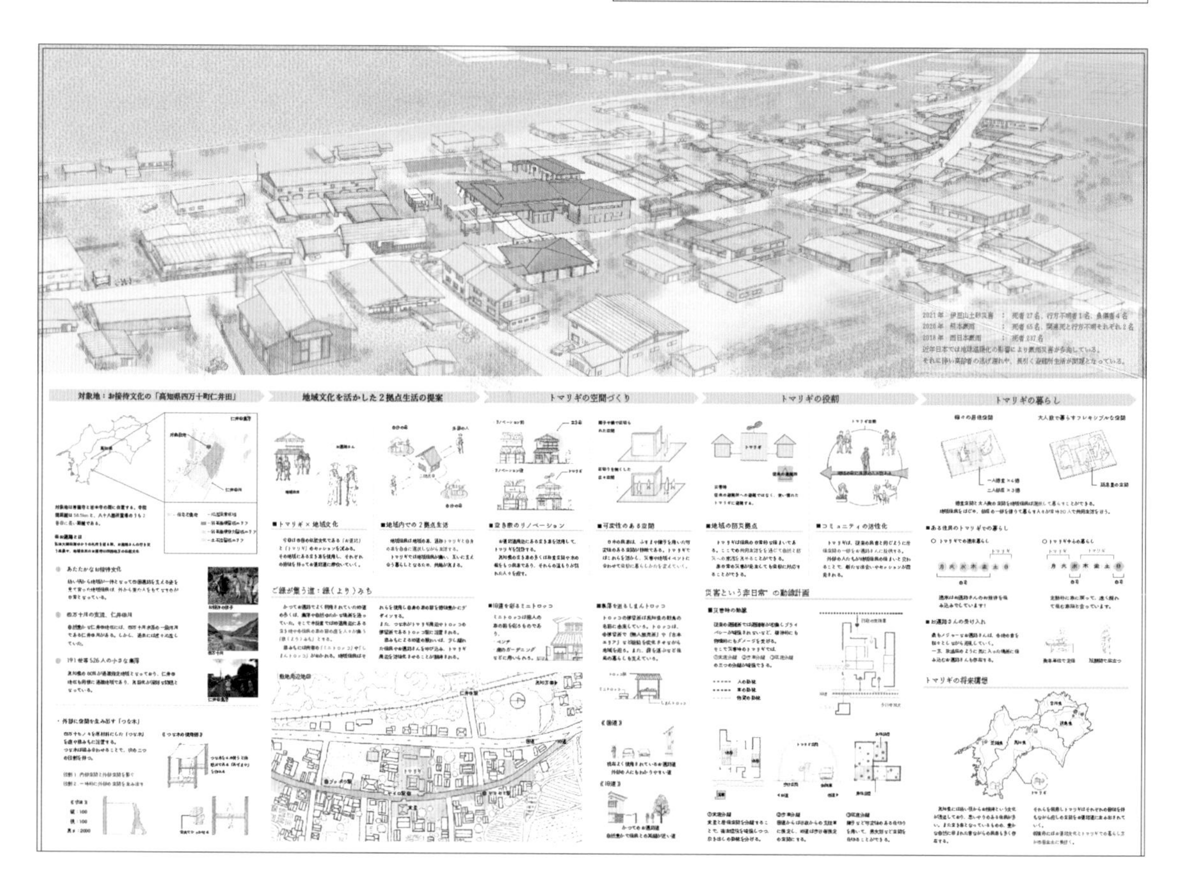

本選2作品

069 明石高専

◎猪野 将、小林 日向、竹田 千尋、田中 大登[建築学科4年]
担当教員：水島 あかね[建築学科]

医舎住

審査講評

地方の高齢化、過疎化といった社会状況に対し、都市機能と居住機能をひとところに集める一極集中型や、居住機能を分散化し、ネットワークでつないで都市機能につなげていく半分散型など、各地域でさまざまな試みが進められている。特に後者では、公共交通である鉄道や路線バス、自家用車のシェアなど、モビリティ（交通手段）の役割は重要であり、地域に合った方法が模索されている。

本作品は、JR播但線の運行プログラムや駅舎空間にさらなる価値を見出し、新たな地域の資源として位置付けている点がユニークであった。また、プロフェッショナル集団（今回は医療に携わる家族たち）の新たな働き方と住まい方、社会基盤としてのインフラの新たな活用方法を提示し、それが今ある暮らしを維持する新たな方法へつながるなど、意欲的な作品でもあった。

その一方、既存線路と駅のホームの利用という条件設定の下で展開される、鉄道の既存車両、診療車両、リビング車両の運行システムを理解するのがやや難しかったことや、駅のホームと医者の家族たちの私的空間との、内外領域の境界が曖昧であったことなど、新規性のあるアイデアにプログラムや空間が対応し切れていないところは残念であった。 （松本 尚子）

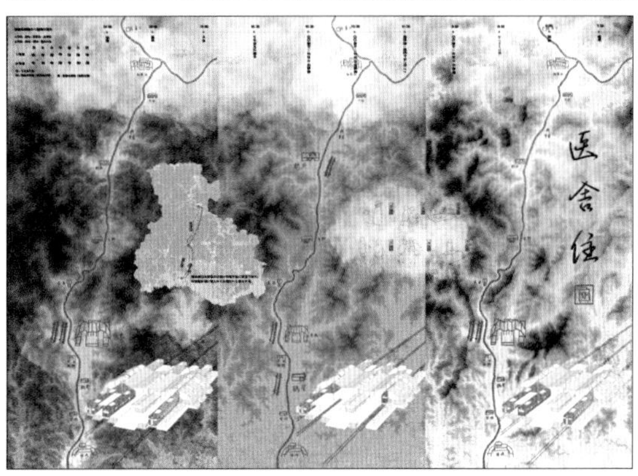

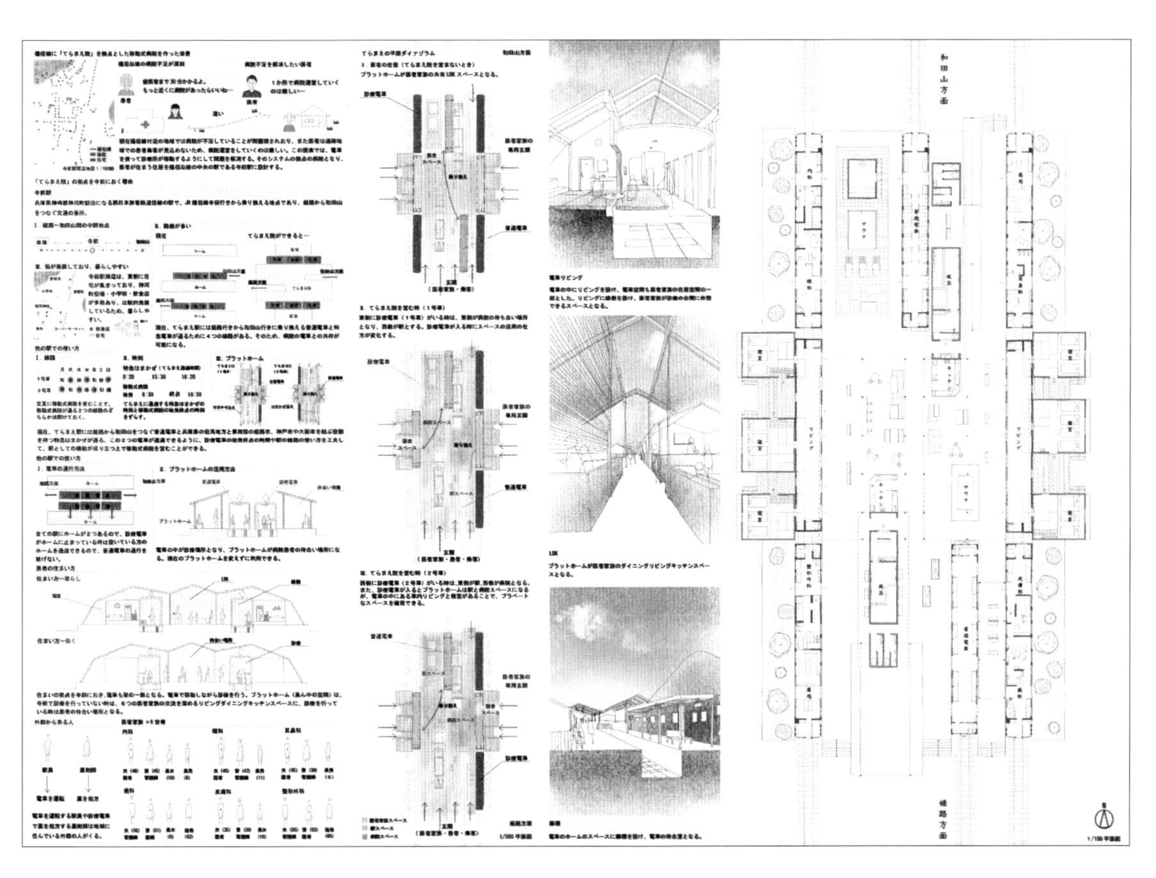

131 舞鶴高専

◎江田 雪乃[総合システム工学専攻建設工学コース専攻科1年]
担当教員：尾上 亮介[建設システム工学科]

つつぬけ**1

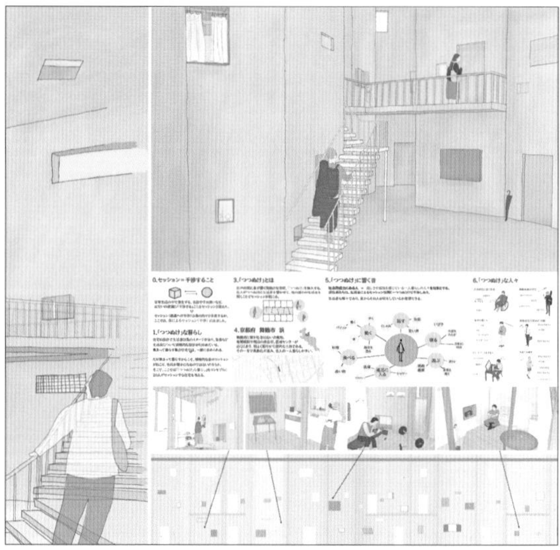

審査講評

プライバシーを重視する個人住居で、どのような交流行為(セッション)が可能だろうか？

本作品は、住人たちが住居から発生する「音」で互いの存在を確認し、励まし合うというプログラム。独り住まい20戸からなる、中廊下形式の2階建て集合住宅だが、中廊下は洞窟のようにウネったり広がったりする形状で、2階レベルにブリッジ状の廊下はあるものの、ほぼ2層吹抜けの堅牢なコンクリート壁で構成されている。各住戸には、中廊下に面した窓がいくつかあり、その窓から住人たちの生活音が聞こえる。音は中廊下のコンクリート壁に反響し、全住戸へ住人の存在を知らせる。

世界中が閉塞感に苛(さいな)まれたコロナ禍(COVID-19)。人と会ってはイケナイという、単身者にとって世界に自分だけが取り残された時間だった。とは言え、濃厚な人間関係が不得意な人も世の中には大勢いる。その一方、本作品は、他人の生活音が聞こえるという些細なことで救われる人も確かにいるのだ、と素直に納得させてくれる「ニュータイプ」の建築である。いや、むしろ本来の建築の機能とは、人を勇気づけやさしく包む、このようなものだったのかもしれない。

(玉置 順)

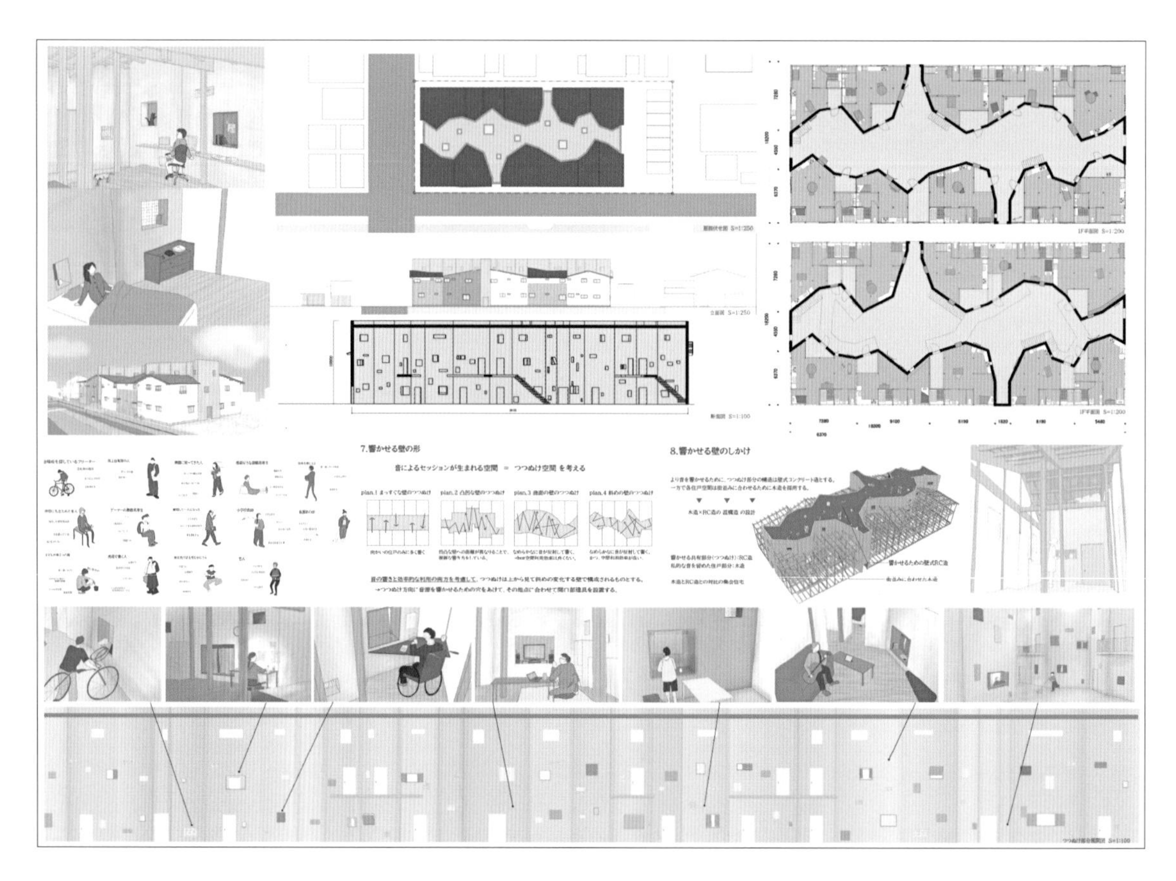

理想と具体性の共存を探る

横内 敏人（審査員長）

■集まって住むことの意味

今年の課題テーマは「住まいのセッション」として、20人が集まって暮らす形の提案を求めた。課題設定の第1の理由は、2019年以来4年ほど続いたコロナ禍(COVID-19)で「分断」や「孤独」を強いられてきた若者たちに、集まって住むことの大切さをもう一度考えてほしかったからである。また、今はさまざまなメディアが発達し、近くにいなくても他人とコミュニケーションのとれる時代になった。であるからこそ、集まって住むことを通して、知人の存在を身近に感じることにどのような意味があり、それが大切だとしたらなぜなのか、それを考えてほしいと思ったからであった。

とは言え、この課題は若者たちにとって難しいのではないか、という不安もあった。自分の若い頃を思えば、自分のことだけで頭がいっぱいで、家族や子供を持ってはじめて他者と暮らすことのすばらしさを感じ、仕事を通じた社会とのつながりの中で他者と関わることの大切さを理解した気がするからである。だから、現代の若者がこの難しい問い「集まって住むことの大切さ」にうまく答えを出せるのか、半信半疑の出題であった。

■新しい共同体の形

しかし、審査を始めて応募作品を1つずつ目にする内、すぐにそのような心配は杞憂だったことに気づいた。型にはまった提案は1つとしてなく、どの作品も「多様な他者」に対する理解と愛と寛容に満ち溢れていたからである。多くの作品に共通していたのは、同じような年齢層や所得層が集まって同じ価値観を共有することにより安心感を得る、という旧来の共同体とは全く別の集合のあり方であった。あえて価値観の異なる人々と接することや、多様な人々が集まって暮らし、その20人がさらにその外側の人々と関係を持つことに意義を見出す。そのような作品が多かったことは、審査員として驚きでもあり、喜びでもあった。

最終的な評価は、提案された生活が若者らしい夢と理想に溢れていて、なおかつ現代社会における「20人の住まい」の必要性を具体的に建築の空間表現として提示できていることを軸として下した。とても難しい評価軸だとは思うが、得てして相反する夢と現実が互いを弱めることなく、どのように1つの案に共存しているのかが判断のしどころとなった。特に本選に参加した10作品は、どれも審査員の予想を超えたすばらしい提案であった。

化学反応式

玉置 順

■住人交流が生む建築の新たな可能性

2023年のデザコンは京都府北部の舞鶴が会場。課題テーマは「住まいのセッション」。ジャズ音楽のように各住人がそれぞれの個性を活かし合い、自由で新たな暮らしぶりを楽しめる集合住宅を考えてほしい、というものである。コロナ禍(COVID-19)で閉塞してしまった世の中を元気づけ、建築の新たな可能性を住人同士の関わり合いから期待する意欲的な課題である。

事前の予選で選ばれた10作品(地域の独自気候から構想した[022]、地域の特殊性から発想した[038]、地方移住者と地元民とをつなぐ[049]、過疎問題をローカル線活用で解決を試みる[069]、風環境から構想した[086]、地域の風習を利用して防災計画を実現させようとする[110]、屋台の機構に着目し集住の楽しさを生み出す[114]、商店街のにぎわい創出計画[116]、住人を生活の音でつなげる集合住宅[131]、高齢者を若い世帯で見守る仕組み[132])はすべて、独自性のあるアイディアを綿密に描いた図面と、精密に作った大きな模型により表現され、会場に展示された。

■前日の質問に応えて審査に挑む熱意

大会初日は大勢のギャラリーが取り巻く中、各作品の作者が明確な口調で自作を説明し、審査員3人は提案の理解のための質問を作者に投げかけ、その回答から作品への理解を深めていった。終了したのは夕刻であった。

翌日の朝からスタートしたプレゼンテーションでは、どの作品も前日の質問に対する回答を用意していて、さらに完成度を高めた説明を聞かせてくれた。一晩の内に調査し、討議し、工夫を凝らし、パワーアップしてプレゼンテーションに臨んできたのである。各作品の気力のこもった説明に会場全体が熱っぽくなっていった。

最終審査は公開方式で、審査員がそれぞれ推す4作品に票を投じ、その結果をもとに検討しながら各賞を決めていった。完成度の高い作品を評価するべきか、学生らしい斬新な作品を評価するべきか、などの議論はあったものの、選定は円滑に進み、順当に各賞が決定した。

■幅広い建築の可能性を見た

今回は、総合力と完成度が最終選考の決め手になったが、独自性の高い作品でも背景にある文化について詳細に説明するなど、私的な提案か社会性を備えた提案か、といった提案内容の方向性は審査に関係しないとも思った。また、本選当日、アクシデントのため展示だけに留まった[131]は、心象風景を描くように今回の課題を解いた独自の世界観を持っていて、建築という分野の幅はまだまだ広く、可能性に満ちているのだと改めて感じさてくれた。

大会両日を通じて、緊張感に満ちた会場の中、本選の舞台に立てた満足感に溢れる学生たちの誇らし気な顔が忘れられない。デザコン2023のために尽力した大会運営の教職員、スタッフに敬意を表したい。

深い眼差しがもたらす未来への形

松本 尚子

■「集まって住む」新たな意義

コロナ禍(COVID-19)が未だ収束せず、不安定な社会情勢が続く2023年に、20人が「集まって住む」ことについて考えることは、大変、難しかったのではないかと思う。

「集まって住む」という居住形態は、古くは人々が自然から身を守り、食物を効果的に手に入れ、暮らしを成り立たせるための方法であった。それぞれの時代が必要とした「集まって住む」理由は、現代では「効率」であることが多く、「集まって住む」意義は見出しにくいのが現状であろう。

だが、「個」を重視するのに特化した住まいでの暮らしに疑問を感じる人が増えたり、場所を超えたつながりが新しい関係性を生み出していたり、孤独が深刻化したり、などといった社会のさまざまな変化に対し、建築の側からの対応も早急に求められている、そんな時代でもあると思う。

■新しいネットワークとともにある建築

建築にできることは限られているかもしれないが、それでも従来の設計方法内に留まることなく、新しいネットワークを創造し、それを具体的な形やシステムとして提示した作品は評価するに値した。

参加した学生たちが、今を生きる自分自身の感覚をベースにした「ていねいな観察や分析」と「未来へ向けた具体的で力強い提案」、この2つを手放すことなく、今後も活躍することを期待する。

＊文中の[000]は作品番号。

明治時代からの歴史ある赤レンガ造倉庫を舞台に、学生たちが火花を散らす

作品展示設営、準備

歴史ある赤レンガ壁の空間で、作品を魅力的に展示

本選は、デザコン2022に続き、従来どおり、参加者全員が来場し、一堂に会しての大会として開催された。

会場は舞鶴赤れんがパーク2号棟1階市政ホール。現在は舞鶴市政記念館として市の象徴的な存在となっているこの赤レンガの建物(2号棟)は、明治時代に海軍倉庫として建設されたという歴史を持つ。赤いレンガ壁の顕れた会場で、両側と後方の壁沿いに各作品の展示ブース、奥にプレゼンテーション審査用の登壇の場を設えた。

展示ブースでは、1作品につきA1判サイズ横向きのプレゼンテーションポスター(以下、ポスター)をボード化したものを最大2枚、展示用パネルに貼り付けられる。また、展示用パネル前のテーブル上に幅1,800mm×奥行900mm×高さ1,100mm、テーブル下に幅1,200mm×奥行900mm×高さ650mmの範囲で模型などを展示できる。

各ブースでは、本選初日となる11月11日(土)の9:30頃から、参加学生たちによる作品の展示と準備がスタート。ポスターセッション審査への緊張感が高まる中、どの学生も真剣な面持ちで作品展示作業と審査への準備に取り組んでいた。

038

ポスターセッション:

計画の意図を問う質問や、図面表現への要望が

初日の13:50から、審査員3人が一緒に各作品の展示ブースを巡回し、学生がポスターと模型などを用いて作品を説明した後、審査員と質疑応答するポスターセッションが始まった。審査は応募時に登録した作品番号順で、各作品の持ち時間は説明5分間、質疑応答10分間。当日のアクシデントにより[131]が作品展示のみとなったため、参加は9作品となった。以下に、各作品と審査員との主なやり取りを抜粋して紹介する。

[022]は、敷地が地方都市にあることや、30cmほどの雪が積もる場所であることが確認され、「駐車場はもっとたくさん必要」(横内)、「庇などで天候に対処できるよう詳細にデザインすることが重要」(玉置)と指摘された。また、建物配置や住戸のプランタイプ(間取り)の設計理由を問う「この建物配置にした理由は?」(松本)、「地域住民は訪れるのか? 住民の集い方を図面で見せてほしい」(玉置)などの質問や要望が出た。

[038]では、「なぜ西成なのか?」(松本)に、学生が「自発的なセッションが最もある場所だから」と回答。また、「この建築におけるセッションは、20人のためのものか西成のためのものか?」(横内)への「20人のアーティストのためのもの」との学生の回答には、「20人のアーティストのために、『西成』というあまりに特殊過ぎる場所のインパクト(効果)を使うことに違和感がある。西成にとって利点はないのか?」(横内)と質問が重ねられた。一方、「既成の空間

註(本書23〜30ページ)
＊000、[000]:作品番号。

132

とは違う新たな空間を提案するのであれば、既成の個室名や機能の設定を付けないほうがいい」(玉置)との指摘も。

[049]は、石垣を表現した模型を用いて、1人で質疑応答に対応。「元の風景の特徴を変奏し、川側と道側とで全く違う景観をつくり出した点がおもしろい」(松本)、「道側と川側をつなぐパサージュ(小径)の効果は?」(玉置)に、「現状、川側と道側とは往来できないので、川向こうの観光地と街をつなぐ効果を狙った」と学生が答え、「往来する観光客と住民との関わり合いができている」(横内)と評価された。「なぜ、20人全体を統合し、一体化するコミュニティにしなかったのか?」(玉置)に、学生は「20人が一堂に会することは考えていない。個人同士のコミュニティとして小さな交流の場をつくりたかったため」と応答した。

[069]は、模型の中でミニチュアの電車を動かすことで、電車の移動(発着)に伴う駅構内の空間の変化を表現。「地方の医師不足という現実的な重たい問題を取り上げているのに、提案された建築は小気味よさはあるものの、一種のゲームのルールを作っているような印象で、どの次元で評価すればいいのか悩む」(玉置)という指摘があった。「セッションは広域的なものか、それとも医師の家族20人のものなのか?」(横内)に、学生は「時間帯によるセッションの内容の変化が魅力なので、どちらでもある」と自信をもって答えた。「おもしろいけれど、駅の中も生活の場所にすることの合理性は?」(松本)に、学生は明確な答えを出せず、「駅の乗降客との会話については、考えなかったの?」(横内)、「時刻表を示して、駅空間の変化を説明したほうが良かったかも」(玉置)との助言もあった。

[086]の小型の扇風機で敷地に吹く風を表現した説明には、「この風が特別なものである根拠を示してほしい」(玉置)との要望が。「なぜ、高床式にしたのか?」(横内)に、学生は川との関係で説明したが、「高床式のほうが風はよく通る、という説明のほうが適切では?」(横内)と指摘された。「屋内空間だけだと、よくある施設のようになる。屋外空間が多いほうが魅力的では?」(松本)に、学生は「間仕切りを付け替えることで変わる」と、空間の可変性をアピールした。

[110]には、建築のプログラム(設計与件)に関する質疑応答が続いた。「『みんなの家』*1のようで社会的な必要性がある。街の人の『小さな働く場』になっている点も良い。ただし、運営者の顔が見えるような表現と説明にしないと現実味が伝わらない」(松本)との助言があった。「デザインに興味はある?」(玉置)という質問に学生が戸惑う内に時間が終了した。

[114]は模型を使った展示と説明ですばらしいチームワークを披露。「店舗の内部空間に工夫がないのでは?」(玉置)に、学生は「店舗内部は店舗経営者が考えるというリアリティ(現実性)を重視した」と答え、「リアリティ」という言葉を用いた質疑応答が続いた。質問が集中したのは選定敷地が屋台の営業場所の川沿いから離れている点。「なぜ、この場所にしたのか?」に、「現状で建物がある場所を避けた」と答える学生に、「既存の街並みへの配慮を重視し過ぎていて、この場所の魅力が見えてこない」(玉置)、「呉の新しく魅力的な風景を生み出せているのか?」(松本)などの指摘があった。

[116]は、「新築にしては建物形態や構造材のH鋼が、昭和の懐かしい印象だが、特別な理由はあるのか?」(松本)に、学生は明解な答えを返せなかった。「空間の使われ方をよく考えていて、敷地内はとても楽しそう。だからこそ、この魅力的な場所が表通りや裏通りに現れてもいいのでは?」(松本)、「プログラムを『大都市の郊外の、ほどよい規模の商業の継承』として、もっと普遍性を主張してもいいのでは?」(玉置)などの助言もあった。

[132]には、構造形式に関する質問が集中。木質ラーメン構造形式*2であることや部材寸法などを学生が説明すると、「構造形式を活かしたデザインで、大きなボリューム(塊)の割に、多方向にすき間をつくって空間に抜け感をもたせた点が巧み」(松本)との高評価が。「『年寄り扱いされたくない。プライバシーを邪魔されたくない』という高齢者もいる。高齢者の扱い方への考察が生ぬるい」(玉置)という指摘の一方で、「老後の住まい方の選択肢が少ない現状に、新しい住まい方を提案しようとする点を評価」(横内)、「気分や体調によって空間を閉ざせるよう、高齢者の個室にプライベート性を高めるレイヤー(層)をもう1層増やせば良かった」(松本)などの応援や助言もあり、審査員間の議論も見られた。

註
*1　みんなの家:伊東豊雄、山本理顕、内藤廣、隈研吾、妹島和世による、被災地でみんなが共同で使える建築の提案。コミュニケーション・スペースとして利用されている。
*2　ラーメン構造形式:本書10ページ註1参照。

022

ポスターセッション講評：

次段階は 建築空間の詳しい説明を期待

ポスターセッション終了後、審査員から「見応えある作品ばかりで、建築の話をするのがとても楽しい時間だった。いずれも抽象的なイメージに偏り過ぎずにリアリティ（現実性）をもって提案している点が良かった。プログラムの説明が多かったので、2日めは建築について詳しく聞きたい」（松本）、「コロナ禍（COVID-19）を経験して感じていると思うが、世の中は変化している。社会のルールが一変した時に建築はどうあるべきかを考えてほしい。参加学生はシステムの提案に興味があり、建築を形にすることに躊躇してしまう世代だと思うが、意味づけや付加価値を考えながらも建築デザインを提案してほしい」（玉置）と講評が述べられた。

最後に、横内審査員長から「模型は、どれもすばらしかった。課題テーマを設定した当初は20人の間の新たなコミュニケーションが提案されるものとばかり思っていたが、いずれも周囲や地域までをも含んだ社会的な結び付きを考えた提案ですばらしい。一方、建築空間の中で20人がどのように結び付くのか、具体的な空間の中での営みや、相互への影響などを考えている作品は少なかった。2日めのプレゼンテーションに期待したい。高専が持っている独特のエネルギーやスキルを大いに感じた」との講評があり、初日が終了した。

プレゼンテーション:

前日の指摘に即応した各作品の見事なアップデート

本選2日めは会場前方に設置したスクリーン2台に映る画像を見せながら、学生が順に登壇して自作を説明し、審査員と質疑応答するプレゼンテーション審査が行なわれた。学生は、自身のパソコンを用いてプレゼンテーションアプリ「PowerPoint」などによる画像をスクリーンに投影しながらプレゼンテーションする。もう1台のスクリーンには、プレゼンテーションに応じて会場前方に移動した作品の模型をハンディカメラで撮影した画像が投影される。各作品の持ち時間は説明6分間、質疑応答4分間。審査の順番はくじ引きにより決定した。

プレゼンテーションでは、主に初日に受けた質問や指摘について説明したり、展示とは別の3Dグラフィックを用いたりするなど、2日間にわたるデザコンの特性を最大限に生かそうとする学生の戦略が見られた。横内審査員長からは「2日めなので、質問だけではなく意見を伝える場にもしたい」と宣言があった。以下に、学生と審査員とのやり取りを審査順に抜粋して紹介する。

[022]は、洗濯を待つ間の居住者の過ごし方や建物配置の理由など、前日に質問のあった点について補足した。「分棟配置にした理由は？」(横内)に、「小さな広場をつくることにより、各所で偶発的なセッションを起こすため」と答える学生。「最初に広域について説明してほしかった」(松本)、「自宅の敷地内にあるのだから、コインランドリーで過ごさず自宅に戻るのではないか。地域住民も絡ませないと説得力がない」(玉置)との指摘もあった。

[069]は、駅や電車内空間の具体的な使い方に焦点を絞って説明。「駅の役割を見直すと言い切ったので、駅そのものを読み替える提案として楽しく見られた」(玉置)、「モビリティ(交通手段)の提案が出てきたのは良かったが、家族の解体が起こるなど、かなり激しい筋立て。『このぐらいしないと地域の中で生きられない』と言い切るなど、もっと『激しさ』をプレゼンテーションに入れたら、作者の真剣さに説得力が出たのではないか」(松本)との評価や助言があった。一方、「地域医療を電車で解決するアイディアはとても良い。しかし、家族の生活を犠牲にし過ぎているので、20人が緊密な絆や強固な志で団結していないと、この計画は成り立たない。強引さを感じる」(横内)との指摘も。

[038]は、3Dグラフィックを使い、この作品における抽象と具象の空間の定義を説明した。審査員からは西成という場所性に関する質問や指摘が集中。「西成の独特の雰囲気を本当につかめているのか？　プレゼンテーションを見る限り、西成の住人が登場していない印象。芸術制作活動は内向的なので、これはセッションの場としては良いが、創造の場所としては不適切なのではないか」(横内)と厳しい指摘があった。

[114]は、提案した空間は呉の屋台文化を存続するための拠点となること、新しい公共性を持つ空間となることなどを補足。「昨日の疑問点が見事に解決された」(玉置)、「非日常の風景から日常の風景に変わるのが呉の空間性だ、と説明があり良かった」(松本)と高く評価された。一方、「屋台がない時とある時とで、その場所の雰囲気がガラリと変わるように、閉じた空間を開くと、雰囲気は大きく変わる。そ

の詳細の説明がほしかった」(玉置)と不満も。「建築デザインの根拠は？」(松本)に、学生は「地域とは関係なく、地味な空間にしたくて格子を使った。開閉する部分の素材は、屋台の屋根と同じ」と説明した。

[116]は、空間利用の時間ごとのシミュレーションを詳細に説明し、敷地内部の賑わいが道路側へも滲み出すことなどを補足した。「とてもよく考えられた良い空間だが、敷地の上下の通りの条件が違うにもかかわらず、左右対称のプラン(平面計画)にした点は物足りない」(横内)と指摘された。「取り外されていた模型の屋根を付けて確認したい」(松本)に応じて学生が見せた模型に「屋根が付くと、施設に近づき過ぎてしまう。道の上に青空が見えたほうがいいのでは？　屋根の有無はデザインの分かれ道で大事なところ」(松本)、「柔軟で人間味があるコンセプトに対して、建物は堅い印象。『こんぴらさん』(金刀比羅宮)の参道のような屋根でも良かったのではないか」(横内)などの助言があった。

[086]は、前日に指摘された「風が、この場所に特有の環境である根拠」を示したほか、屋内空間のデザインをパース(透視図)により説明した。「風の意味が理解できた。屋根が架かると空間はよくわかり、平等院などの平安時代風の建物かと思っていたが、仮設性のある建物だとわかった」(玉置)と高い評価を受けた。しかし、「寺からの軸線を意識しているか？」(玉置)に学生は返答できず、「ランドスケープ(地形や景観)として考えるなら、軸線を欠くと設計の根拠が弱くなる」(玉置)と指摘された。また、「個室と屋外とが唐突につながるので、間にもう1つレイヤー(層)を重ねると良かった」(松本)という助言もあった。

[049]は、建物内部の空間デザインについて詳細に説明。単独参加だったため、前日に打ち合わせた舞鶴高専の学生スタッフがプレゼンテーションを補助した。「よくできているが、天候や気候を考えると、ベランダへ各住民の所有物を出すことには無理がある。『住戸自体をベランダのような雰囲気にする』という説明のほうが良かったのでは？」(横内)、「郡上八幡の街や環境との関わりが人をひきつける。土木計画的な提案にも見えるけれど、やり過ぎていないのでバランスが良い。景観に馴染んでいるけれど、目も引くし、使ってみたい」(松本)との助言や評価があった。

[132]は、初日に指摘された単身高齢者用住戸のプライバシーなどについて補足。「高齢者の住戸を、なぜ中層階の3階に挟んだのか？」(横内)に、学生は「高齢者と各世帯の距離に差が出ないよう、均一にするため」と返答。対する「1階の世帯は3階を通らないので、高齢者との関わりが薄いのでは？」(横内)に、「1階の一部も3階と同じく交流の空間」と学生が答えるなど、審査員と学生による問答が続いた。「圧倒的な模型の作り込みには感動した。核家族世帯の住居はプライバシーを守るのが前提の設計だけれど、やや条件を緩めて、今の社会基準を見直すことも必要だ」(玉置)、「壁が多くて開口部は少なく、形式を優先し過ぎに見える。次の段階として、居住者の身体的な快適性を実現しつつ、プライバシーを保つ工夫を考えてほしい」(松本)などの助言もあった。

[110]は、転用する既存建物の増築や改築の部分などを補足して説明。「地方都市に多数ある、すばらしい空き家を活用するという提案はとても良い。しかし、デザインの細部が伝わってこない。縮尺1/20ぐらいで既存建物の模型を作り、室内空間を作り込んで、考えている内容を十分に表現するべき」(横内)との助言を受けた。また「日常の空間をどう高齢者のコミュニケーションの醸成につなげるのか。それこそが設計者の設計すべきことだ。高齢者が我が家と思えるための仕掛けをどうつくるのか、などを聞きたかった」(玉置)、「地域住民がくつろげる仕組み、誰もが参加したくなる催しとそれを実施する魅力的な空間など、作者自身が日常の中で『いいな』『楽しいな』と思える空間を紹介できるともっと良かった」(松本)などの指摘があった。

最終審査(公開審査):

最優秀賞選定では 2作品が拮抗

公開審査では、会場のレイアウトを審査員が聴衆側を向くように変更し、投票を表示するためのホワイトボードを前方に用意。審査方法については、事前に審査員間で以下の段取りで進めることを決定していた。

①投票内容について、審査員間で公開審査前の打ち合わせをしない。

②審査員の持ち票は1人4票で、強く推す1票(最優秀賞)と、次に推す3票(優秀賞)を投票。まず、投票集計結果をもとに審査員間で議論し、最初に最優秀賞1作品、優秀賞2作品を選出する。

③次に審査員特別賞2作品を選出。場合によっては追加投票を実施する。

④残り4作品の中から、松本審査員、玉置審査員、横内審査員長の順に、独断で各1作品を選出し、企業賞(エーアンドエー賞、三菱地所コミュニティ賞、建築資料研究社/日建学院賞)3作品を選出する。

最初の投票の結果、強く推す1票を含めた3得票(全審査員が投票)が[049][132]、強く推す1票を含めた2得票が[116]、推す票のみの2得票が[086][114]で、5作品に票が入った(表1参照)。

まず、強く推す票の入った3作品[049][116][132]について、審査員は意見を述べ合った。[049]を強く推した松本審査員は、2拠点居住、多拠点居住という現代的なテーマを扱いつつ、地域の風景や魅力を際立たせるデザイン力を評価した。[116]を強く推した玉置審査員は、各作品のプレゼンテーションを100点満点で採点したと説明し、強く推す[116]と次に推す作品との間には1点の差しかないとしながらも、他の作品が過疎や災害といった日本の抱える大きな問題を扱う中、[116]は身近な問題に向き合い、問題をプランニング(建築計画)で解いている点を評価。[132]を強く推した横内審査員長は、他の作品のように場所の魅力に頼ることなく、地方都市の環境としては不利な場所で、新しいビルディング・タイプ(建物類型)の成立を狙う姿勢と、計画や模型の完成度の高さで[132]を評価した。

3得票の[049][132]を最優秀賞候補として議論を進める中、[049]は「デザインのセンスはピカイチで、学生らしい魅力に溢れている」(玉置)、[132]は「学生らしくないほど完成度が高い」(横内)と、いずれも高く評価され、審議は難航する。最終的に、どちらにも強く推す票を入れなかった玉置審査員の採点では、[132]が1点差で高いこともあり、僅差ながら最優秀賞[132]、優秀賞[049]が決定した(表2参照)。

次に、2得票の作品の内、玉置審査員が強く推した[116]について、票を入れなかった松本審査員は、建物形態には疑問が残るものの、自身の推した3作品との間に決定的なレベルの差はないとして、空間活用のシミュレーションの高さを評価。ここで、[116]へ投げかけた「なぜRC(鉄筋コンクリート)造にしたのか?」(松本)に、学生は答えに窮する。それを受け、「建物規模や敷地環境を考えると木造でも良かったかもしれない」(横内)との意見も出た。しかし、議論の中で「模型を要求するコンペ(設計競技)では、模型の出来で8割ぐらい勝敗が決まる」(横内)という指摘もあり、「細やかで日常的な配慮」に加え、模型の作り込みが評価されたこともあり、[116]が2つめの優秀賞となった(表3参照)。

審査員特別賞は残る2得票の2作品、[086][114]に決まった(表4参照)。[086]は、身体的に訴えかけてくる伸びやかな気持ちよさがあり、風という環境要因に注目した点が評価される一方、居住人数に対して建物が広過ぎてセッションが起こりづらいのではないか、という指摘もあった。[114]には、「以前、作品の敷地である広島県呉市に住んでいたが、敷地での展開を十分にイメージできなかった」(玉置)、「リアリティ(現実味)のある提案で好感を持てるが、それだけに未知のことがほとんどない点が物足りない。建築の提案では、少し先の未来に向けて提案してほしい」(松本)などの指摘がある一方、「窓を開けた時に発生する小さな中間領域が気持ちいい。再発見した日本的な装置を地域性と上手に融合してデザインしている」(横内)との評価もあった。

続く企業賞は、松本審査員、玉置審査員、横内審査員長の順で1作品ずつ選出。エーアンドエー賞は[110]、三菱地所コミュニティ賞は[038]、建築資料研究社/日

086

表1　本選——最初の投票集計結果(1人4票)

作品番号	作品名	高専名	横内	玉置	松本	合計得票
022	選択できる洗濯場	釧路高専				0
038	抽象と具象が生む居場所(スマイ)	岐阜高専				0
049	「よそ者」と「地域」を紡ぐ集合住宅	岐阜高専	○	○	◎	3
069	医舎住	明石高専				0
086	風立ちぬ仮寓(かぐう)	明石高専		○	○	2
110	トマリギ	明石高専				0
114	開いて、閉じて。	呉高専	○		○	2
116	個性が彩るみち	呉高専	○	◎		2
132	サンドイッチ・アパートメント	舞鶴高専	◎	○	○	3

表註
*◎は強く推す1票、○は推す1票を示す。　*審査員は強く推す1作品と推す3作品に投票。
*作品番号[131]は作品展示のみで、学生は本選不参加。投票の対象外。
*作品名はサブタイトルを省略。

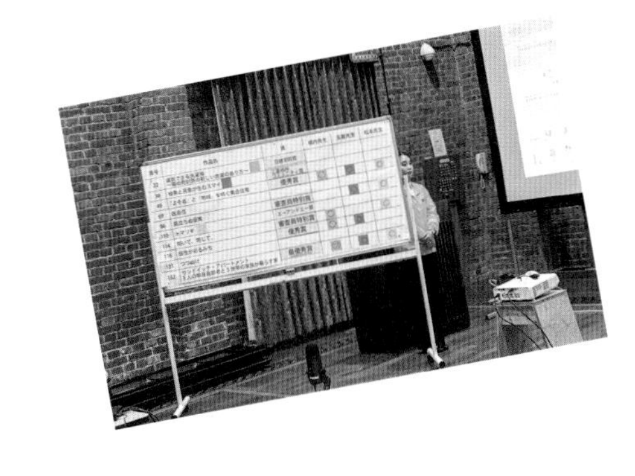

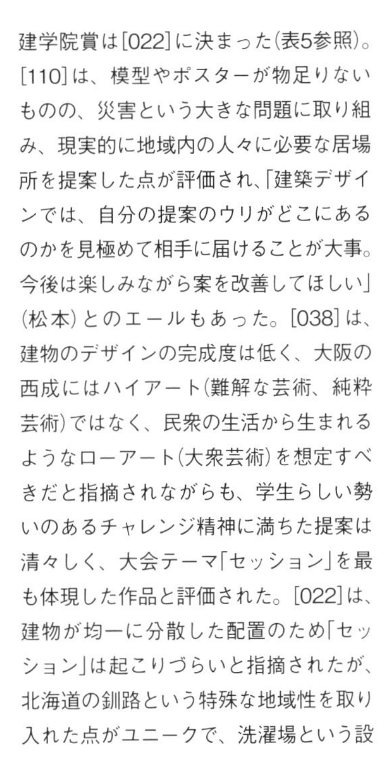

建学院賞は[022]に決まった(表5参照)。[110]は、模型やポスターが物足りないものの、災害という大きな問題に取り組み、現実的に地域内の人々に必要な居場所を提案した点が評価され、「建築デザインでは、自分の提案のウリがどこにあるのかを見極めて相手に届けることが大事。今後は楽しみながら案を改善してほしい」(松本)とのエールもあった。[038]は、建物のデザインの完成度は低く、大阪の西成にはハイアート(難解な芸術、純粋芸術)ではなく、民衆の生活から生まれるようなローアート(大衆芸術)を想定すべきだと指摘されながらも、学生らしい勢いのあるチャレンジ精神に満ちた提案は清々しく、大会テーマ「セッション」を最も体現した作品と評価された。[022]は、建物が均一に分散した配置のため「セッション」は起こりづらいと指摘されたが、北海道の釧路という特殊な地域性を取り入れた点がユニークで、洗濯場という設

表2　本選——最優秀賞、1つめの優秀賞の決定(協議)

作品番号	作品名	高専名	横内	玉置	松本	合計得票	受賞
022	選択できる洗濯場	釧路高専				0	
038	抽象と具象が生む居場所(スマイ)	岐阜高専				0	
049	「よそ者」と「地域」を紡ぐ集合住宅	岐阜高専	○	○	◎	3	優秀賞
069	医舎住	明石高専				0	
086	風立ちぬ仮寓(かぐう)	明石高専		○	○	2	
110	トマリギ	明石高専				0	
114	開いて、閉じて。	呉高専	○		○	2	
116	個性が彩るみち	呉高専	○	◎		2	
132	サンドイッチ・アパートメント	舞鶴高専	◎	○	○	3	最優秀賞(日本建築家協会会長賞)

表註　*◎は強く推す1票、○は推す1票を示す。　*作品名はサブタイトルを省略。

表3　本選——2つめの優秀賞の決定(協議)

作品番号	作品名	高専名	横内	玉置	松本	合計得票	受賞
022	選択できる洗濯場	釧路高専				0	
038	抽象と具象が生む居場所(スマイ)	岐阜高専				0	
049	「よそ者」と「地域」を紡ぐ集合住宅	岐阜高専	○	○	◎	3	優秀賞
069	医舎住	明石高専				0	
086	風立ちぬ仮寓(かぐう)	明石高専		○	○	2	
110	トマリギ	明石高専				0	
114	開いて、閉じて。	呉高専	○		○	2	
116	個性が彩るみち	呉高専	○	◎		2	優秀賞
132	サンドイッチ・アパートメント	舞鶴高専	◎	○	○	3	最優秀賞(日本建築家協会会長賞)

表註　*◎は強く推す1票、○は推す1票を示す。　*作品名はサブタイトルを省略。

定は井戸端会議の現代的解釈のようだと評価された。

惜しくも賞を逃した[069]だが、医師の家族たちの生活や空間的な魅力が十分に伝わらなかったものの、地域の医療活動に着目した点を評価された。

最後に、審査員から次のように、総評と参加者へのエールが贈られた。

「建築を実際に作るにはどうしたらいいのか。誰と、どうやって作るのか。愛されて長く使われるにはどうしたらいいのか。資金の集め方、計画のつくり方、施工の方法など、建物の建つ前から建った後までを想定してほしい」(松本)。

「リアリティが変化していく世界の中で、現在の価値観にとらわれずに、これからの価値観がどうなっていくのかを見定め、学生間でコミュニケーションを取りながら時代をつくっていってほしい」(玉置)。

「建築の設計は、夢を叶えようとしている幸せな人をさらに幸せにする。これほどすばらしい仕事はない。(本会場の赤レンガ壁の建物を指し)この空間に包まれている感覚に、無意識の内に私たちは影響を受けている。『美味しい』と同じように、『良い建築』というのは理屈を超えて一瞬でわかる。すばらしいと言われる建築の空間を若い内にできるだけ体験すること。それは、君たちが社会に出た後に作る建築とはかけ離れているかもしれない。けれど、かけ離れているところに目標がなければ、ボールを投げても遠くへは飛んでいかない」(横内)。

会場から参加者全員を讃える大きな拍手が起こり、2日間にわたったデザコン2023の空間デザイン部門は幕を閉じた。

(今村 友里子　舞鶴高専)

表4　本選——審査員特別賞の決定(協議)

作品番号	作品名	高専名	横内	玉置	松本	合計得票	受賞
022	選択できる洗濯場	釧路高専					
038	抽象と具象が生む居場所(スマイ)	岐阜高専					
049	「よそ者」と「地域」を紡ぐ集合住宅	岐阜高専	○	○	◎	3	優秀賞
069	医舎住	明石高専					
086	風立ちぬ仮寓(かぐう)	明石高専		○	○	2	審査員特別賞
110	トマリギ	明石高専					
114	開いて、閉じて。	呉高専	○		○	2	審査員特別賞
116	個性が彩るみち	呉高専	○	◎		2	優秀賞
132	サンドイッチ・アパートメント	舞鶴高専	◎	○	○	3	最優秀賞(日本建築家協会会長賞)

表註　*◎は強く推す1票、○は推す1票を示す。　*作品名はサブタイトルを省略。

表5　本選——企業賞への投票(1人1票)

作品番号	作品名	高専名	横内	玉置	松本	合計得票	受賞
022	選択できる洗濯場	釧路高専	○			1	建築資料研究社/日建学院賞
038	抽象と具象が生む居場所(スマイ)	岐阜高専		○		1	三菱地所コミュニティ賞
049	「よそ者」と「地域」を紡ぐ集合住宅	岐阜高専					優秀賞
069	医舎住	明石高専					
086	風立ちぬ仮寓(かぐう)	明石高専					審査員特別賞
110	トマリギ	明石高専			○	1	エーアンドエー賞
114	開いて、閉じて。	呉高専					審査員特別賞
116	個性が彩るみち	呉高専					優秀賞
132	サンドイッチ・アパートメント	舞鶴高専					最優秀賞(日本建築家協会会長賞)

表註　*○は推す1票を示す。　*審査員は受賞作品以外で推す1作品に投票。　*作品名はサブタイトルを省略。

空間デザイン部門概要

■課題テーマ
住まいのセッション
■課題概要
人の生き方が変われば、住まい方も変わる。戦後、核家族が増えた。現在では、さらに多様な生き方がある。単身者、DINKs、シングルマザー＆シングルファザー家庭、外国人労働者、同性婚、ノマド(放浪者)など……。多様な世帯があり、それぞれ充実した生き方である。しかし、それぞれの世帯が孤立していては、病、貧しさ、老い、災害といった問題に直面した時、困難に陥ることもあるだろう。
そこで今一度、集まって住む可能性を考えてほしい。人類誕生以来、人は集団化することで生きてきた。その集団化の方法は、血統によるつながり、身分差を受容した上での擬似的家族モデル、宗教や主義信条を同じくする者同士のユートピアなど、さまざまであった。そして現代には、現代だからこそ実現可能な、個人や各世帯の個性と自由と平等とを尊重しながら人々が再結合できる方法もあるのではないだろうか。
今回の課題では、集まって生きるための住まいを提案してほしい。これまでにない、新たな関係性によってともに住まう形を考えてもらうため、条件を「20人の住まい」とする。
現在と未来の社会状況を見定め、多様な人々が相互に関係し合う生き方を提案してほしい。そして、その生き方を、建築空間における何らかの要素同士の「セッション」を通して、住まいの空間デザインとして表現することを求める。
■審査員
横内 敏人(審査員長)、玉置 順、松本 尚子
■応募条件
❶高等専門学校に在籍する学生
❷1～4人のチームによるもの。1人1作品
❸創造デザイン部門、AMデザイン部門への応募不可。ただし、予選未通過の場合、構造デザイン部門への応募は可
❹他のコンテスト、コンペティションに応募していない作品
■応募数
136作品(371人、22高専)
■応募期間
2023年8月1日(火)～8月21日(月)
■設計条件
❶20人程度が居住可能な住宅
❷世帯数、世帯内の構成(年齢、性別、その他)など、居住者の設定を示すこと
❸計画の対象とする敷地は、あらゆる地域を自由に想定してよいが、日本国内とする

本選審査

■日時
2023年11月11日(土)～12日(日)
■会場
舞鶴赤れんがパーク　2号棟1階市政ホール
■本選提出物
❶プレゼンテーションポスター：A1判サイズ(横向き)最大2枚、厚さ3mmのスチレンボードに貼りパネル化
❷プレゼンテーションポスターの電子データ：PDF形式。2枚の場合は、データファイルを1枚ずつの2つに分けること
❸2日めのプレゼンテーションで用いるデータ
❹模型：展示スペースの展示範囲に収まるサイズ
■展示スペース
1作品につき展示用パネル(幅900mm×高さ1,800mm)2枚、テーブル(幅1,800mm×奥行450mm×高さ700mm)2台を設置。展示範囲は、テーブル上：幅1,800mm×奥行900mm×高さ1,100mm、テーブル下：幅1,200mm×奥行900mm×高さ650mm
■審査過程
参加数：10作品*1(27人*2、5高専)
2023年11月11日(土)
❶ポスターセッション
13:50～15:10(前半)
15:25～16:30(後半)
❷ポスターセッション講評
16:40～16:50
2023年11月12日(日)
❶プレゼンテーション
9:15～11:15
❷最終審査(公開審査)／審査員総評
11:40～12:50
■審査方法
最終審査では、全過程の審査内容に基づき各審査員が推薦する作品に投票。投票集計結果をもとに審査員3人による協議の上、各賞を決定(企業賞3作品は、各審査員が1作品ずつ選出)
■審査ポイント
①提案の創造性
②デザインの総合性
③プレゼンテーション力

註
*1　10作品：作品番号[131]は作品展示のみで、学生は本選不参加のため、本選の審査対象は9作品。
*2　27人：9作品の人数。

集まって住むことの形と意義

横内 敏人（審査員長）

都市で生活していると近所づきあいはほとんどない。隣人がどのような人か、顔は時々目にするにしても、それ以上はあえて触れないようにすることで、都市生活でしか味わえない、何からも束縛されない「自由」を獲得する。今回の課題テーマは、その自由を少し犠牲にする代わりに、20人は何を獲得することができるのか、だった。

予選を勝ち抜いた10作品はいずれも、どのような人々が何を媒介(テーマ)にして一緒に住まうのか、が明解だった。さらに、そのテーマと建築空間の構成、周辺環境との関係が一貫していること、また、それらの考えがA1判サイズの紙面上に的確に表現されていることも、高い評価につながるポイントとなった。メディア上で自由につながることができる最近の若者たちにとっては、20人が実際に集まって暮らすメリットを見出すのは難しいのではないかと思ったが、多くの学生が作品を通じて今回の課題テーマに真面目に向き合ってくれたのは、出題者としても頼もしい限りだった。

本選での各作品のプレゼンテーション(表現や説明)が楽しみである。

図面で考える

玉置 順

リアルな交流が規制されたコロナ禍(COVID-19)を経て、今後、建築はどのように進化していくのだろうか。今、世界中が同時にその答えを探し求めているが、審査員の3人も同じように答えを探し求めている。そして、今回の課題では、学生たちにも同じように、その答えを考えてもらった。

課題テーマ「住まいのセッション」で求めたのは、これからの人と人との関わり方を考え、建築をデザインするということである。今回が、企画から建築を発想するという機会に初チャレンジ、という学生も多かっただろうし、何をアピールすべきか迷っている作品も多く見られた。企画のアイディアを建築にするには、図面で検討しなければならない。そのためにはまず、大きな縮尺(できるだけ実寸に近い縮尺)で人と人の関わりを考え、家具や建具で「関わり」をイメージしよう。とは言うものの、応募作品のほとんどが地域計画の規模の縮尺で作品の説明をしていて、平面図にアイディアが込められている作品はごく少数であった。ぜひ図面で考え、図面でアイディアを表現してほしい。課題テーマにとって適切な対応を心掛ければ、発想は明確になり、説明も的確にできるようになる。

建築的なアイデアの「強度」

松本 尚子

応募された136通りの提案の中に、アイデアの豊かな幅の広がりが見られた予選審査だった。「20人程度が居住可能な住宅」という設計条件をどう解釈して定義し、さらに建築の提案につなげられるのか。ヒト、モノ、コトが有機的に関わり合うことで成り立つような見応えのある作品が多く見られた。その中でも、個人的な感覚から社会システムや大きな環境までをつなぐストーリーの中に、はっきりとした建築的アイデアがある作品を選出した。

コロナ禍(COVID-19)の今、集まることや生きることを考えるのは難しいと思う。予選を通過した10作品の学生は、本選で、迷いや深い思考の中から掴み取った、自身にとって切実な建築的アイデアを、より多くの人へ伝えることにチャレンジしてほしい。そのアイデアが人に伝わることで、全応募136作品を含むデザコン2023の参加者全員の間で、本選参加10作品の本質が共有され、デザコン2023に留まらず、将来に向けて、より良い議論につながっていくことを期待する。

予選

今年の予選は、予選事前審査、予選審査の2段階で実施した。

今回は応募全144作品の内、登録が重複していた7作品と、必要な提出物が未着の1作品を除いた136作品が、予選の審査対象となった。それら136作品のプレゼンテーションポスター(以下、ポスター)の電子データ(PDF形式)を、審査前に審査員3人へ審査資料として送付。事前審査として、各審査員には10〜15作品をめやすに推薦する作品へ投票してもらい、得票した作品を予選審査の対象とした。なお、審査の公平を期すため、応募作品の高専名、氏名、人数、学年は本選まで伏せられた。

2023年9月6日(火)の予選審査では、予選事前審査で選出された26作品が審査対象となった(表6参照)。会場である舞鶴高専の大会議室には、3得票(全審査員が投票)の3作品、2得票の10作品、1得票の13作品のA1判サイズのポスターが得票数ごとにまとめて並べられた。

予選審査は13:30にスタート。横内審査員長の発案により、3得票作品、2得票作品、1得票作品の順に審査員全員で議論しながら、全作品を確認した。まず、各審査員が予選の事前審査で投票した作品それぞれについて、推薦した理由を順に説明し、続いて議論に進んだ。それにより他の審査員が気づかなかった作品の詳細や本質、すぐれた点、ブラッシュアップの必要性などが審査員間で共有されていった。

全26作品について確認と議論が終わった時点で、3人の審査員が協議し、予選通過10作品を選出した。全審査員の各作品に対する共通認識ができ上がっていたため、選出は滞りなく進んだ。

3得票の3作品[049][116][132]は、他の作品と比べてプレゼンテーションポスターの完成度が高く、早々に予選通過が決まった。2得票の作品と1得票の作品からは、提案のおもしろさや建築のプランニング(建築計画)の妙を評価された7作品[022][038][069][086][110][114][131]の予選通過が決まった(表6参照)。

予選通過10作品には、審査員3人からの要望をまとめた「本選に向けたブラッシュアップの要望」(本書35ページ〜参照)とともに審査結果を通知した。

予選参加作品については、本選会期中に来訪者が閲覧できるよう、4つに分けて冊子状にまとめたポスターを部門会場内の卓上に展示して紹介した(本書43ページ写真参照)。

(今村 友里子　舞鶴高専)

*文中の[　]内の3桁数字は、作品番号。

表6　予選──予選事前審査　投票集計結果(1人10〜15票をめやす)

作品番号	作品名	高専名(キャンパス名)	横内	玉置	松本	合計
049	「よそ者」と「地域」を紡ぐ集合住宅	岐阜高専	●	●	●	3
116	個性が彩るみち	呉高専	●	●	●	3
132	サンドイッチ・アパートメント	舞鶴高専	●	●	●	3
016	20人+αのツクリテ商店街	豊田高専	●		●	2
022	選択できる洗濯場	釧路高専		●	●	2
050	暮らし、痕跡	呉高専	●		●	2
065	フリーメイソンと20人のパラーディオ	熊本高専(八代)		●	●	2
067	伝承町	岐阜高専	●	●		2
099	巡りめぐる湯治場のマド	仙台高専(名取)		●	●	2
110	トマリギ	明石高専	●	●		2
114	開いて、閉じて。	呉高専	●		●	2
131	つつぬけ**1	舞鶴高専		●	●	2
136	20人が「衣住」する「街のクローゼット」	大阪公立大学高専		●	●	2
029	C3	岐阜高専	●			1
038	抽象と具象が生む居場所(スマイ)	岐阜高専		●		1
039	ますます はつかいち	呉高専	●			1
052	狭間にて、	米子高専		●		1
060	マチのきゃんぷ場	米子高専		●		1
069	医舎住	明石高専			●	1
073	商店街に住む	熊本高専(八代)	●			1
086	風立ちぬ仮寓(かぐう)	明石高専			●	1
089	窯と住まい、煙を纏う。	仙台高専(名取)		●		1
095	みんな浜のいえ	仙台高専(名取)		●		1
111	アートを纏(まと)う 4.5畳	阿南高専	●			1
113	土地をつくるひと	鹿児島高専			●	1
135	幸せを編む水脈	明石高専			●	1
合計			12	15	15	42

表註
**1：本選では作品展示のみで、学生は本選不参加。　*●は1票を示す。
*▆は予選通過10作品を示す。　*作品名はサブタイトルを省略。
*作品は予選事前審査で得票した26作品。票の入らなかった作品は未掲載。
*作品番号[008][011][040][072][097][128][134][140]は登録時の不備により欠番。

予選

予選審査準備

2023年8月1日(火)~21日(月):応募期間
(「デザコン2023 in 舞鶴」公式ホームページより応募登録)
2023年8月24日(木)~31日(木):予選事前審査
予選の審査対象となった136作品のプレゼンテーションポスターの電子データ(PDF形式)を審査員に配付。
各審査員にそれぞれ10~15作品をめどに、推薦する作品への投票を依頼。
得票した26作品を予選審査の審査対象とする。

予選審査

■ **日時**
2023年9月6日(水)13:30~18:00
■ **会場**
舞鶴高専大会議室
■ **事務担当**
徳永 泰伸、今村 友里子、高本 優也、尾上 亮介(舞鶴高専)
■ **予選提出物**
❶プレゼンテーションポスター(高専名と氏名の記載不可):A1判サイズ(横向き)。設計主旨、配置図、平面図、立面図、断面図、透視図(CG、模型写真含む)、イラストなどを適宜選択し、表現すること
❷プレゼンテーションポスターの電子データ:PDF形式(100MB以下)
■ **予選通過数**
10作品(28人、5高専)
■ **審査方法**
全136作品の内、審査員による予選事前審査で選出され、予選審査対象となった26作品を審査。審査員3人による協議の上、予選通過作品を決定
■ **予選審査ポイント**
①提案の創造性
②デザインの総合性
③プレゼンテーション力

選択できる洗濯場──霧の町釧路における新しい洗濯のあり方

022

釧路高専

地域性をテーマとしている点は良いが、今回の課題テーマである「20人の住まい」としての根拠が乏しい。
各ランドリー(洗濯場)に特徴はある。一方、広い敷地に建物をパラパラとまばらに配置しているが、各建物の間はどのように使われるのか？　敷地全体をもっと使い切ってほしい。また、建物同士のすき間で何が起こるのか？　すき間や軒下の空間の特徴を活かし、その使い方を示してほしい。
周辺地域の住民が、利用する洗濯場を「選択」するという行為と、居住者の生活との関わりが薄い。もしくは配置図に表されていない。洗濯している間に、周辺地域の住民と居住者とのコミュニケーションが自動的に起こることを想定しているが、その仕組みはどうなっているのか？　地域の人が洗濯をしに集まってきた時に、この場所でどんなことが起こるのか？
その他、積雪時の駐車場から建物までの動線も気懸かりである。

「よそ者」と「地域」を紡ぐ集合住宅

049

岐阜高専

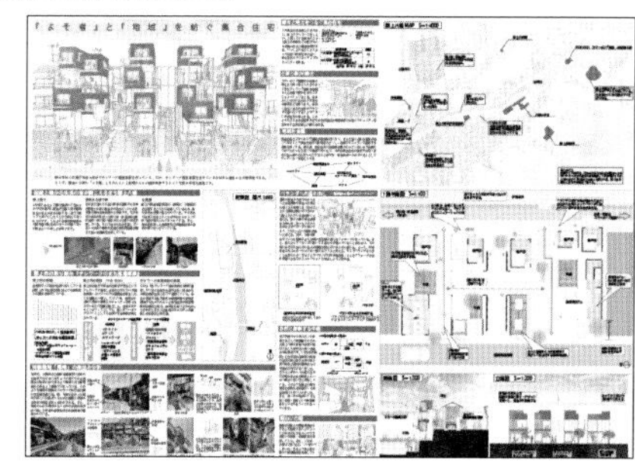

石垣の素材感がおもしろいので、本選でもそれを大切に活かしてほしい。
断面計画はよく考えられているが、オープンスペースがどうなっているのかが平面図では読み取れない。
さらに、屋外スペースの楽しさが示されていない。ベランダ空間の楽しさと、周辺地域の人が入ってくるスペースとのつながりがよくわからない。建物の各階におもしろい中間領域があるということであろうが、それをしっかりと平面図で示すべき。各階のプラン(平面計画)を詳細に示すことを求める。また、構造計画としては、木造なのか鉄骨造なのかがよくわからない。

本選に向けたブラッシュアップの要望

BRUSHUP

審査員：
横内 敏人(審査員長)、
玉置 順、松本 尚子

医舎住

069

明石高専

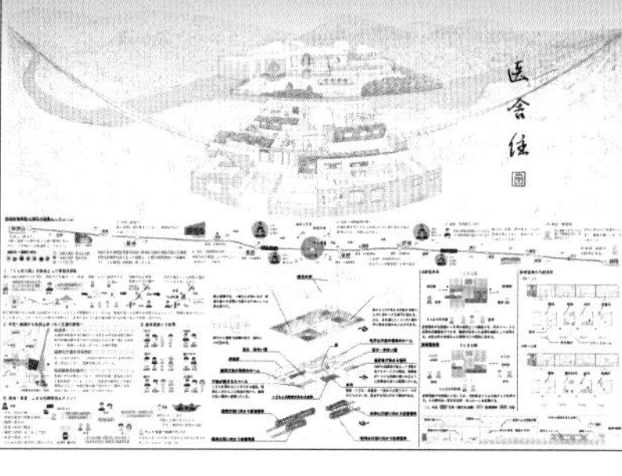

プログラムはおもしろいが、リアル(現実的)な提案として見るべきなのか、奇をてらったアイディアとして見るべきなのか悩む。電車のいる時といない時とで駅の機能が変わるという案だとは思うが、そのアイディアがわかりづらいので、わかりやすく示してほしい。
全体のプログラムと関係して、住人たちのリアルな(実際の)働き方や生活がどうなっているのかを示してほしい。6世帯の住まいの関係がよくわからないし、上下方向の動線もどうなっているのかわからない。
建築的な詳細が詰め切れていない印象。詳細を明確にするためにも、最低限、駅と住居部分の平面図をはじめ、主要空間の平面図と断面図を描くことを求める。

抽象と具象が生む居場所(スマイ)

038

岐阜高専

大阪市の西成という非常に個性が強い街に対して、さらに強い個性を投げ込むというインパクトの強さは良い。敷地が西成のどこにあるのか、詳細を示してほしい。
また、この建物が西成に存在する際の風景として、街の人々とこの建物の住人とが集まった画を見たい。
建築としては、各住居の内部を詳細に示してほしい。スラブ(水平の面的な建築要素。床や天井といった形で空間に現れる)に手すりは無いのか？　構造計画はどうなっているのか？　木の根状になった地上階の構造については、詳細を示してほしい。

風立ちぬ仮寓(かぐう)

086

明石高専

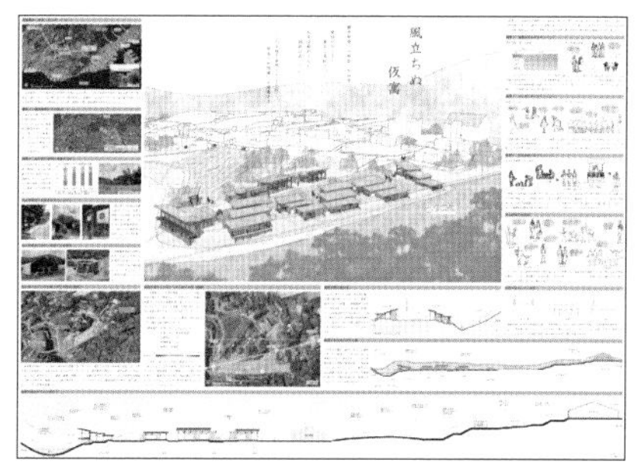

「20人のセッション」が宿坊を通したセッションである、というのは良いアイディアだが、訪れる人や宿坊の住人がどういう出会い方をして、建物をどう活用して、互いの関係を持つのか示してほしい。ここでどういう人がどういう生き方をして、どう使うのか？　また、昔ながらの宗教的な宿坊システムが現代で成り立つのか？宗教と生活との関わり方がよくわからず、リアリティ(現実性)が感じられないので、それを示してほしい。宿坊の住人の暮らし方がわからないので、平面図が欲しい。
この場所とニュータウンとの関係を問題にするのであれば、両者の間でどのようなコミュニケーションを求め、何を提案するのかをわかりやすく示してほしい。

註　**1：本選では作品展示のみで、学生は本選不参加。　*000：作品番号。
*2023年9月6日　予選審査で3人の審査員が述べたコメントを合体。

トマリギ──災害と共生する暮らし

110

明石高専

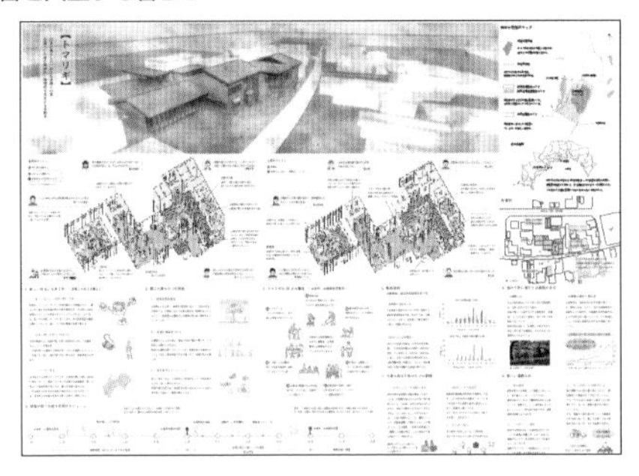

どんな人が何人ぐらいでどう使うのか、プログラムの説明がわかりづらい。お遍路さんが何人ぐらい泊まるのか、住んでいるのが誰なのか、住んでいるのかいないのかもわかりづらいので示してほしい。
アクソメ図(立体図、軸測投影図)がしっかり描かれているのは良いが、建物は街中にあるのか、豊かな自然に囲まれた場所にあるのか、敷地周辺の状況がわかりづらいので示してほしい。

開いて、閉じて。

114

呉高専

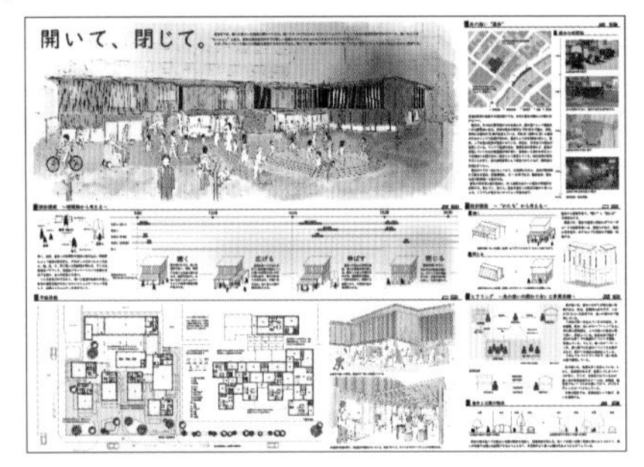

着眼点はおもしろいので、本選ではプログラムについて説得力のあるプレゼンテーション(表現と説明)を期待する。屋台風の建築であることのおもしろさがどこにあるのかも示してほしい。
屋台を営む人と、商店を営む人と、住人との関係がわからない。住居部分には誰が住む設定なのかもわからないので示してほしい。

つつぬけ[**1]

131

舞鶴高専

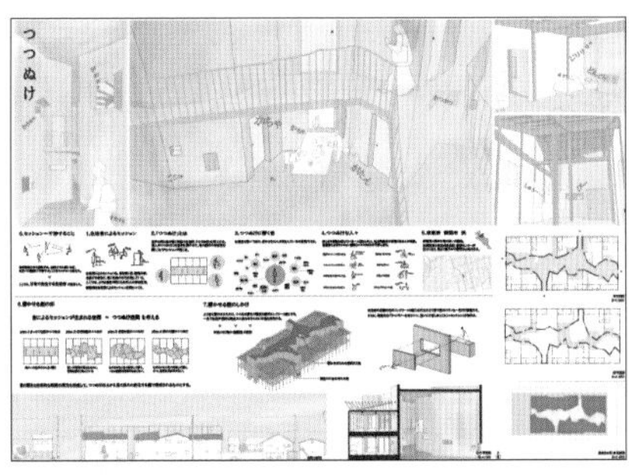

「つつぬけな人々」という表現がおもしろいし、アイディアは良いと思う。ただし、パース(透視図)などの絵柄も相まって、漫画っぽさを感じてしまう。「音を通じたセッション」という掛け合いは、具体的にどういうものなのか? 生活の中には聞かれたくない音もあるが、聞かれてもいいというのは、どういうことなのか? 現実世界でどう成り立つのかを納得させてほしい。「『音が聞こえる』という些細なことが、孤独な人に勇気や安心を与える」ということの説得力を建築で表現してほしい。また、他の住人の音が漏れ聞こえるという点は、昔の長屋でも同じだったと思うが、それとはどう違う提案なのかを説明してほしい。
音の反響するコンクリートの谷間に、どんな生活が滲み出てくるのか? それとも音だけなのか? 設計の意図がよくわからない。建物の中心部への光の入り方はどうなっているのか?
音を筒抜けにするための各住戸の開口部の仕組みがよくわからない。各住民が自由に開け閉めできるのか? どういう時に開けようと思うのか? 開けたくなるためにどういう工夫をしているのか? 開けるという行為がいかに成立するのかを示してほしい。
その他、各住戸の平面図をもっと検討してほしい。

個性が彩るみち──みちから広がる世帯間交流

116

呉高専

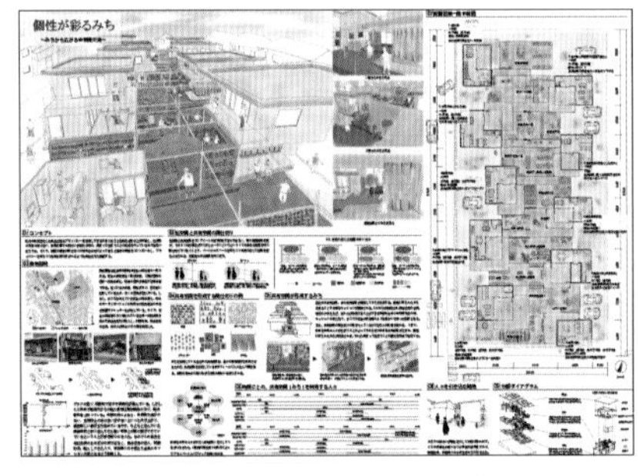

敷地中央のパブリックスペース(共有空間)が屋根の架かった屋内空間だとすると、魅力的な屋内空間にするためにどういう工夫をしているのか? 屋根の架け方などを示してほしい。
敷地中央のパブリックスペースと、個人のテリトリー(領域)との関係が、開口部を閉じた時と開いた時でどう変わるのか、空間性の変化を示してほしい。また、開いたり閉じたりする土間スペースの使われ方が図面ではわからない。土間スペースには住人以外も入ってくるのか? 段差はどのように使われるのか?
さらに、個人のテリトリー内の使い方を1階平面図と2階平面図にはっきり示してほしい。住居内のプラン(平面計画)がうまくいっているのか不安である。
その他、駐車スペースのスケール感に問題が無いのかどうかが気にかかる。

サンドイッチ・アパートメント──3人の単身高齢者と5世帯の家族が暮らす家

132

舞鶴高専

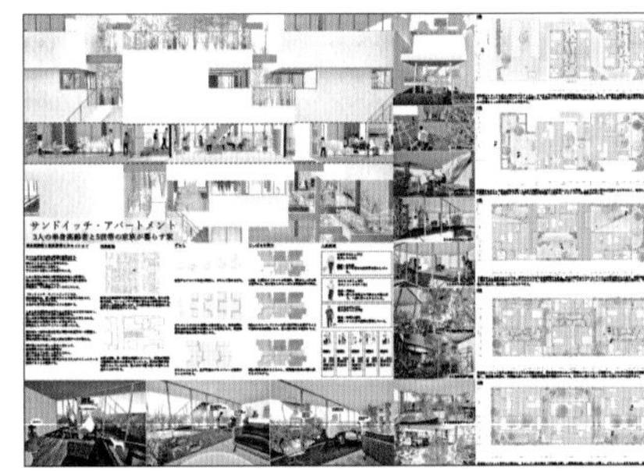

サンドイッチとは言うが、1階と2階、4階と5階に住む人たちと3階に住む高齢者との関係がわかりづらい。
各シーン(場面)を細かく考えているが、ボリューム(塊)をずらした部分のズレの形状や上下階との立体的なつながりが、わかりづらい。周辺との関係もわかりづらい。本選で模型があると、かなりわかりやすくなると思う。その他、この提案で良いと自覚しているところを磨き上げて、本選では自由にアピールしてほしい。

文化や思想の違いを相互理解し、国籍や年齢を超えた助け合いやコミュニケーションの場を提供する安心安全な住宅

001　福島高専

◎鯨岡 北斗、紙谷 李華、柳内 美瑠、野崎 莉功［都市システム工学科5年］

時の宿場町

002　豊田高専

◎三浦 緋奈、笠原 颯真、宮本 ちかの、吉田 嶺介［建築学科3年］

「まち」をつくる

003　豊田高専

◎長岡 瑞樹、髙橋 末和、松原 香穂［建築学科4年］

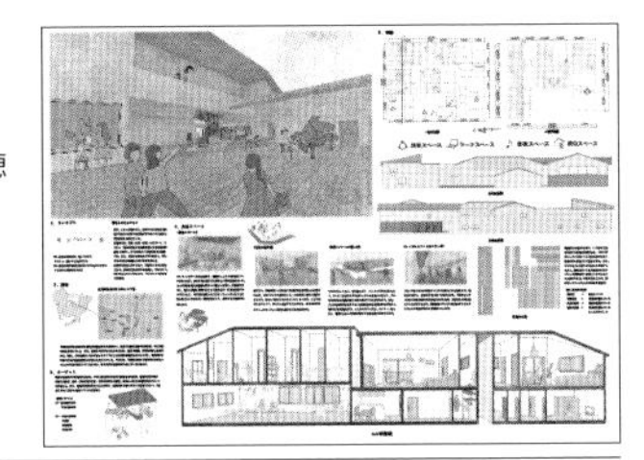

高山流水──理解してくれる真の友人

004　豊田高専

◎沖 杏美花、大河内 柚季、小澤 果歩、矢浦 このみ［建築学科4年］

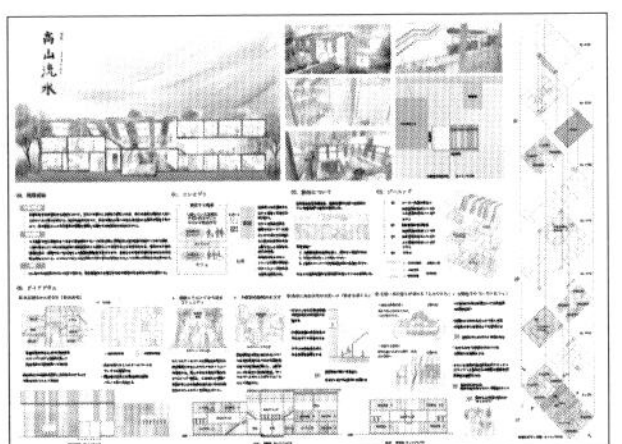

おいでん──自然を流し込む建築

005　豊田高専

◎古賀 舜大、金子 愛士、阿部 泉穂、加藤 万琳［建築学科3年］

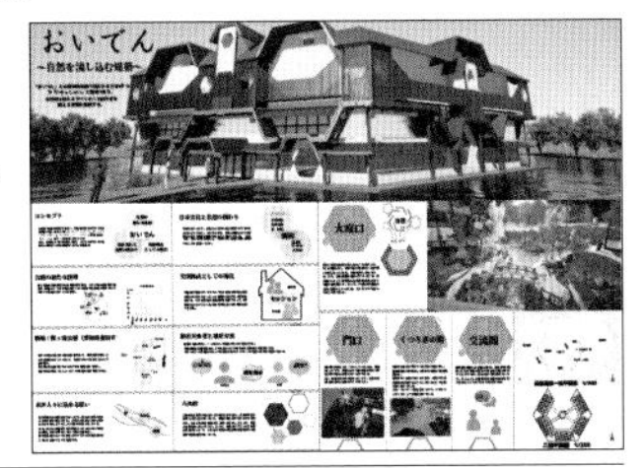

よりみち

006　豊田高専

◎市川 愛莉、木村 遼平、島 瑞穂、野口 楓人［建築学科3年］

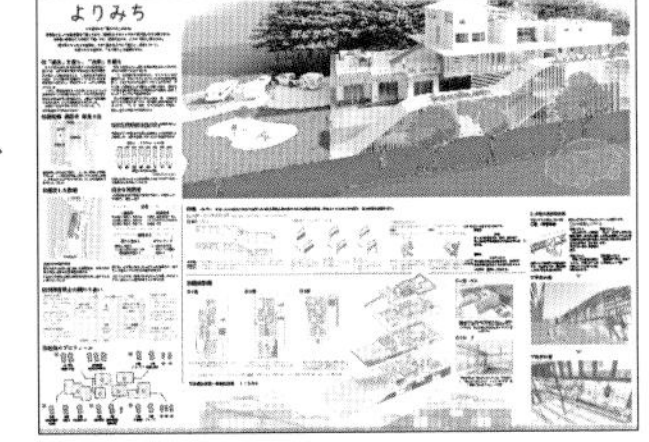

座る、据わる。

007　豊田高専

◎三鬼 優矢、倉岡 秀大、深見 駿之助、ファロス・アダム［建築学科4年］

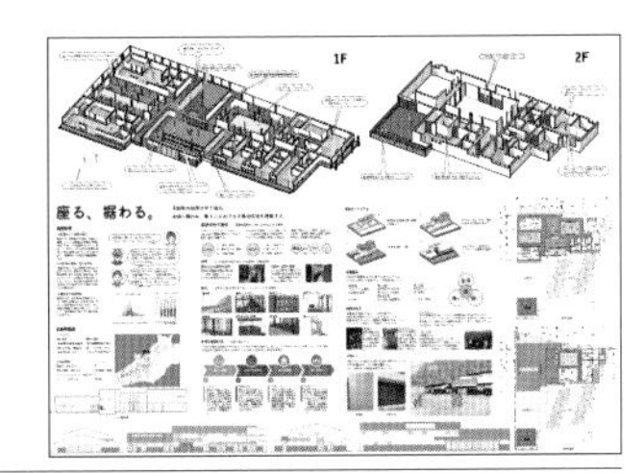

交園（KOUEN）

009　豊田高専

◎岡田 菜子、井澤 琴萩、川瀬 優奈、林田 実樹［建築学科3年］

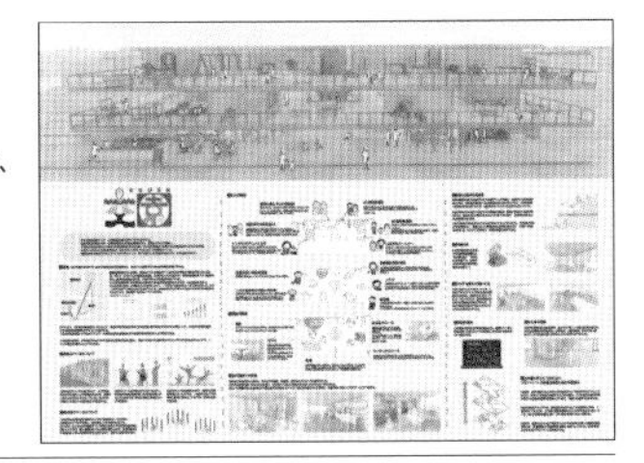

健康ハウス

010　豊田高専

◎三明 真理子、鈴村 里緒葉、山田 聖也、有馬 幹汰［建築学科3年］

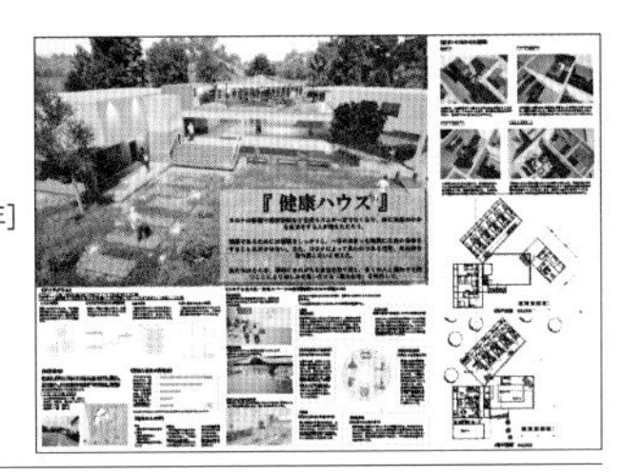

CR家ITE（クリエイト）

012　豊田高専

◎村松 稜太、角野 心音、中島 颯亮、原田 蓮珠［建築学科3年］

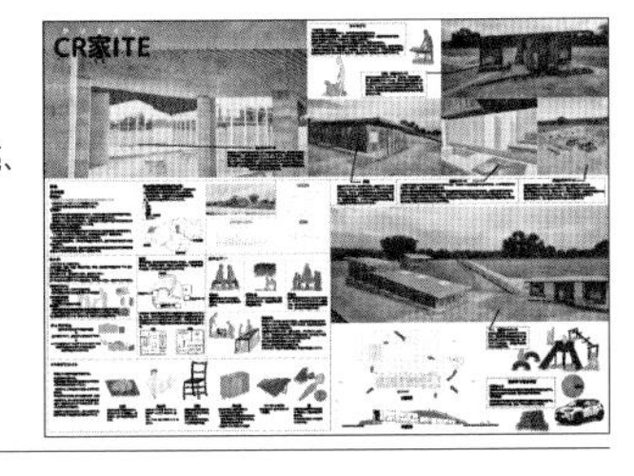

Dolphin Port──共に歩む多様な海上暮らし

013　都城高専

◎蛯原 勇飛［建築学科5年］

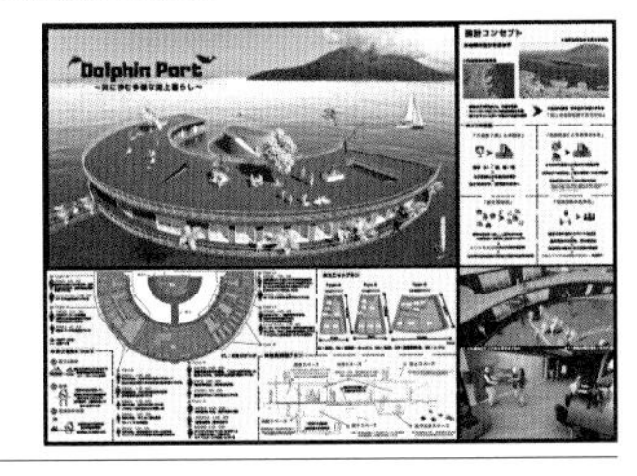

伝え、繋がり、成る

014　豊田高専

◎戸軽 大智、寺島 一翔、吉開 大貫、内藤 康介［建築学科3年］

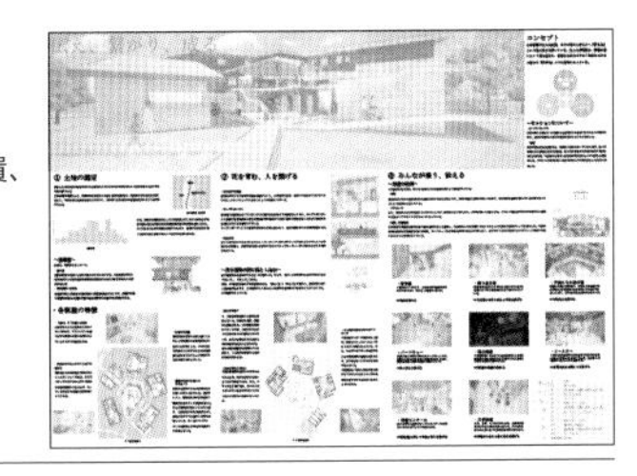

註　＊000：作品番号。　＊氏名の前にある◎は学生代表。
＊作品番号［008］［011］［040］［072］［097］［128］［134］［140］は登録時の不備により欠番。

嵐気のかたち

015 豊田高専

◎鈴木 陽介、谷 柊汰、神尾 遼太郎[建築学科3年]

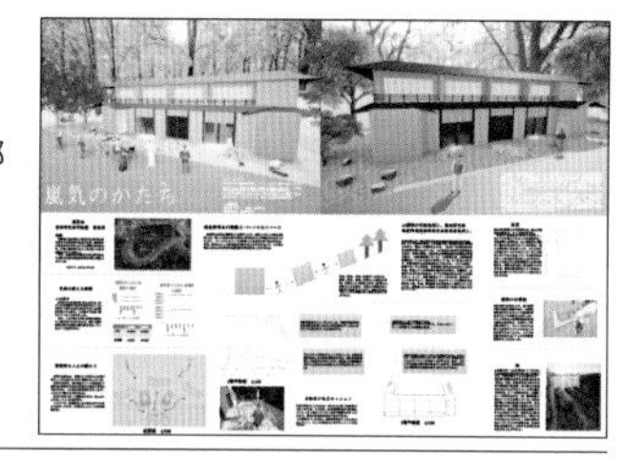

ウタシパ・ト──湖畔で集い合う

021 釧路高専

◎佐藤 陽気、萩原 周真[創造工学科建築デザインコース建築学分野4年]

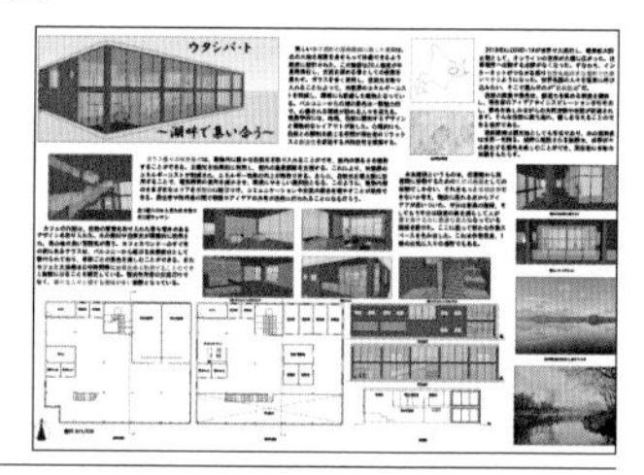

20人+αのツクリテ商店街

016 豊田高専

◎川崎 翔央、中山 成史、中田 圭一郎[建築学科4年]

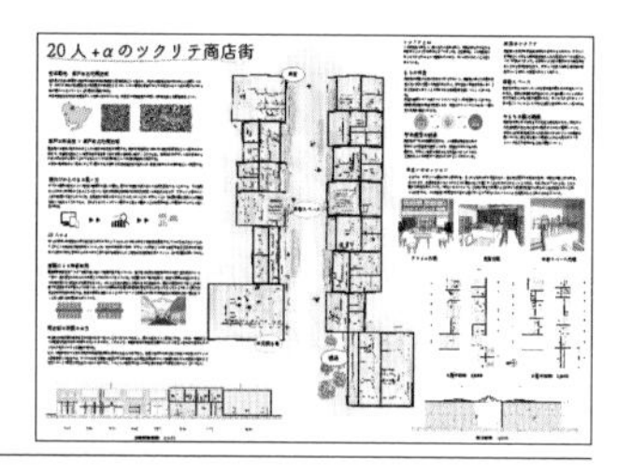

CASE.0──SAPPORO

023 釧路高専

◎渡邊 海輝、山口 杜基、三橋 優祐[創造工学科建築デザインコース建築学分野5年]

厭離穢土欣求浄土

017 豊田高専

◎伊東 悠太、毛塚 優生、杉浦 美羽、中江 琉生[建築学科4年]

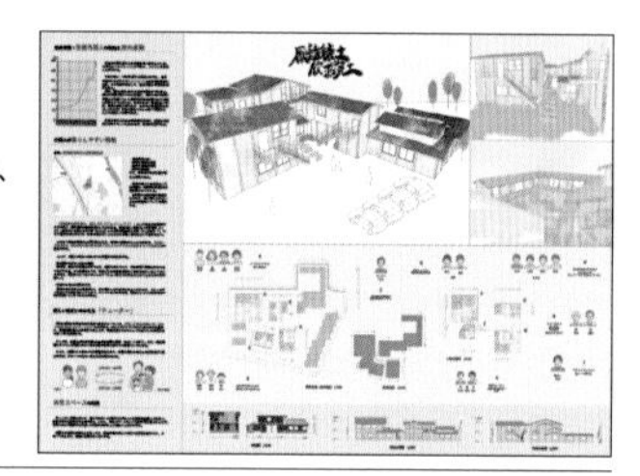

ほっとかいどう

024 釧路高専

◎渡邊 紅音、狩野 由奈、武田 紗奈[創造工学科建築デザインコース建築学分野4年]

開かれた砦 ありのままの自分

018 豊田高専

◎辰己 詩果、内堀 ななせ、太田 帆香[建築学科4年]

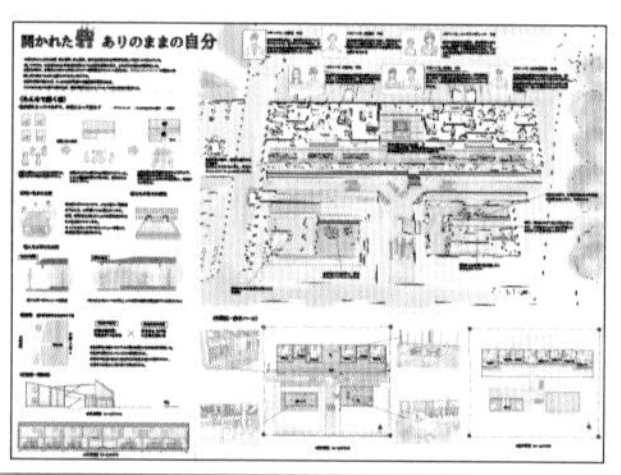

やや長屋

025 米子高専

◎野口 凜太郎[建築学科5年]

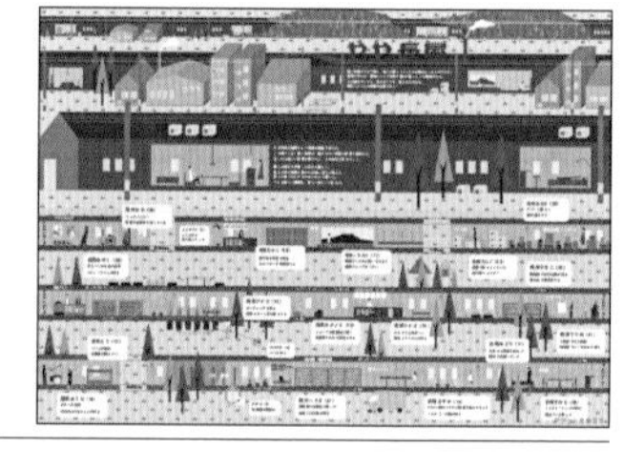

1から100まで創る住宅──家族が創る建築

019 豊田高専

◎山口 陸玖、藤永 章之介、横田 大、杉山 さくら[建築学科3年]

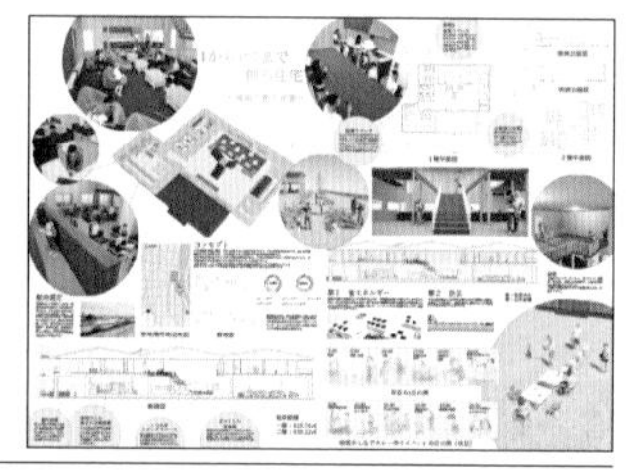

BLUE VILLAGE

026 釧路高専

◎荻島 慧大、宮原 心温[創造工学科建築デザインコース建築学分野5年]

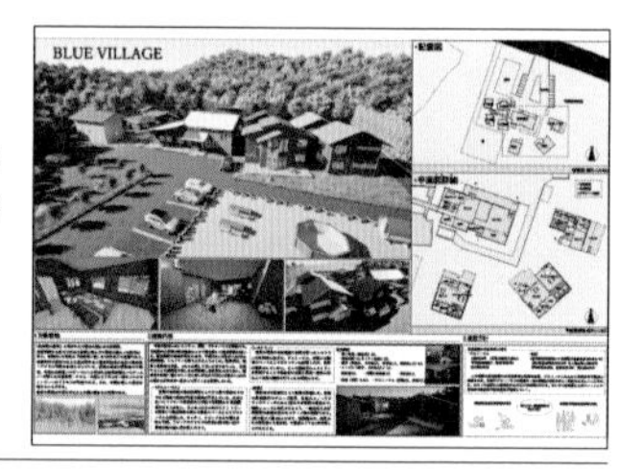

輪になって集まろう──繋がる人の輪形 支え合える私たちの人生

020 サレジオ高専

◎水津 梢英、松本 昊士、大類 咲希、相葉 悠海[デザイン学科2年]

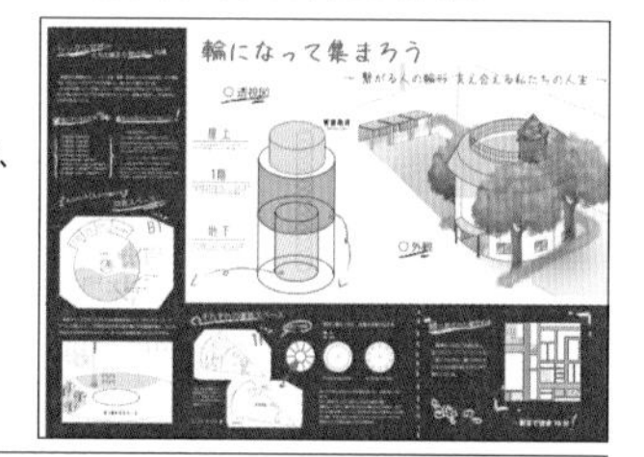

円と縁

027 米子高専

◎岸田 空大[建築学科5年]

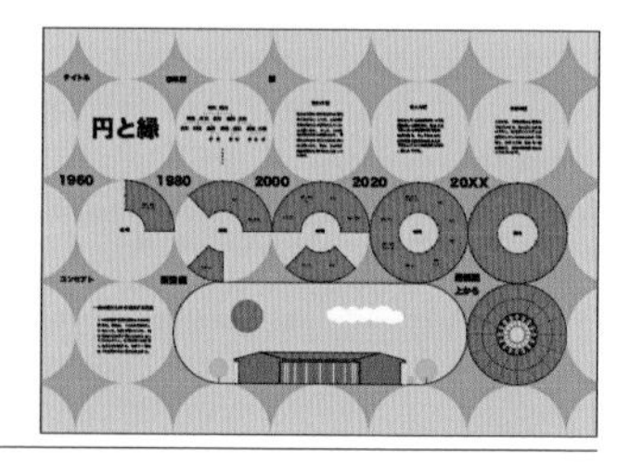

Happiness——ぬくもりとともに住む家

028 釧路高専

◎髙橋 柚菜、松田 桜[創造工学科建築デザインコース建築学分野4年]

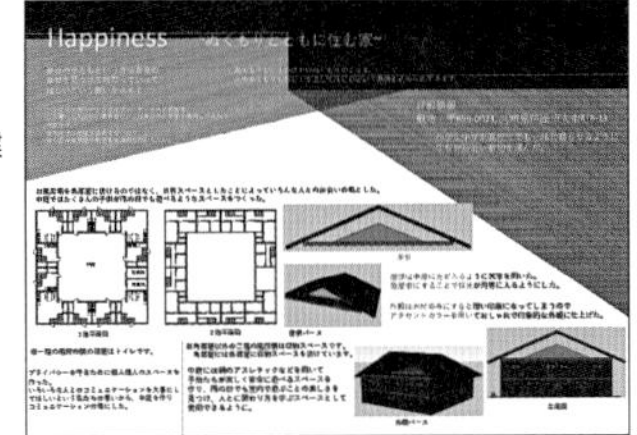

ご近所以上家族未満

034 小山高専

◎村田 千紗、佐藤 由唯[建築学科2年]

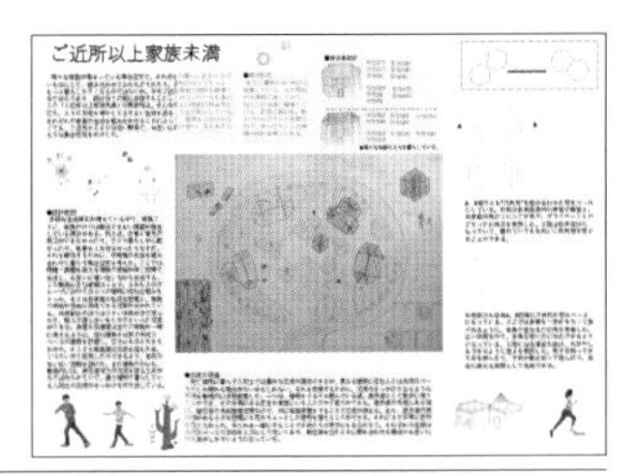

C3——Cross Culture Complex

029 岐阜高専

◎中谷 文乃[建築学科5年]

おたのしけ

035 釧路高専

◎鈴木 蓮、仙石 瑛斗、惣宇利 瑠可[創造工学科建築デザインコース建築学分野4年]

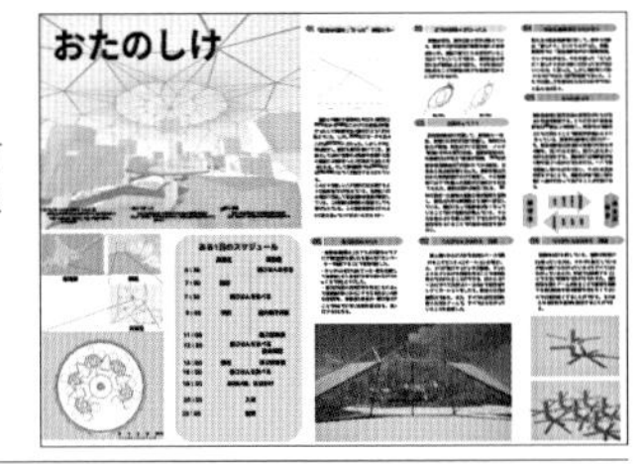

玄関からの一歩

030 徳山高専

◎木本 貫太(5年)、宇留島 聖奈、長岡 佑(4年)[土木建築工学科]

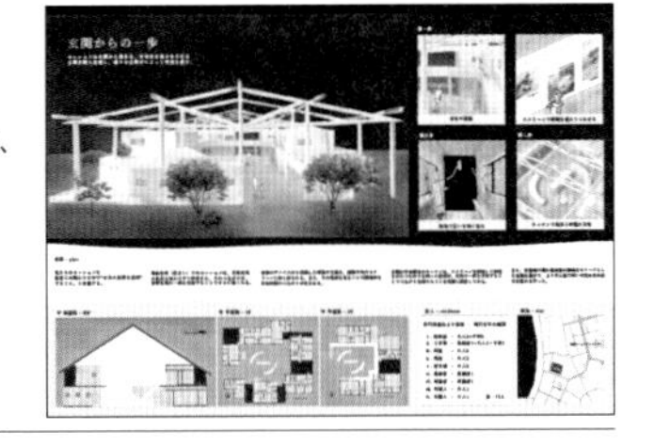

HUGKUMI——守り育てる集合住宅

036 釧路高専

◎佐藤 澄果、竹田 早希[創造工学科建築デザインコース建築学分野4年]

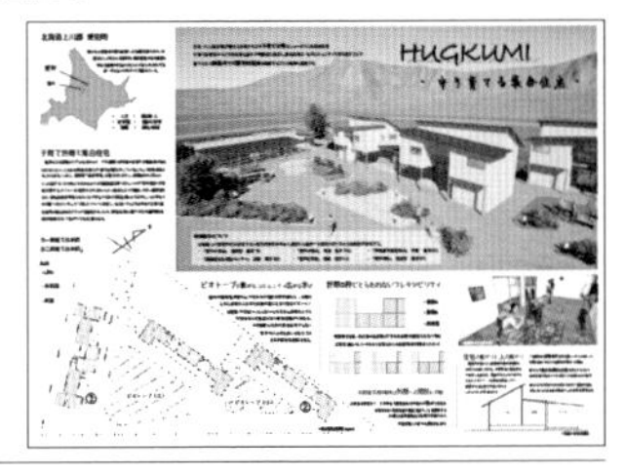

子育て世代と老人ホーム

031 熊本高専(八代)

◎泉 友莉恵、梅田 知華、中村 琉那[建築社会デザイン工学科4年]

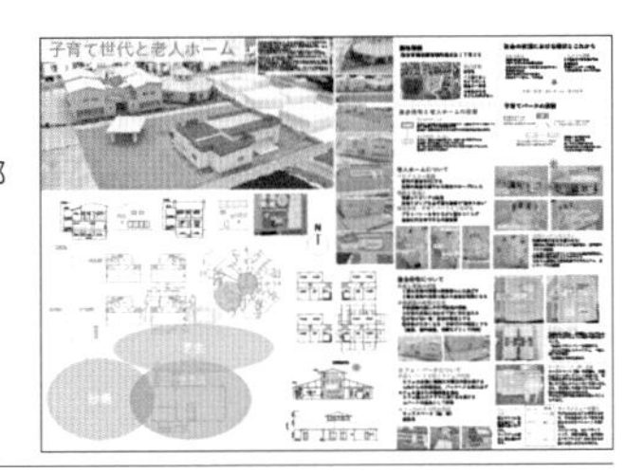

easy going 商店街

037 明石高専

◎藤本 卓也[建築・都市システム工学専攻専攻科2年]

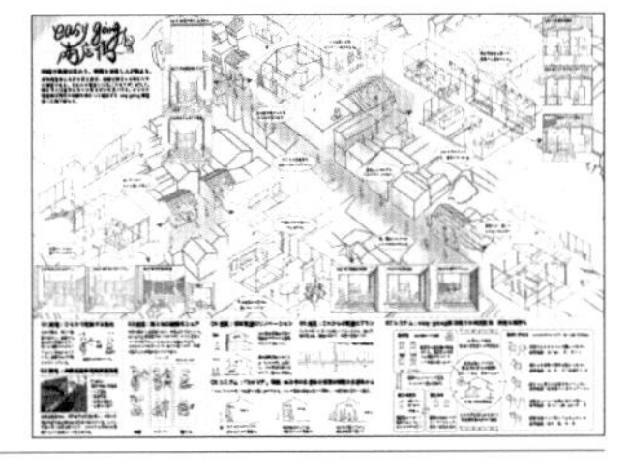

日本全国 移住CAR!!

032 米子高専

◎松原 ひな子、德田 来夏、宮本 澪[建築学科5年]

ますます はつかいち

039 呉高専

◎金谷 賢志朗[建築学科4年]

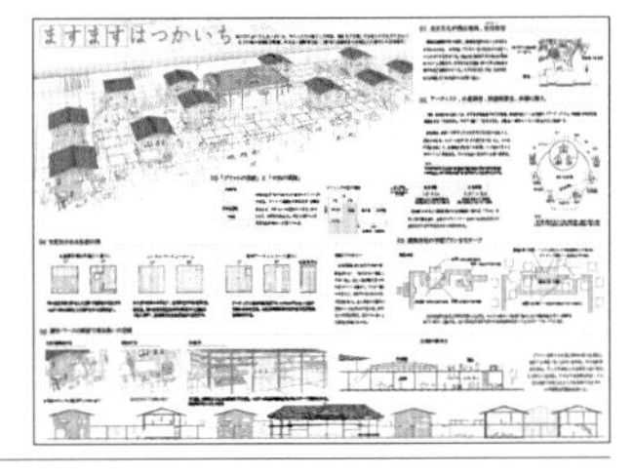

居住者が自活を学べる下宿

033 釧路高専

◎池田 祥音、樋田 周聖[創造工学科建築デザインコース建築学分野4年]

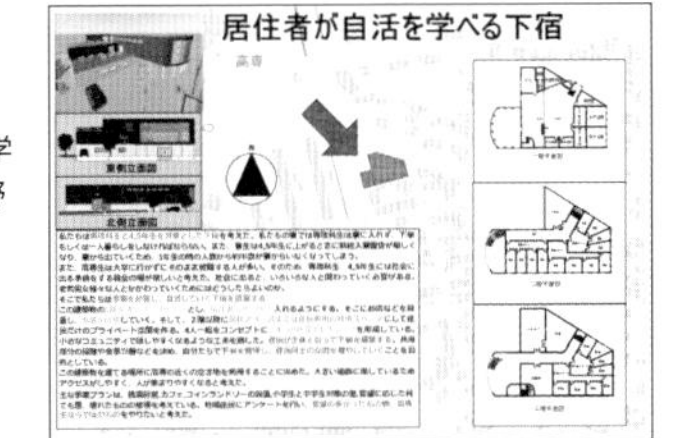

縹緲(ひょうびょう)no境界

041 岐阜高専

◎天田 百合子、田口 広美、手島 来惟[先端融合開発専攻専攻科1年]

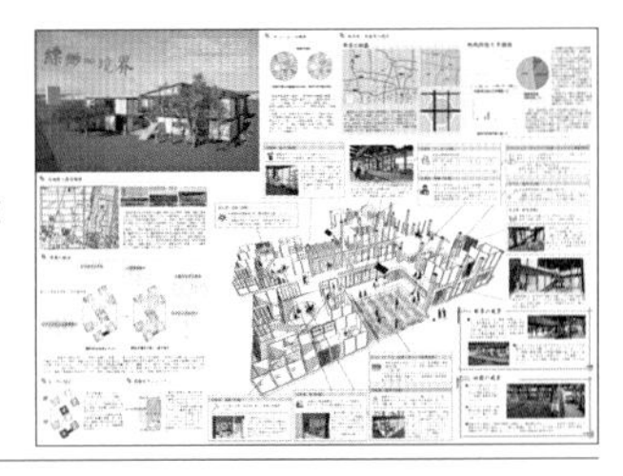

第二の場所

042 米子高専

◎河原 朱里[建築学専攻専攻科1年]

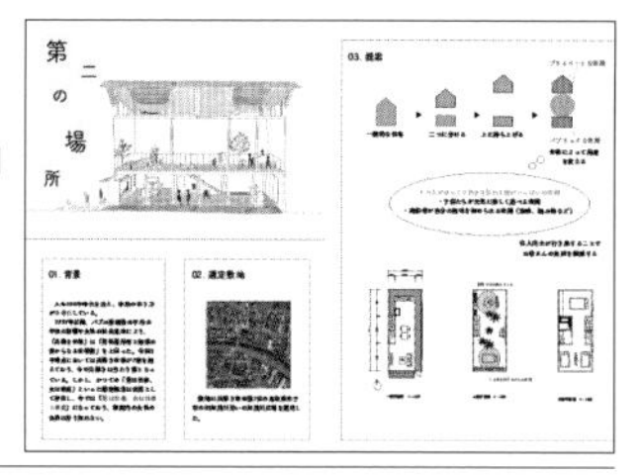

柳ケ瀬アクアージュレコード——RECORD AQUAGE YANAGASE IN GIFU

048 岐阜高専

◎棚橋 亮仁[建築学科4年]

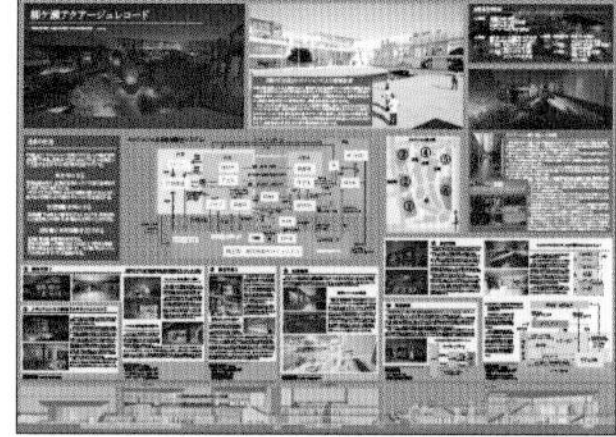

みんなの家

043 米子高専

◎河村 謙佑[建築学専攻専攻科1年]

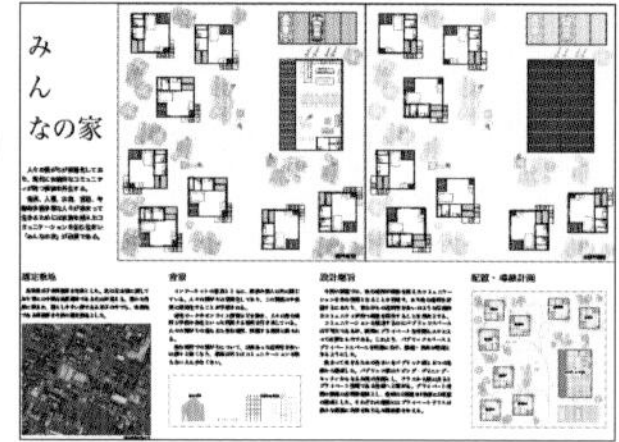

暮らし、痕跡——痕跡を想いイトナミを想う、町と移住者をつなぐ住まい

050 呉高専

◎橘髙 雷士、川村 真由、小嶋 翔太
[建築学科4年]

あのとき叶わなかった・叶えたかった

044 米子高専

◎加茂 大助[建築学専攻専攻科1年]

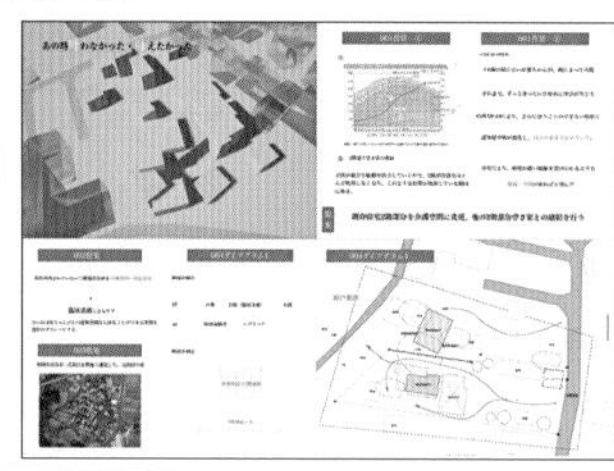

街のプランター

051 豊田高専

◎鶴田 光輝(5年)、水野 大生(5年)
[建築学科]

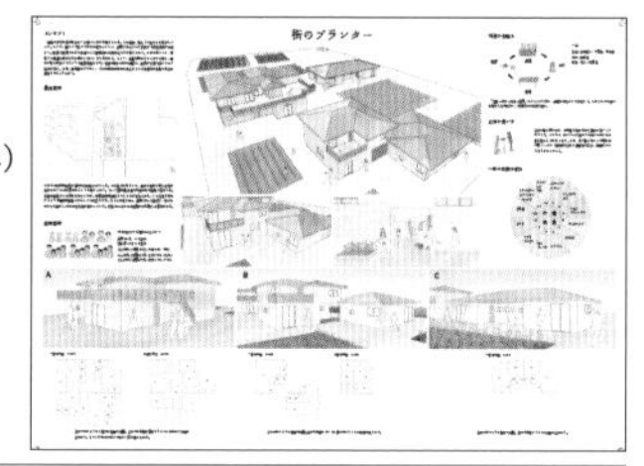

廻る生活、生み出す暮らし

045 熊本高専(八代)

◎長尾 泰雅、中神 達也、
吉村 滉一郎[建築社会デザイン工学科4年]

狭間にて、

052 米子高専

◎松永 旭陽[建築学科5年]

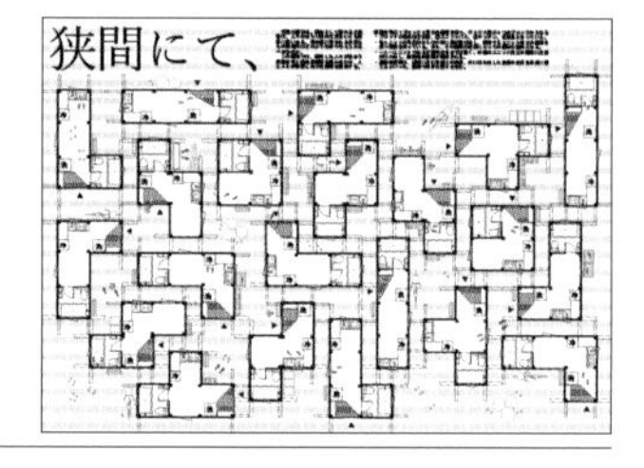

茅葺職人の長屋

046 熊本高専(八代)

◎舛野木 海尋、梅木 心、
船本 誠志郎、山下 大輝[建築社会デザイン工学科4年]

ちょうちんの明かりに誘われて

053 熊本高専(八代)

◎森山 結衣、寺本 樹生、中原 水月
[建築社会デザイン工学科5年]

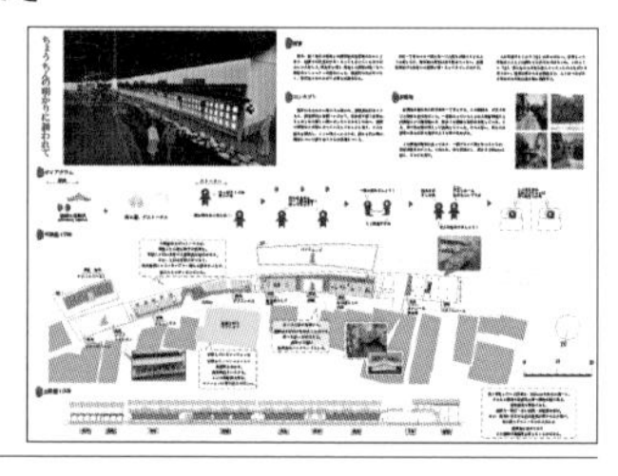

20人のクローゼット

047 米子高専

◎森灘 亜実、中井 綾音、藤川 理子、
藤田 真綾[建築学科5年]

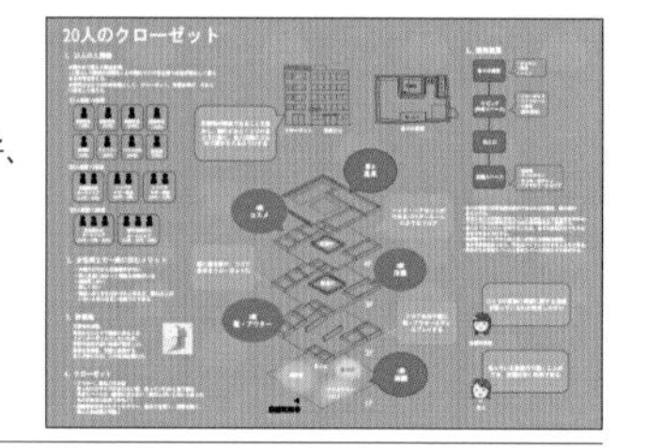

あすなろ荘——多様な専門家が互いに成長する集合住宅

054 豊田高専

◎石黒 更希[建設工学専攻専攻科1年]

まちにいきる　まちといきる

055　岐阜高専

◎兼山 瑛匡［建築学科5年］

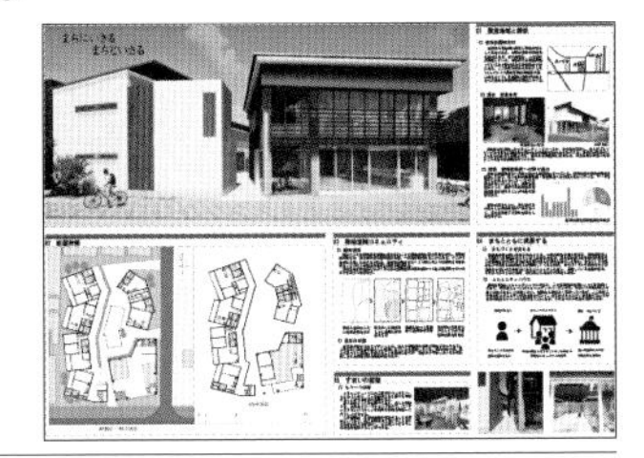

SCHÖNHERR——人を、織る。

056　岐阜高専

◎深澤 真悠子［建築学科5年］

糸を併せる 人を会わせる

057　米子高専

◎松本 結郁、三好 雪心、中島 奈々、市原 広菜［建築学科4年］

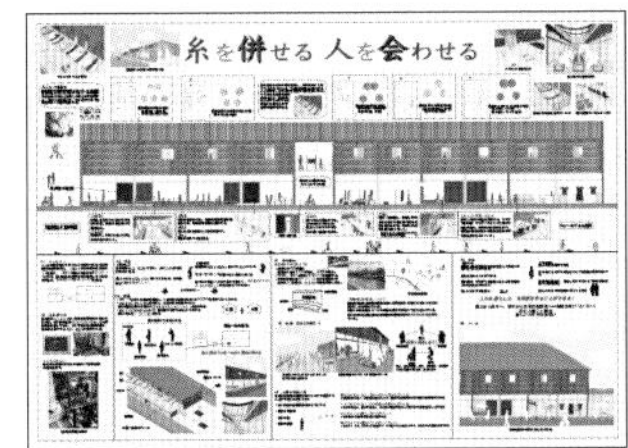

GREEN SINGLES COMMUNITY

058　米子高専

◎佐々木 律［建築学科5年］

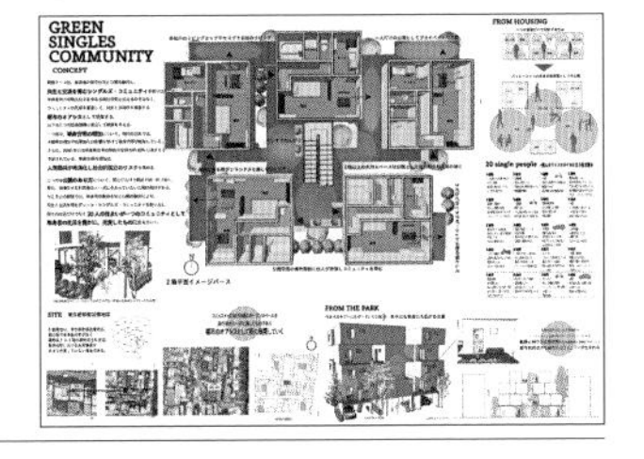

子供にやさしいシェアハウス

059　サレジオ高専

木下 空澄(4年)、◎坂東 礼実、望月 里江子、岩崎 七海(3年)［デザイン学科］

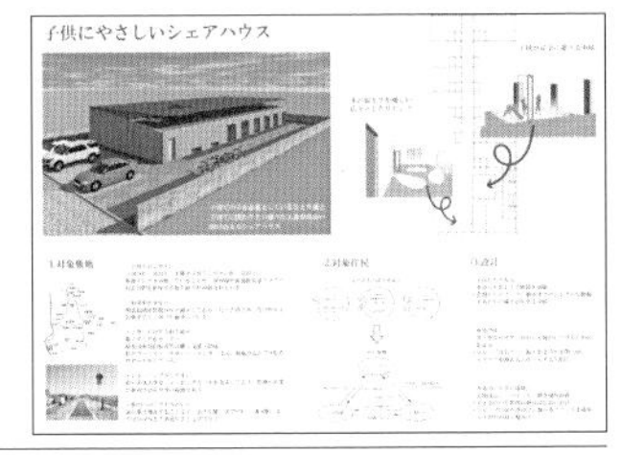

マチのきゃんぷ場

060　米子高専

◎梅林 蒼、濱崎 大志、谷野 彼方［建築学科4年］

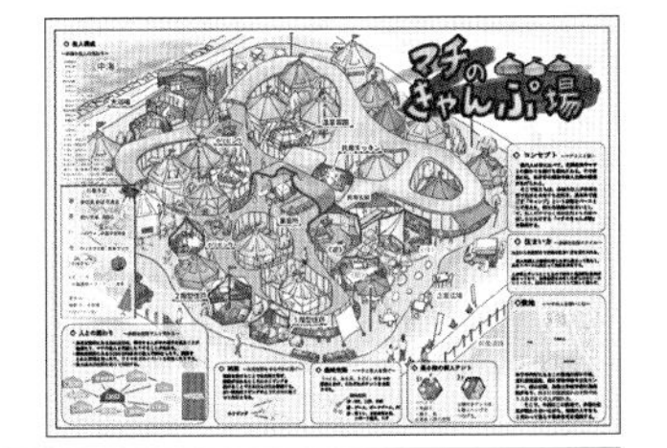

まちとともに、まちをおこす

061　熊本高専(八代)

◎光永 愛実［建築社会デザイン工学科3年］

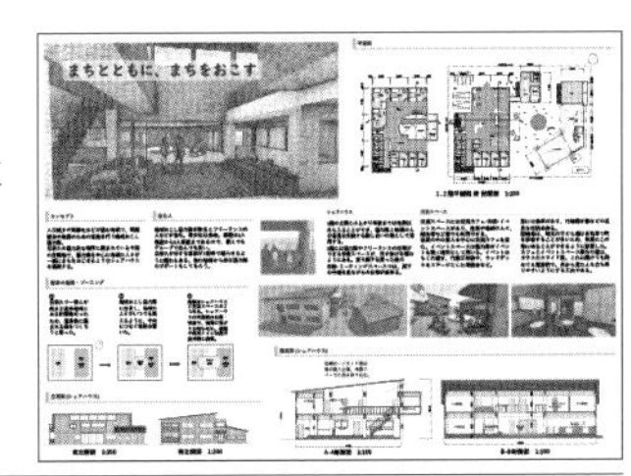

和 繋がり——集まって住む、の再構築

062　大分高専

◎竹尾 紅太郎、後藤 駿介、佐藤 優太、渡邊 滉［都市・環境工学科5年］

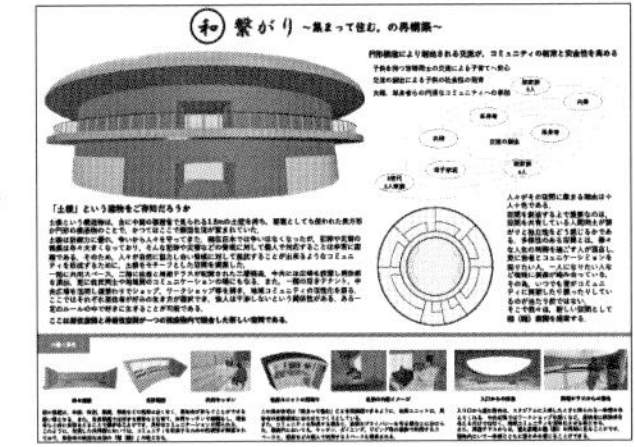

皆人、担う　いへ

063　明石高専

◎田中 敦大、津崎 佳乃、畠 美紗貴、安田 陸［建築学科4年］

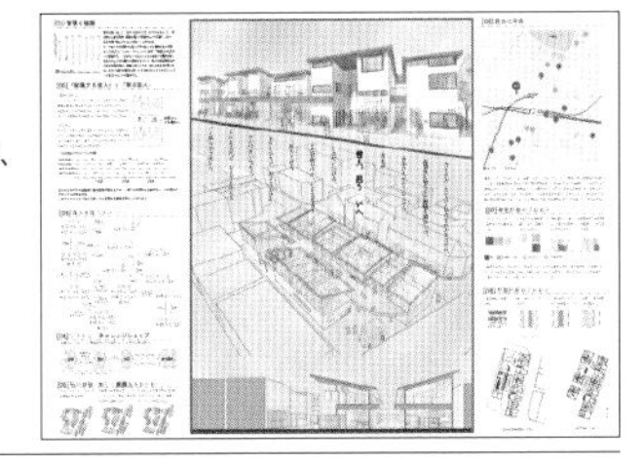

かえる家——帰る　還る　孵る　変える　替える

064　熊本高専(八代)

◎野田 綾乃、稲尾 和、緒方 空、牧野 このか［建築社会デザイン工学科5年］

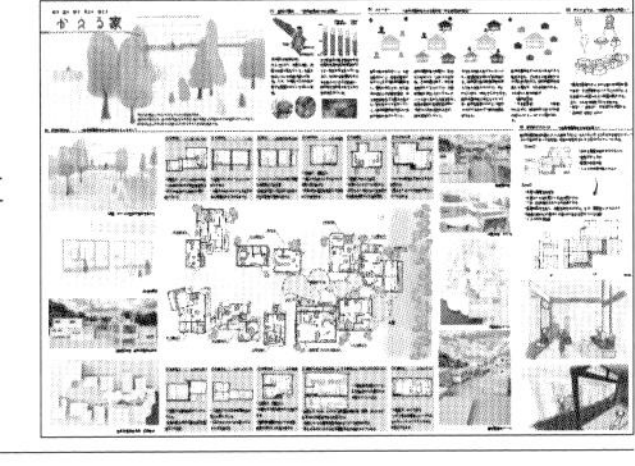

フリーメイソンと20人のパラーディオ

065　熊本高専(八代)

◎上田 結子、荒田 紗英、作田 秀斗［建築社会デザイン工学科5年］

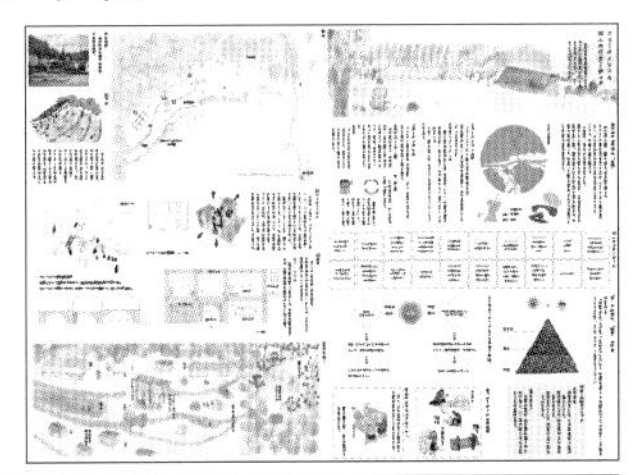

坊勢島多拠点居住論

066　明石高専

◎大西 創、妹島 賢治、田辺 晃聖［建築学科5年］

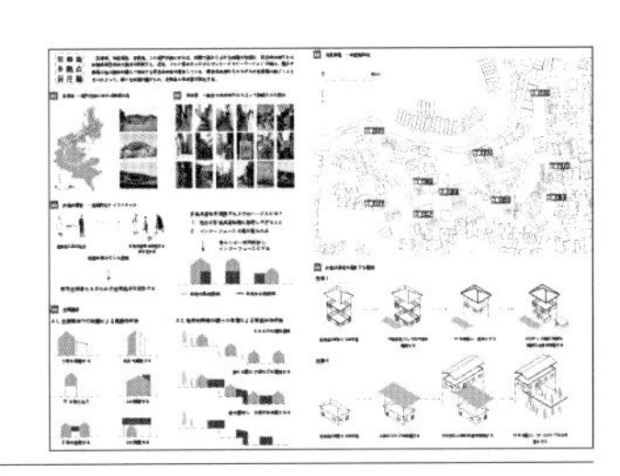

伝承町——Lore Town

067 岐阜高専

◎畑佐 向日葵、大林 千紘［先端融合開発専攻専攻科1年］

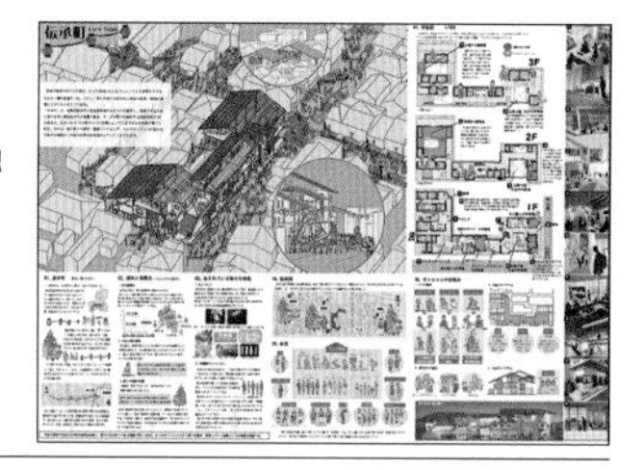

アートピア

068 明石高専

◎山口 大空、川口 杜明、福田 まや、ホルト・ラクサ［建築学科4年］

TOMIAI STREET——高架下の新たな可能性

070 熊本高専（八代）

◎柴田 海斗、中村 朋麒、渡並 俊介、山尾 悠真［建築社会デザイン工学科4年］

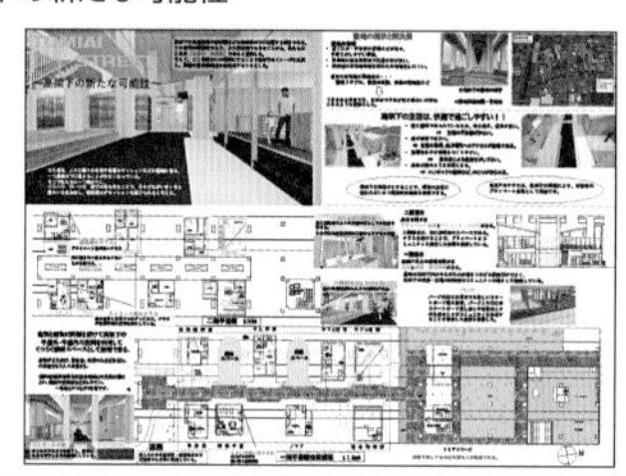

長部田海苔ロード

071 熊本高専（八代）

◎村井 陽向子、飯谷 彩乃、西村 羽誕［建築社会デザイン工学科4年］

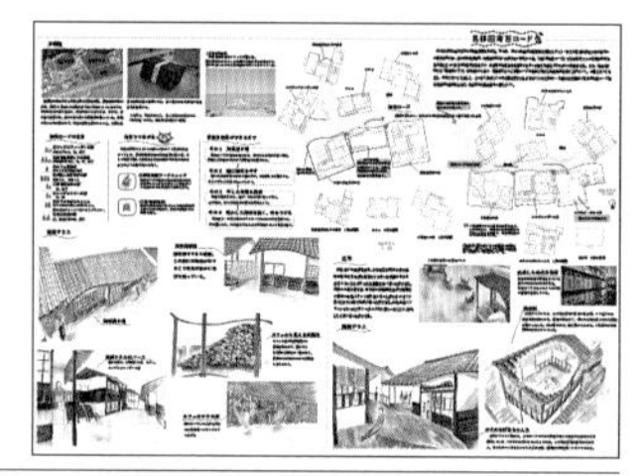

商店街に住む——商店街の新しい在り方

073 熊本高専（八代）

◎小出 直弥、小森田 夏実、坂口 智哉、ガンボルド・エンフマー［建築社会デザイン工学科4年］

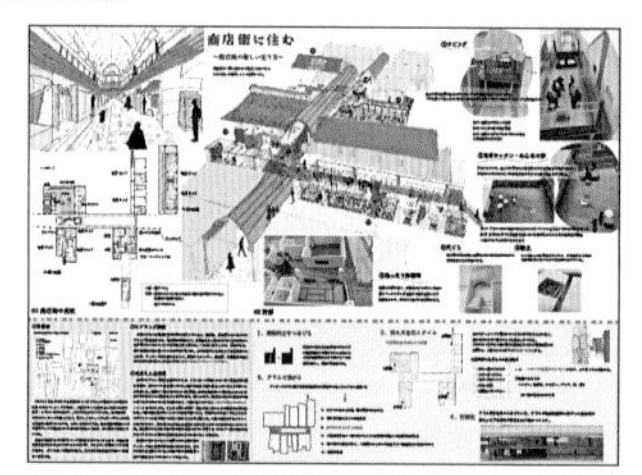

和紙をすき・すまう——伝統産業継承のための手漉き和紙工房がある集合住宅

074 高知高専

◎沖廣 亮太［ソーシャルデザイン工学科まちづくり・防災コース5年］

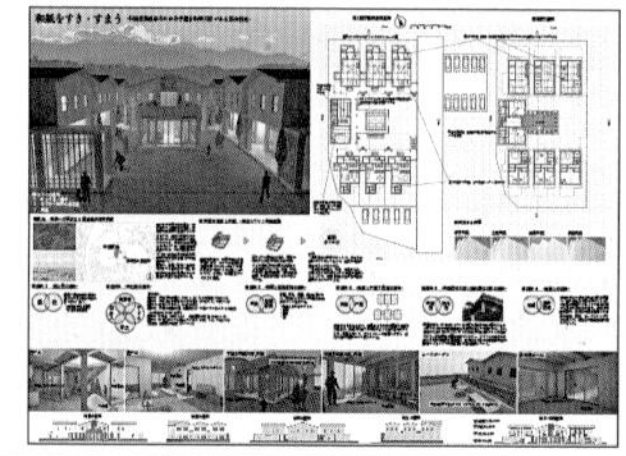

趣味が交錯する暮らし

075 都城高専

◎金子 晴飛、福岡 千祐、日野 姫凪、小山 海南子［建築学科5年］

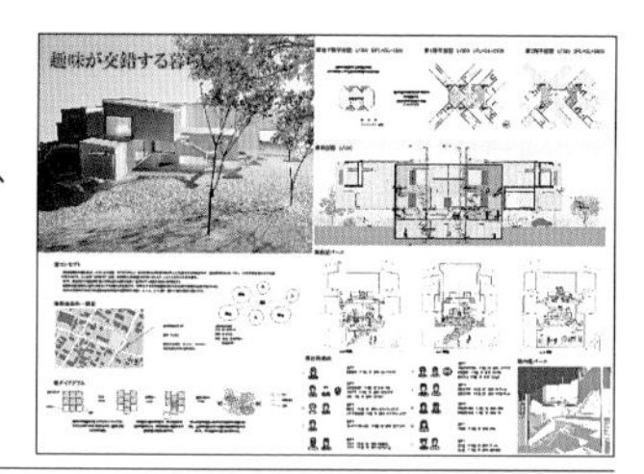

地縁で未来を育む街——飯山中心市街地の再生

076 長野高専

◎佐久間 幸太朗、高野 快成［環境都市工学科5年］

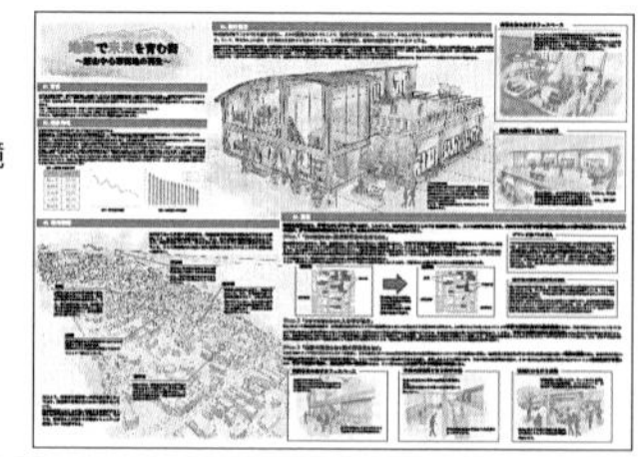

善光寺とともに

077 長野高専

◎後藤 空也、青木 桃音［環境都市工学科5年］

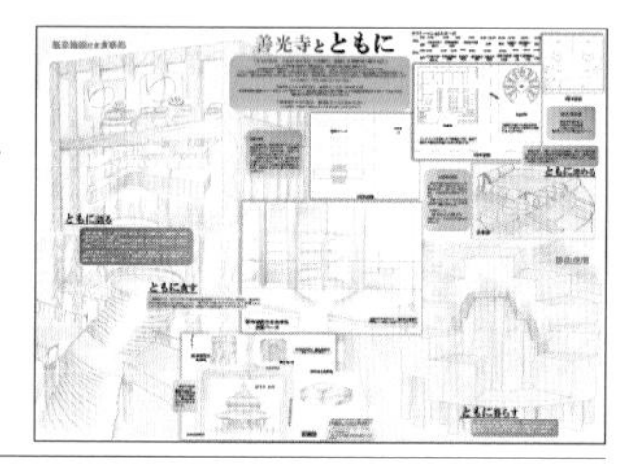

アート×「　」=多様性

078 長野高専

◎田原 一樹、田中 美帆［環境都市工学科5年］

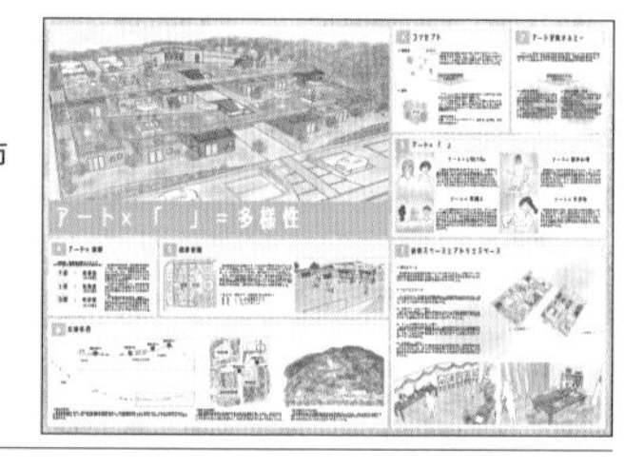

夢の森——集まろう、始めよう、コンテナとともに

079 サレジオ高専

◎真鍋 歩希、鈴木 心寧、濱中 昴、田後 朋輝［デザイン学科2年］

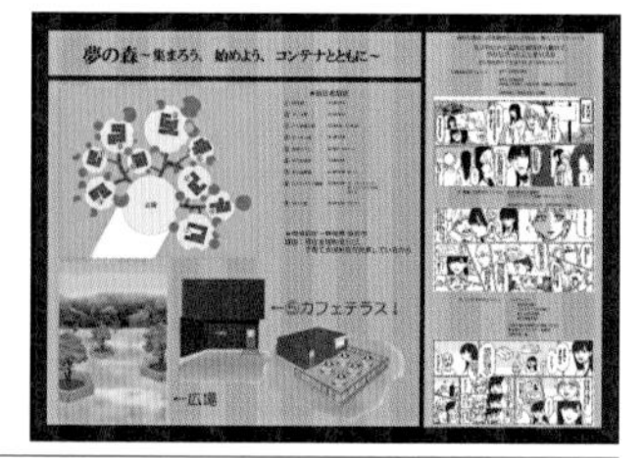

Botanical Swarm

080 都城高専

◎原口 隼人、今西 拓誇、野口 菜々美、戸高 彩菜［建築学科5年］

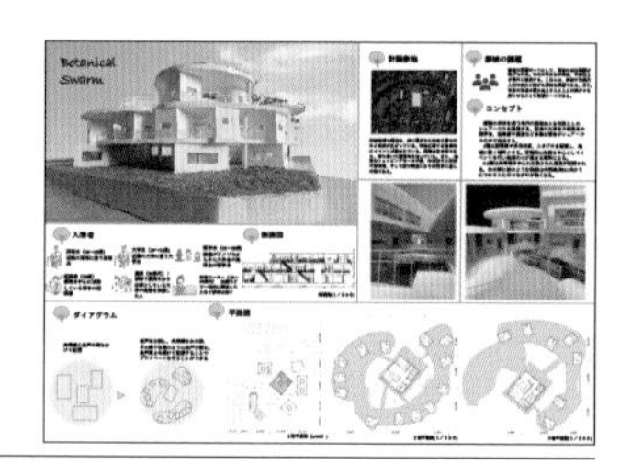

出会いが生まれる

081 呉高専

◎中川 皓晴、藤野 弘大、妹尾 凌成、白武 和[建築学科3年]

河畔の楼閣——高知県須崎市における津波避難施設と住宅の融合

084 高知高専

◎織田 侑駿[ソーシャルデザイン工学科まちづくり・防災コース5年]

UP! UP! WIN——シングル家庭と高齢者をつなぐ新しい家族の形

082 高知高専

◎白川 真衣、武智 仁奈、石村 倭夏子、鳥生 輝人[ソーシャルデザイン工学科まちづくり・防災コース5年]

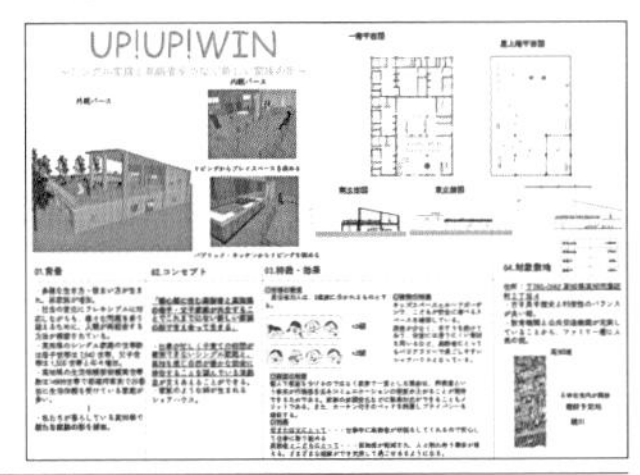

The treehouse

085 有明高専

◎前田 梨湖、久保 陽愛、村上 そら[創造工学科建築コース5年]

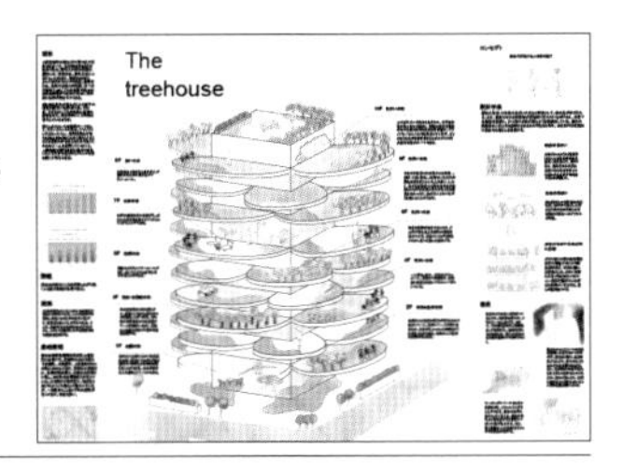

命脈は尽きない——持続可能な集落、だん(団、段々)村

083 明石高専

◎島 知伽、坂崎 倖平、杉山 萌、田中 希彩[建築学科4年]

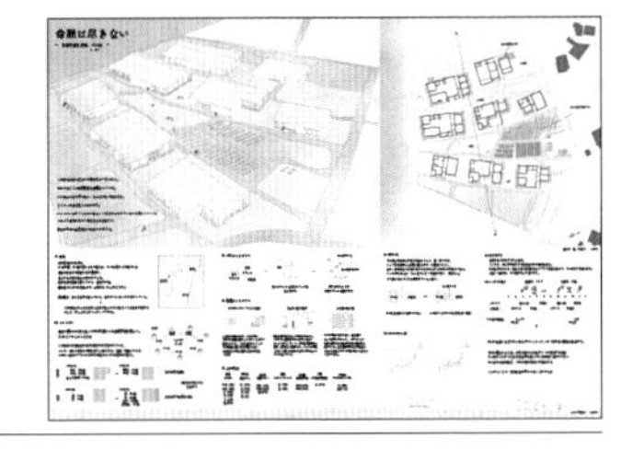

わくらば——不動産と可動産がまざりあう住まい

087 仙台高専(名取)

◎古川 鈴音(5年)、河西 絵里奈(4年)、工藤 こうみ(2年)、[総合工学科Ⅲ類建築デザインコース]／鈴木 璃莉[総合工学科Ⅲ類1年]

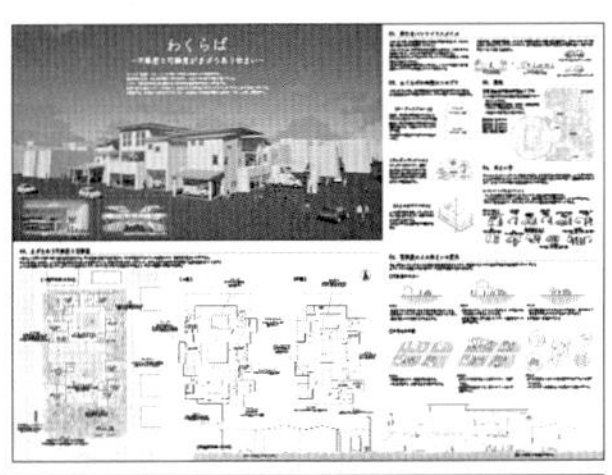

森(住宅)と海(レストラン)を繋ぐ──高知県大月町の崖地にある集合住宅

088 高知高専

◎中城 宗謙[ソーシャルデザイン工学科まちづくり・防災コース5年]

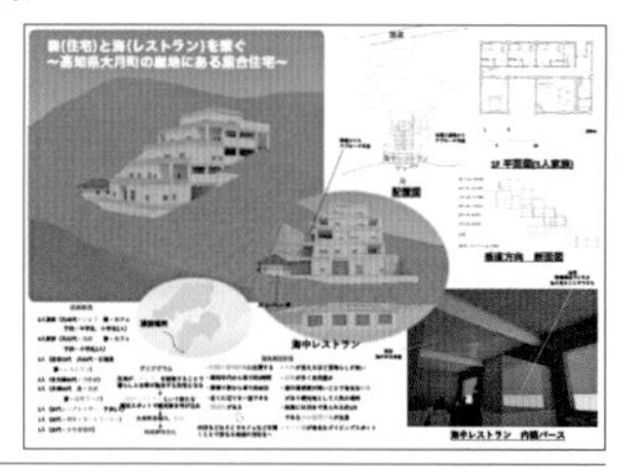

好奇心の種

094 仙台高専(名取)

◎髙橋 涼馬、相庭 啓佑(5年)、齋藤 温(4年)、小野寺 遥香(2年)[総合工学科Ⅲ類建築デザインコース]

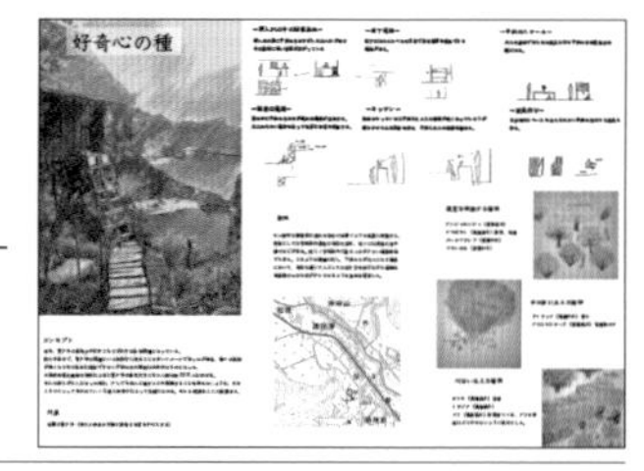

窯と住まい、煙を纏う。

089 仙台高専(名取)

◎佐々木 望夢(5年)、田邉 優和(4年)、高野 昊樹(3年)[総合工学科Ⅲ類建築デザインコース]／國府田 かつ子[総合工学科Ⅲ類1年]

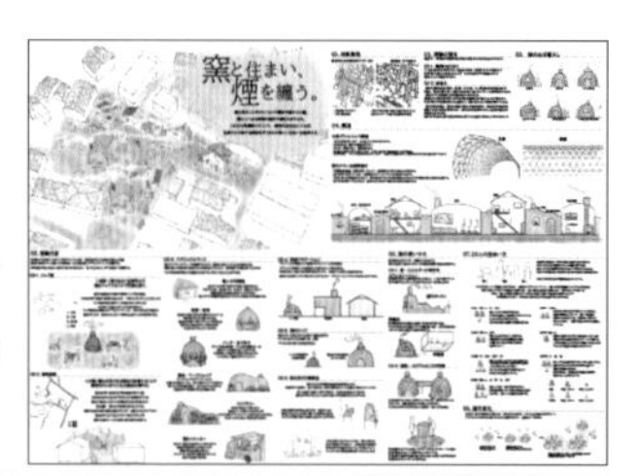

みんな浜のいえ

095 仙台高専(名取)

◎伊澤 好風(5年)、加藤 颯(4年)、吉岡 冬雪(3年)、大越 綾乃(2年)[総合工学科Ⅲ類建築デザインコース]

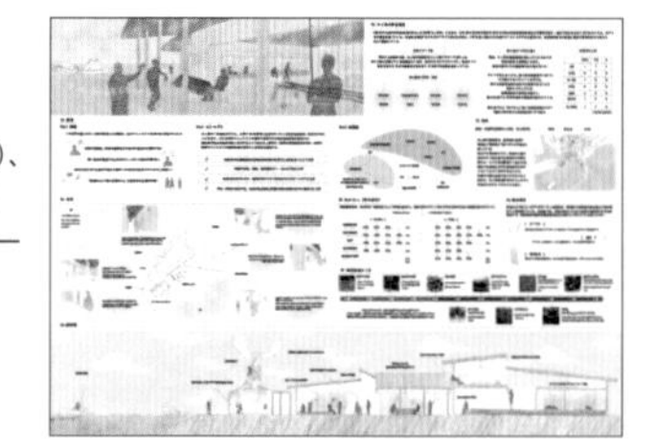

Ant House

090 仙台高専(名取)

◎栗和田 寛大(5年)、齋藤 由良(4年)、畠山 綺(3年)[総合工学科Ⅲ類建築デザインコース]／草野 怜旺[総合工学科Ⅲ類1年]

ピーターパンと住む──大人になりきれない少年たちへ

096 仙台高専(名取)

◎吉田 勝斗、佐藤 唯央、下山 凌河(4年)、伊藤 弓史(3年)[総合工学科Ⅲ類建築デザインコース]

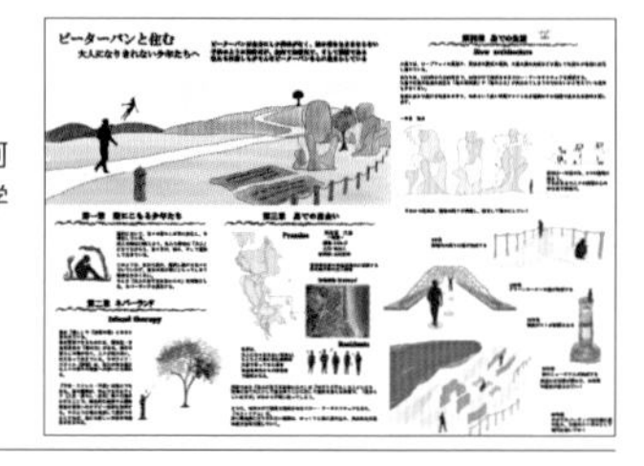

結う──高知県四万十市の外国人労働者に向けた住まいの計画

091 高知高専

◎大串 はな、吉本 真名、井本 眞菜[ソーシャルデザイン工学科まちづくり・防災コース5年]

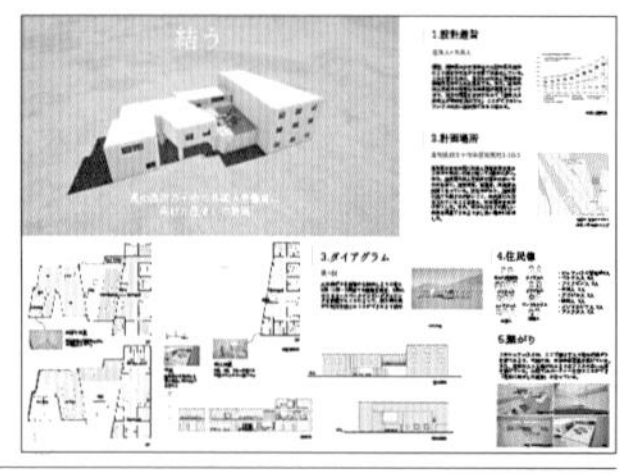

自然と住む

098 仙台高専(名取)

◎梅津 匡佑(5年)、早坂 真之介(4年)、佐々木 心音(2年)[総合工学科Ⅲ類建築デザインコース]／早坂 水希[総合工学科Ⅲ類1年]

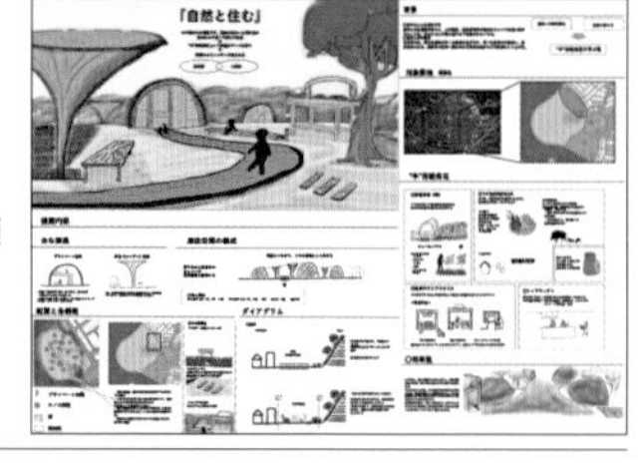

職住一帯──人のふるまいが風景となる

092 仙台高専(名取)

◎及川 純也(5年)、亀岡 菜花(4年)、長沼 杏(3年)、敦賀 柚姫(2年)[総合工学科Ⅲ類建築デザインコース]

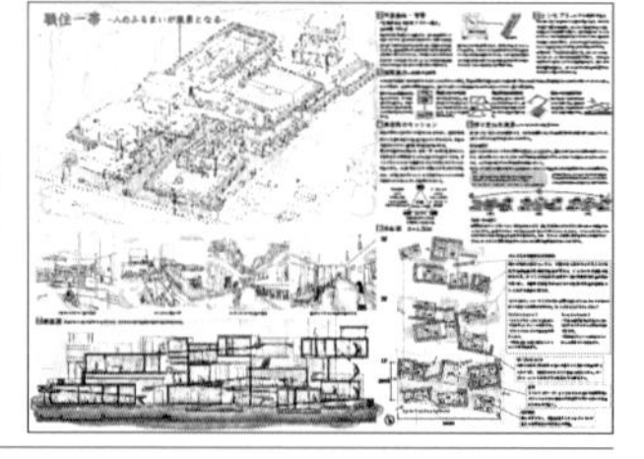

巡りめぐる湯治場のマド──20人の痕跡を残す20コの出窓の住処

099 仙台高専(名取)

◎工藤 碧乃(5年)、桃井 亜里紗(4年)、佐藤 瑞姫(2年)、[総合工学科Ⅲ類建築デザインコース]／岩本 瑛[総合工学科Ⅲ類1年]

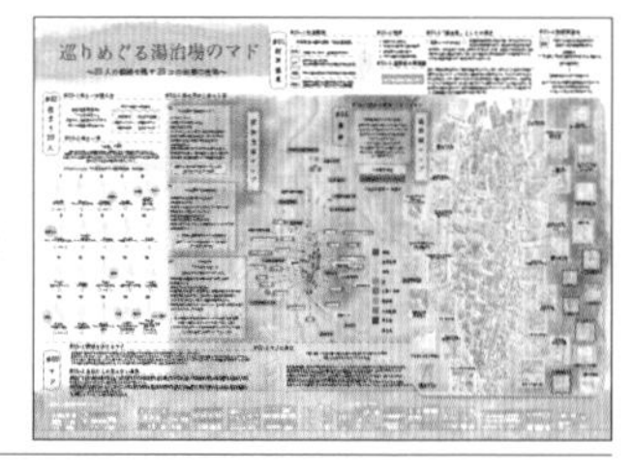

家台──食でつながる新たな関係

093 有明高専

◎小熊 楓[創造工学科建築コース5年]

6次産業十宅──四季に住まい農業でつながる

100 仙台高専(名取)

◎武藏 翔、佐々木 颯汰、菅原 沙弥翔、高橋 倭都[総合工学科Ⅲ類建築デザインコース3年]

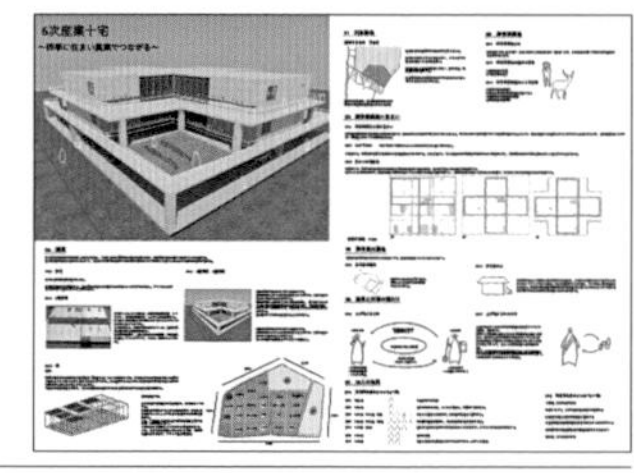

伊豆沼の方舟

101 仙台高専(名取)

◎佐野 竣亮(5年)、高野 莉緒(4年)、根元 花梨(3年)[総合工学科Ⅲ類建築デザインコース]／齋藤 陽希[総合工学科Ⅲ類1年]

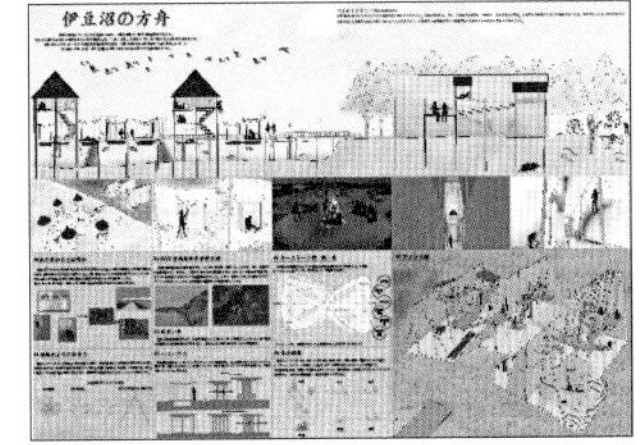

アバターと共に暮らす

102 仙台高専(名取)

◎安倍 里緒菜(5年)、中村 向日葵(4年)、中塚 歌歩(2年)[総合工学科Ⅲ類建築デザインコース]／佐々木 美玖[総合工学科Ⅲ類1年]

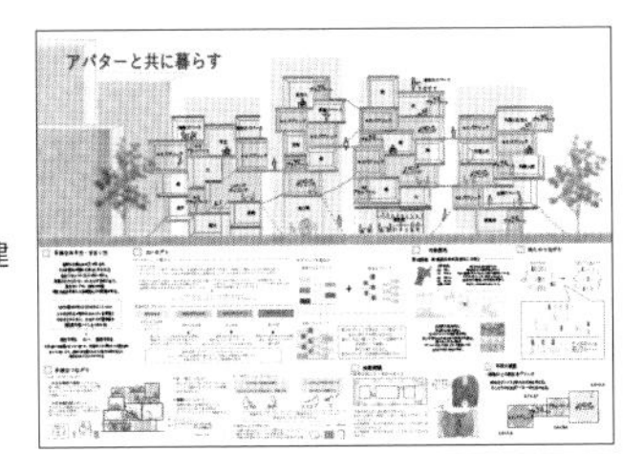

雄勝に建てる5人×4の家

103 仙台高専(名取)

◎渡辺 那美(5年)、鈴木 拓跳、菅野 翔太郎(3年)[総合工学科Ⅲ類建築デザインコース]

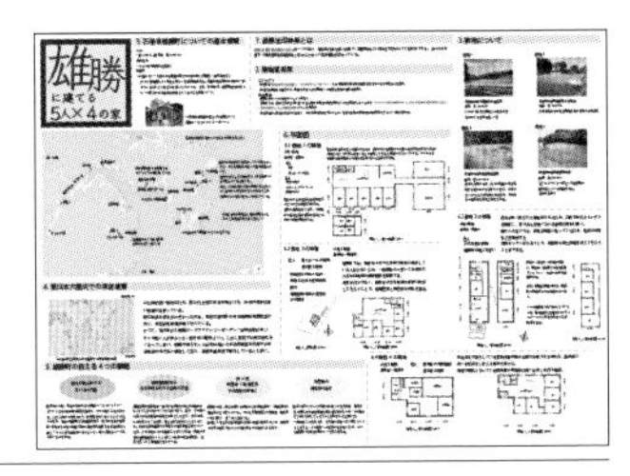

育み、育まれて

104 仙台高専(名取)

◎平塚 愛唯、竹内 駿翔、長谷部 大夢、高橋 朋希[総合工学科Ⅲ類建築デザインコース4年]

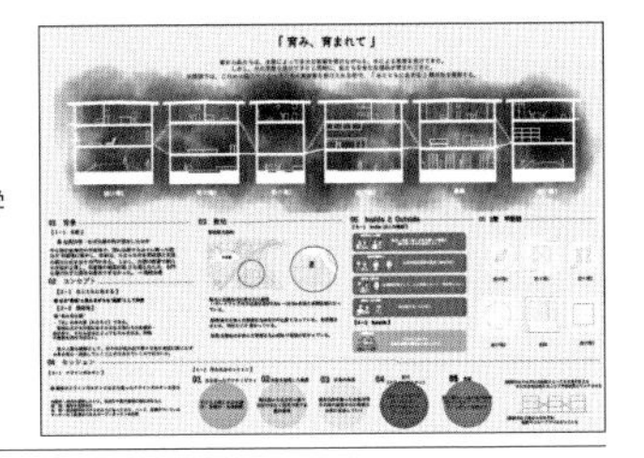

「魅セノマ」から繋がる町屋

105 仙台高専(名取)

◎藤島 愛梨(5年)、早坂 凜(4年)、三浦 夢瑚(3年)、丹野 和奏(2年)[総合工学科Ⅲ類建築デザインコース]

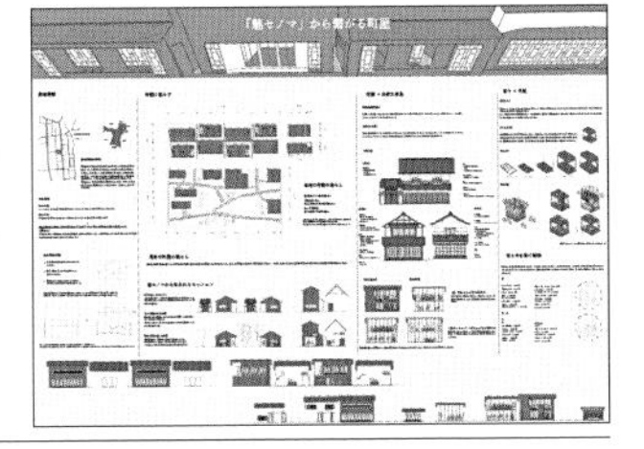

Time to Bricolage——いつからだろう。自分の棲家を自分で作らなくなったのは。

106 仙台高専(名取)

◎佐藤 颯(5年)、尾崎 麗桜(4年)、本田 佳奈絵(3年)[総合工学科Ⅲ類建築デザインコース]／大河原 煌生[総合工学科Ⅲ類1年]

自然をチカクする(近く・知覚)——高知県黒潮町での児童養護施設の計画

107 高知高専

◎吉田 蓮太[ソーシャルデザイン工学科まちづくり・防災コース5年]

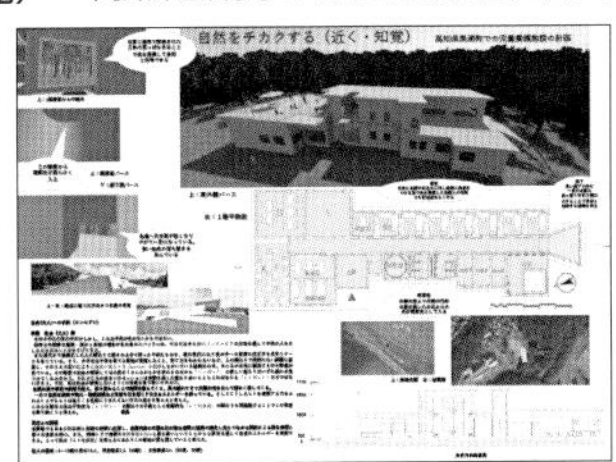

ツジさんの学生寮

108 岐阜高専

◎水口 聖菜[建築学科5年]

驛に住まふ

109 明石高専

◎金端 息吹、小堀 裕輝、馬場 悠成、ユーツ 望天[建築学科5年]

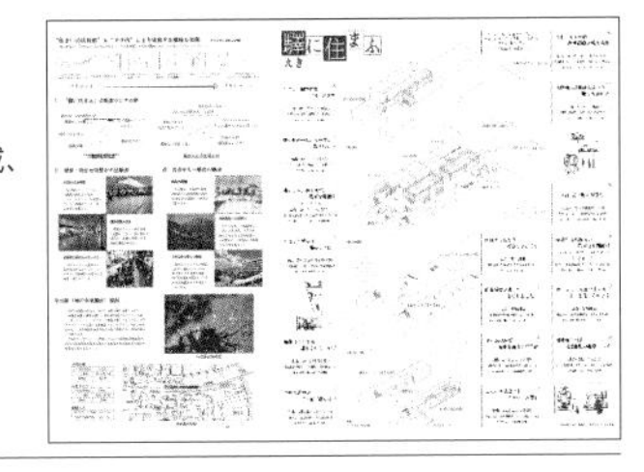

アートを纏う 4.5畳

111 阿南高専

◎藤川 大輝、美馬 好大、遠藤 蒼太、滑川 由菜[創造技術工学科建設コース5年]

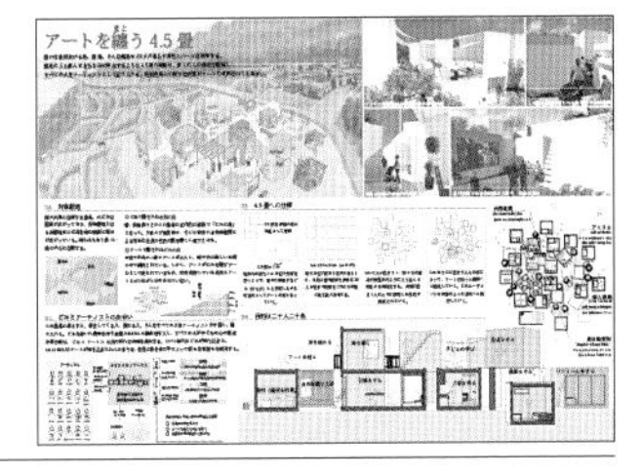

巣立ちの家

112 阿南高専

◎野村 侑世[創造技術工学科建設コース4年]

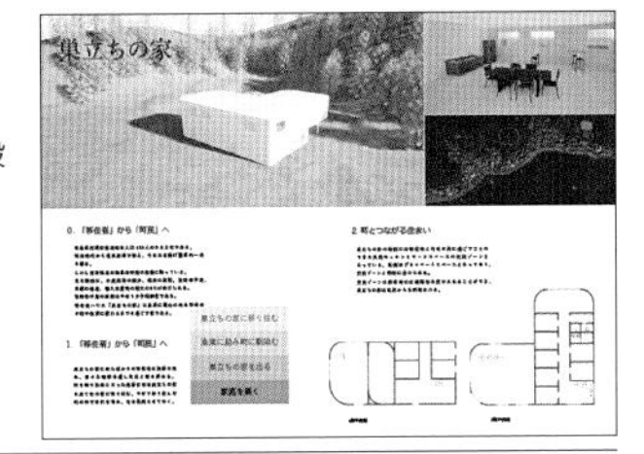

土地をつくるひと——繋がり広がるだんだんと屋根

113 鹿児島高専

◎西 真秀、宇治 小春、中村 まりあ、細川 爽楽[都市環境デザイン工学科5年]

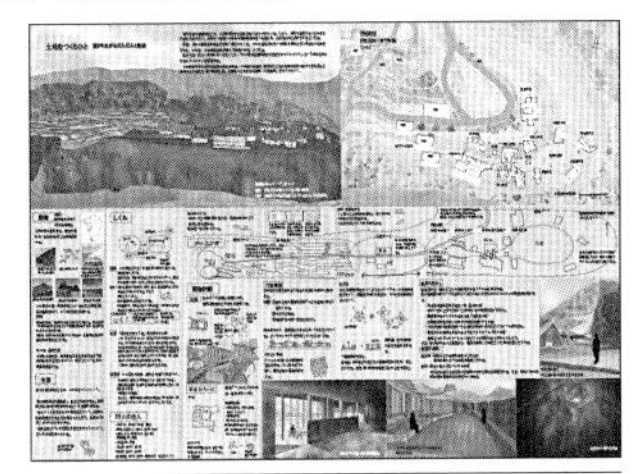

目指せ歌舞伎アイドル!!

115 岐阜高専

◎岩田 琴香[建築学科5年]

共育

117 阿南高専

◎森 悠成、笠江 彰、高橋 颯太、前田 和那[創造技術工学科建設コース4年]

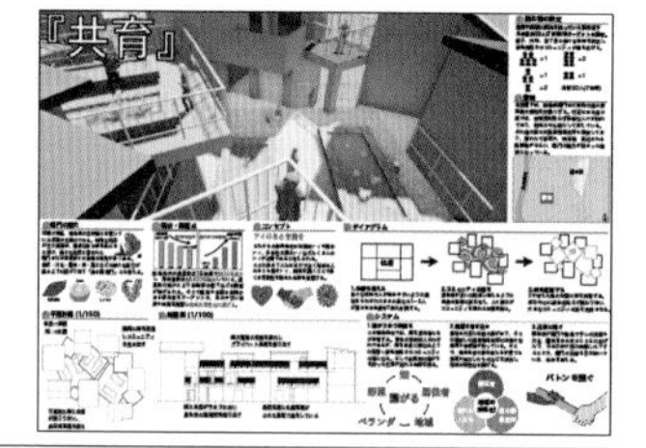

漁火——消えない明かりの家

118 呉高専

◎石田 瑠花、岡戸 和音、高美 佑衣果[建築学科4年]

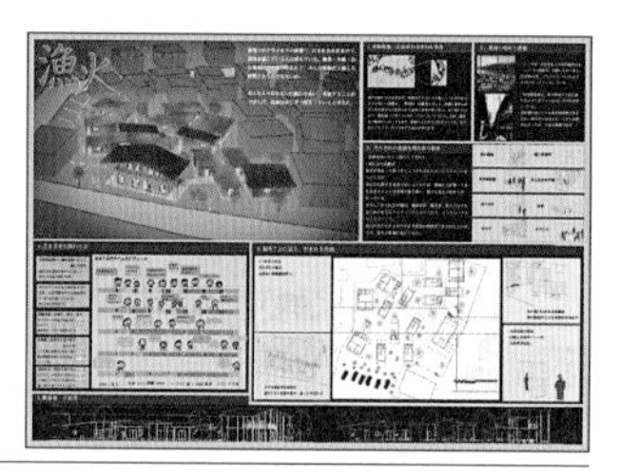

絵金がつなぐ、絵金をつなぐ——時代を超えるいとなみの継承

119 高知高専

◎髙橋 芽生[ソーシャルデザイン工学科まちづくり・防災コース3年]

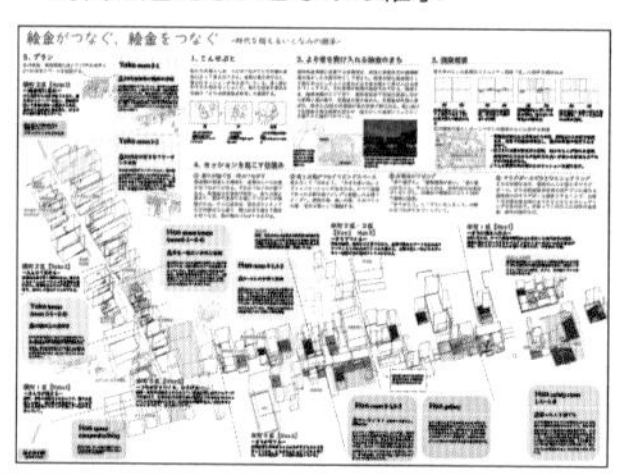

生業(いとな)む・寝る・遊ぶ・巡る金屋町

120 石川高専

◎大菅 琴和、釣谷 典生[建築学科4年]

より家(みち)

121 大阪公立大学高専

◎高木 梨海[総合工学システム学科都市環境コース4年]

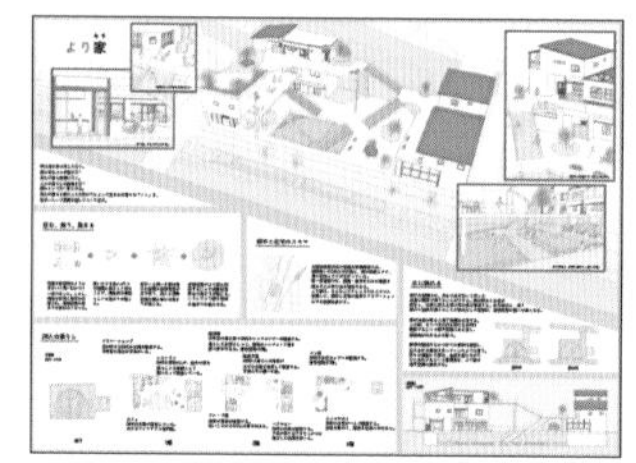

災害(サイガイ)、藹藹(アイアイ)せんと暮らす

122 大阪公立大学高専

◎伊藤 裕路音[総合工学システム学科都市環境コース4年]

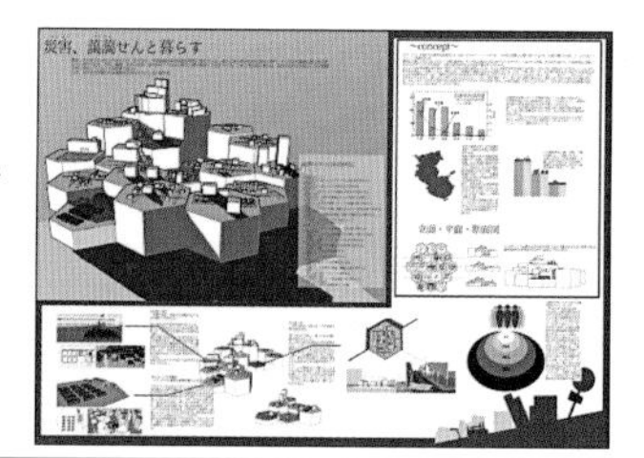

ヨバレ——移住者と地元住民が互いにもてなし合うセッション

123 石川高専

◎林 恭平、東 稜子[建築学科4年]

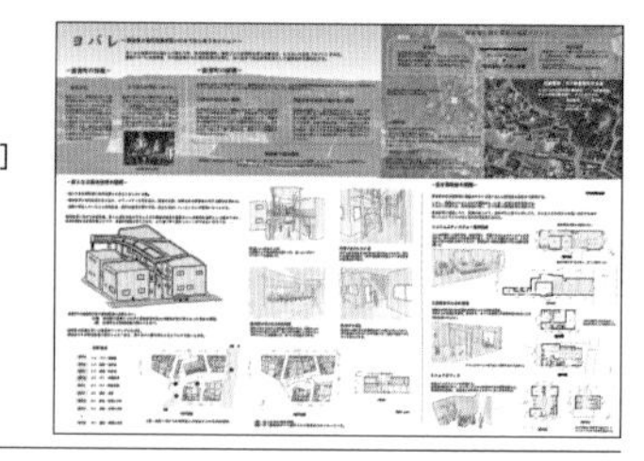

見据える家

124 都城高専

◎溜池 琉人[建築学科5年]

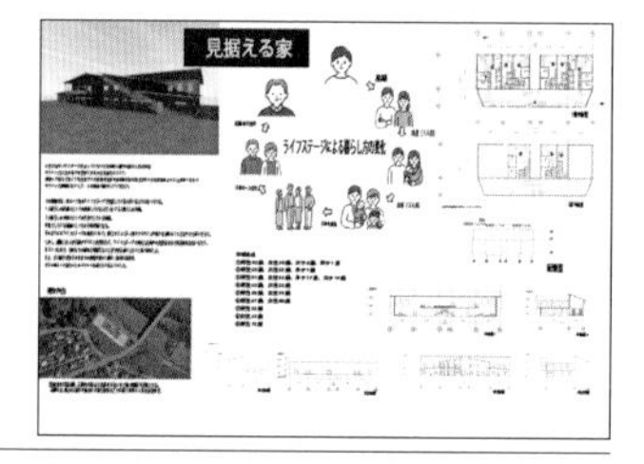

クモリノチハレノチニジ

125 有明高専

◎古嶋 由詩、加賀田 梨李香[創造工学科建築コース5年]

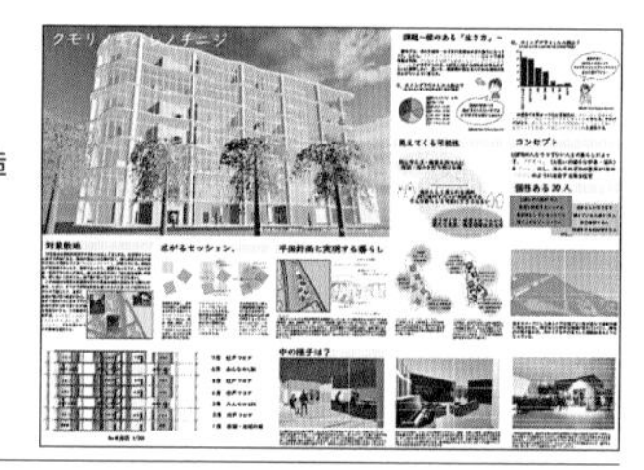

つにゃがる——人と猫が繋がる家

126 大阪公立大学高専

◎髙橋 陽菜[総合工学システム学科都市環境コース4年]

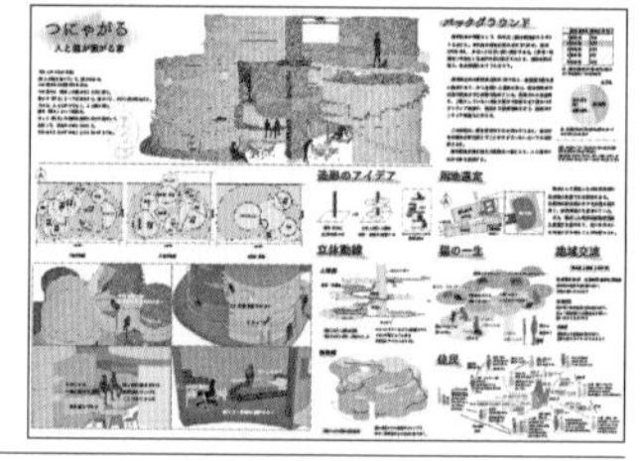

おすそわけ——o su so wa ke

127 都城高専

◎兒島 悠羽[建築学専攻専攻科1年]

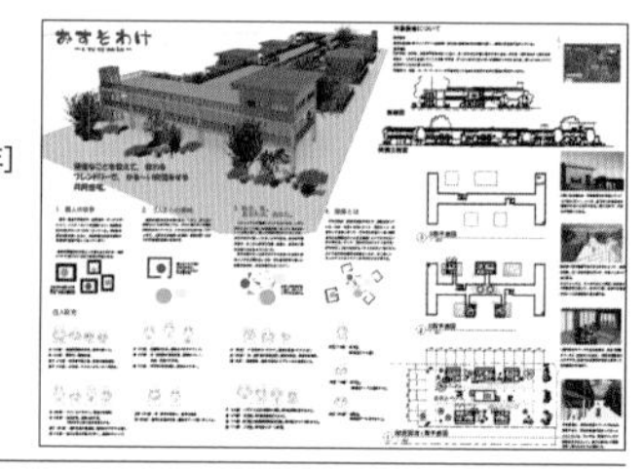

Sanctuarium——はぐくむ住処

129 都城高専

◎新田 愛弥[建築学科5年]

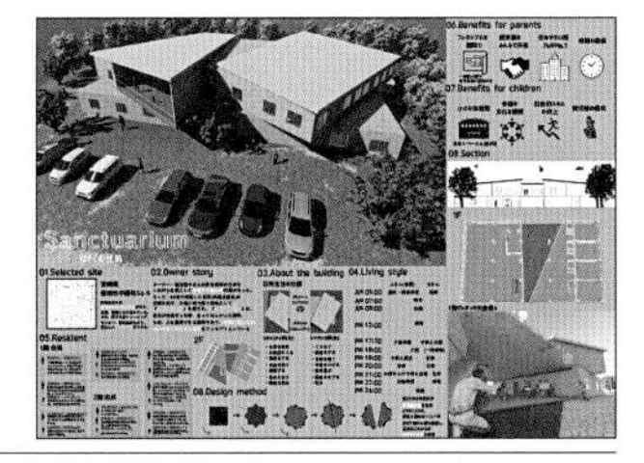

星が集い、繋がる

130 大阪公立大学高専

◎丸山 脩司[総合工学システム学科都市環境コース4年]

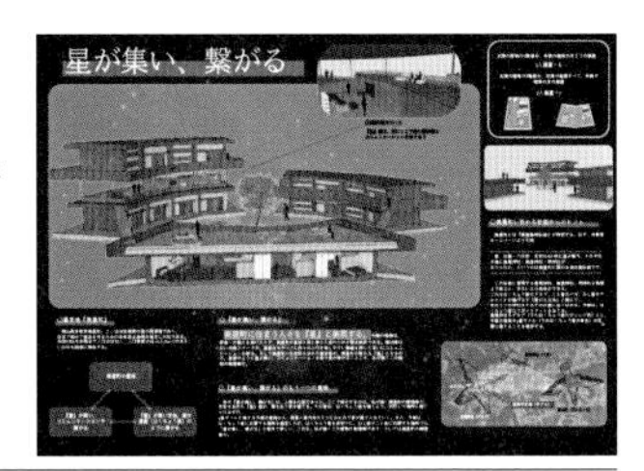

cùng tồn tại——ベトナム人とつくる丸五市場の未来

133 明石高専

◎福田 一晟、石垣 樹、木方 智之、栗田 あおい[建築学科4年]

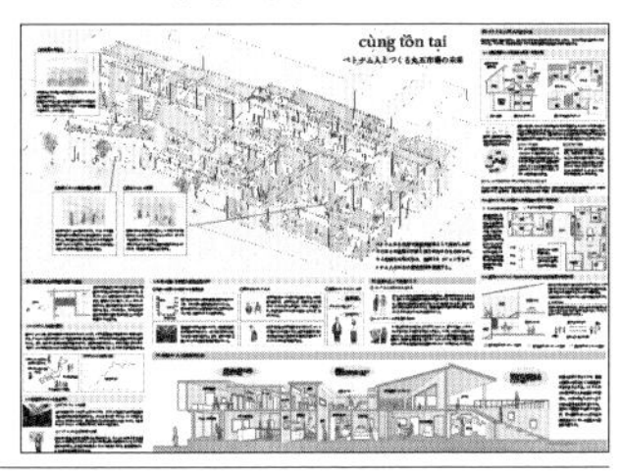

幸せを編む水脈——引き継がれる運河のくらし

135 明石高専

◎伊口 蒼真(5年)、石原 淳之介、井本 百萌(2年)[建築学科]／松島 太陽[都市システム工学科4年]

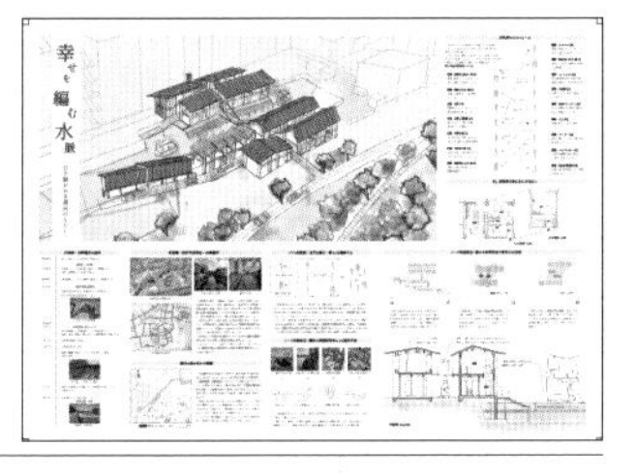

20人が「衣住」する「街のクローゼット」

136 大阪公立大学高専

◎山本 陸太[総合工学システム学科都市環境コース4年]

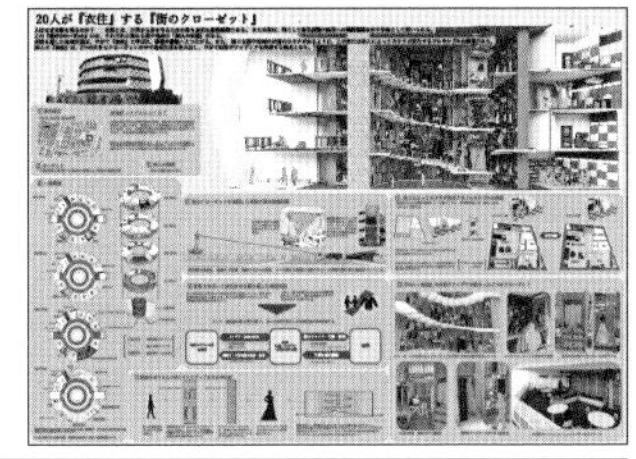

うしろ三軒両隣

137 石川高専

◎佐々木 海人、中村 木結芽、安田 明生(5年)、保地谷 日南(4年)[建築学科]

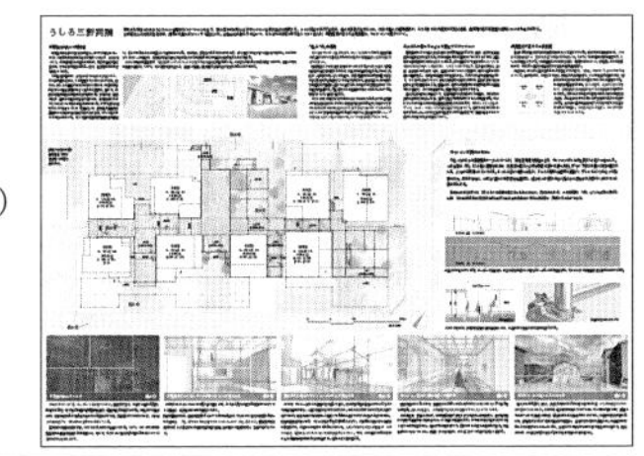

余部の橋に住む

138 舞鶴高専

◎中村 千尋[建設システム工学科建築コース5年]

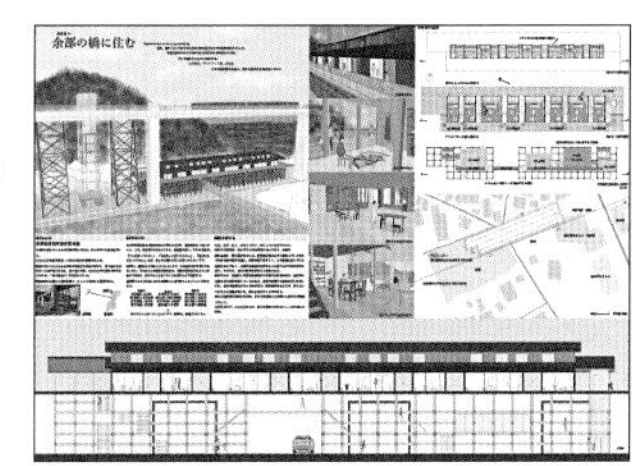

つんだって湯の曲輪

139 石川高専

◎中出 悠[建築学科5年]

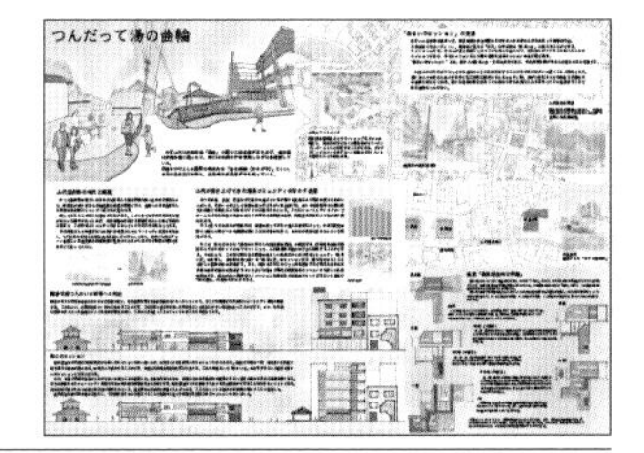

本で集う住まい

141 有明高専

◎大隈 匠、増田 響[創造工学科建築コース5年]

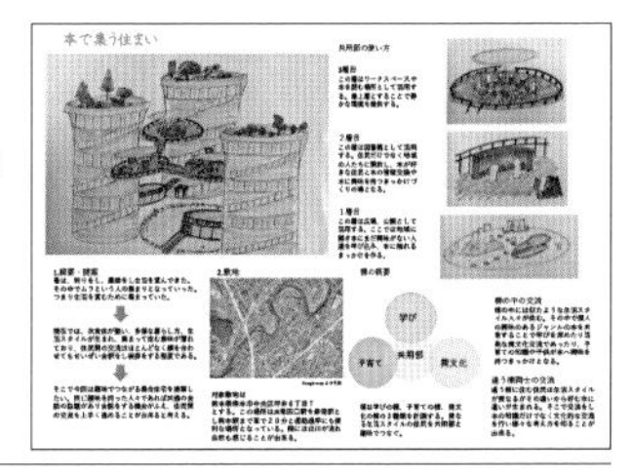

混ざり藍

142 舞鶴高専

◎中村 茅稀[建設システム工学科建築コース4年]／河瀬 絢香(2年)関 源心(2年)、酒井 悠生(1年)[建設システム工学科]

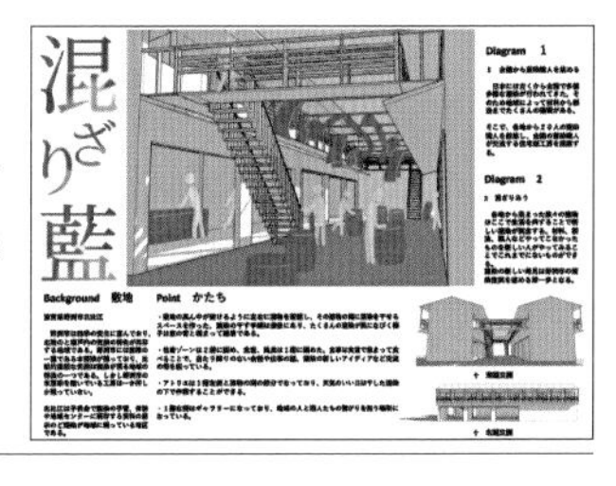

堀越界隈

143 舞鶴高専

◎小山 愛加、磯田 倫花[建設システム工学科建築コース5年]

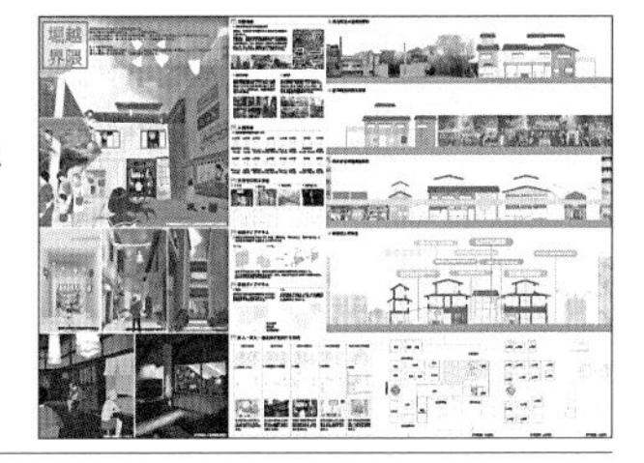

いどころ

144 舞鶴高専

◎日下部 元喜、奥田 歩[建設システム工学科建築コース5年]

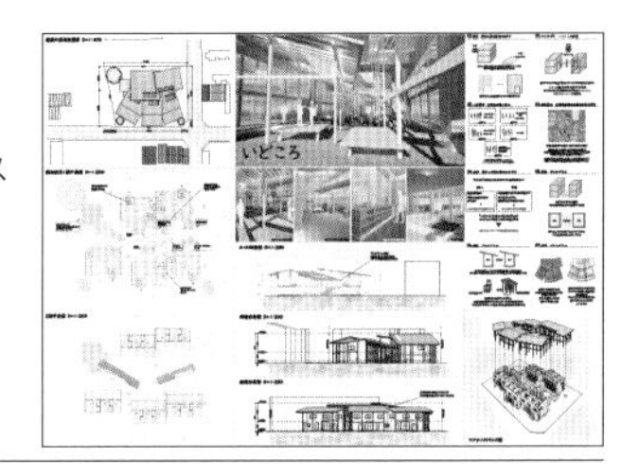

審査員
Jury

審査員長
横内 敏人
よこうち　としひと

建築家、横内敏人建築設計事務所　代表

1954年　山梨県甲府市生まれ
1978年　東京藝術大学美術学部建築科卒業
1980-80年　マサチューセッツ工科大学建築学科大学院にて環境心理学専攻(アメリカ合衆国)
1980年　同学修士課程修了(建築学修士Master of Architecture in Advanced Study取得)
1981-82年　アーキテクチュアル・リソーシズ・ケンブリッジ　勤務(アメリカ合衆国)
1983-87年　前川國男建築設計事務所　勤務
1987-91年　京都芸術短期大学インテリアデザインコース　専任講師
1991年　横内敏人建築設計事務所(一級建築士事務所)　設立
1991-2000年　京都造形芸術大学(現・京都芸術大学)環境デザインコース　専任講師、助教授
1999-2004年　同学芸術学部　学部長
2000-12年　同学環境デザインコース　教授
2005-11年　同学　副学長
2013-24年　同学通信教育部大学院　特任教授

主な建築作品

『若狭三方縄文博物館』(1999年)、『屋形の家』(2014年／2014年度山梨県建築文化賞)、『五十鈴川の家』(2015年／2015年三重県建築賞知事賞)、『六甲の森の家』(2022年)、『小鷹野の家』(2023年)など

その他の主な受賞

平成19年度京都府文化賞功労賞など

主な著書

『WA-HOUSE――横内敏人の住宅』『NOTES――横内敏人の住宅設計ノート』(2015年、風土社)、『BLUEPRINTS――横内敏人の住宅設計図面集』(2016年、風土社)、
『NIWA HOUSE――Houses Designed by TOSHIHITO YOKOUCHI　横内敏人の住宅 2014-2019』(2020年、学芸出版社)など

審査員
玉置 順
たまき　じゅん

建築家、一級建築士事務所玉置アトリエ　主宰

1965年　京都府京都市生まれ
1987年　近畿大学工学部建築学科卒業
1989年　近畿大学大学院工学研究科建築学専攻修士課程修了
1989-90年　鈴木了二建築計画事務所　勤務
1991-95年　根岸一之建築設計事務所　勤務
1996年-一級建築士事務所玉置アトリエ　設立、主宰
2000-12年　広島工業大学環境学部建築デザイン学科　非常勤講師
2003年-近畿大学建築学部建築学科　非常勤講師
2008-12年　奈良女子大学生活環境学部住環境学科　非常勤講師

主な建築作品

『トウフ』(1997年、1999年『L'Architecture d'Aujourd'hui』掲載〈フランス〉、2008年関西建築家新人賞)、『ハカマ』(1998年)、『深川不動堂』(2011年)、『深川不動堂 翼殿』(2017年)など

その他の主な受賞

日本建築士会連合会賞奨励賞(2013年)など

審査員
松本 尚子
まつもと　なおこ

建築家、木村松本建築設計事務所　主宰

1975年　京都府京都市生まれ
1997年　大阪芸術大学芸術学部建築学科卒業
2003年-木村吉成と木村松本建築設計事務所共同設立、共同主宰
2009年-大阪市立大学(現・大阪公立大学)生活科学部居住環境学科　非常勤講師
2015年-大阪市立大学大学院生活科学研究科居住環境分野　非常勤講師
2022年-京都芸術大学芸術学部環境デザイン学科　専任講師

主な建築作品

『house A/shop B』(2016年、2019年京都建築賞藤井厚二賞)、『house S/shop B』(2019年、2021年度JIA新人賞、2021年度グッドデザイン賞グッドデザイン・ベスト100)、『House F/Shop F』(2021年、JIA東海住宅建築賞2022優秀賞)、『house G/shop G』『barnO』『house MR』(2022年)など

主な著書

『木村松本建築設計事務所　住宅設計原寸図集』(2022年、オーム社)など

構造デザイン部門

課題テーマ　つどい支える

2023.9.25-10.2
応募
2023.10.30-11.6
プレゼンテーションポスターと仕様確認表の
電子データ提出

本選▼
54作品

2023.11.11
仕様確認
審査員審査
競技＝耐荷性能試験1
学生交流会
2023.11.12
競技＝耐荷性能試験2
最終審査(非公開審査)
審査結果発表、審査員総評

受賞▼
6作品

■最優秀賞(国土交通大臣賞)：
米子高専『鴛鴦(えんおう)』[028]
■優秀賞(日本建設業連合会会長賞)：
舞鶴高専『白銀(しろがね)の応力(プレストレス)』[021]
■優秀賞：
徳山高専『翼棟(よくれん)』[023]
■審査員特別賞：
有明高専『一部と全部』[041]
福島高専『ふぁみりぃ』[014]
■日刊建設工業新聞社賞：
舞鶴高専『押しの弧――コンセプト×最適な分割』[020]

舞鶴大会では、2019年東京大会から続く「紙」を素材とした橋のデザインを競う。2〜4に分割した部品(橋を分割した各要素。複数の部材で構成された構築物)をつないで1つの橋を形成し、従来の静的荷重に加えて衝撃荷重も橋に与える。紙の特徴を生かし、2種類の荷重に耐えられる構造形式と、パーツ同士の接合方法を考えてほしい。課題テーマ「つどい支える」にふさわしい「耐荷性」「軽量性」「デザイン性」にすぐれた橋を期待する。

028 米子高専

◎小澤 航輝、古藤 向菜花、小島 菜緒、植松 桜子、近田 光希、田中 すずな[建築学科4年]
担当教員：北農 幸生[総合工学科建築デザイン部門]

鴛鴦(えんおう)

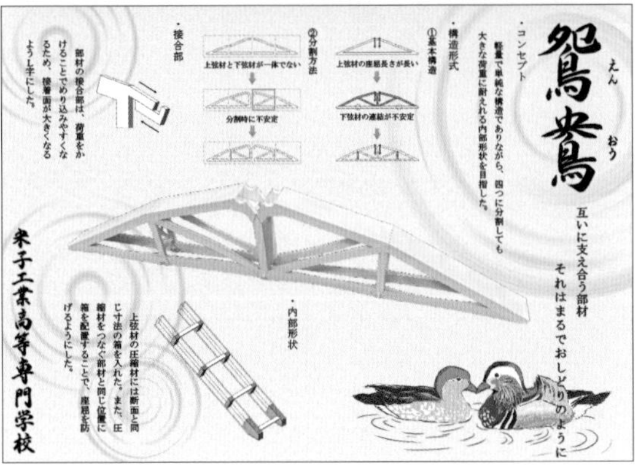

審査講評

本作品はタイバー*1の付いたアーチ状の構造を採用している。荷重載荷による両支点の広がりを抑えて軽量化を図るため、支点部と部品同士の結合部では、部材内部にも紙を重ねて強度を高めつつ、他の部位では紙の枚数を減らすことにより、軽量化に努めていた。これにより、全作品中2番めに小さい質量であった。

本作品は4分割(「部材」係数が最高になる4つの部品から構成)しているが、部品同士が確実に接合するように、接合面が大きくなる工夫を施し、さらに、中央部にかかる載荷荷重を橋全体の各部材へスムーズに伝達するよう、部材配置に配慮していた。非常にシンプルな構造になっており、力学的な合理性も高く、完成度の高い作品に仕上げられていることで、軽量化と耐荷性にすぐれた成績を収めた。

(岩崎 英治)

註
*1 タイバー：タイ材、タイロッド。アーチの両側に広がろうとする変形を抑える引張材。張力によって構造物に強度を持たせる構造部材。

★質量：176.1g 「部材数」：4 総得点：110.7

註(本書50～57ページ) *000、[000]：作品番号。 *氏名の前にある◎印は学生代表。 *受賞順、順位順、作品番号順に掲載。 *総得点が同点の場合は、軽量点の高いほうを上位とする。総得点、軽量点が同点の場合は、同順位とする。 *「質量」の前の★は、載荷の全過程成功を示す。 *作品番号[043]は登録時の不備により欠番。

021 舞鶴高専

石原 有佑子[建設システム工学科都市環境コース5年]/◎井上 博之、平中 太朗(3年)、石崎 裕生(2年)、荻野 歩、植西 佐(1年)[建設システム工学科]
担当教員:玉田 和也[建設システム工学科]

白銀(しろがね)の応力(プレストレス)

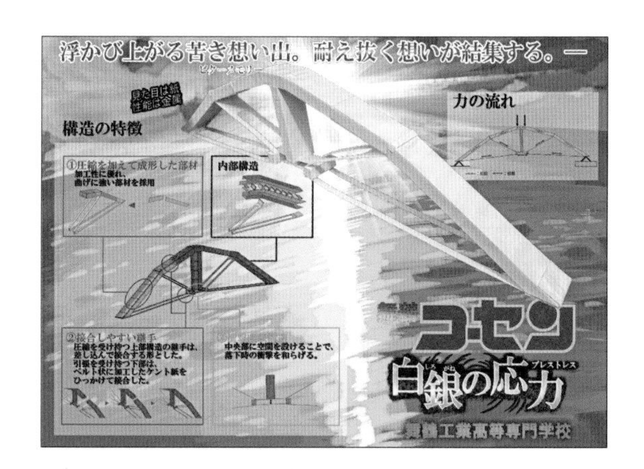

審査講評

本作品はタイバー*1の付いたアーチ状の構造を採用している。橋を分割した部品を接合しやすいよう、圧縮力の作用する接合部は一方の部品に他方を差し込む構造とし、引張力の作用する接合部はベルト状に加工した中間部の部材に、両側のタイバーを引っ掛けて接合する構造にするなど、シンプルさと接合しやすさを意図した工夫が施されていた。また、中央部のベルトには衝撃荷重による影響を和らげる効果も持たせている。

本作品も、中央部への載荷荷重が橋全体の各部材へスムーズに伝達するよう、部材配置に配慮していることと、非常にシンプルな構造になっており、力学的な合理性も高く、完成度の高い作品に仕上げられていることで、耐荷性にすぐれた成績を収めた。

(岩崎 英治)

★質量:275.7g 「部材数」:3 総得点:96.7

註
*1 タイバー:本書52ページ註1参照。

023　徳山高専

淺田 穂乃果［環境建設工学専攻専攻科2年］／石井 来実(5年)、
◎新田 結、福島 鈴葉(4年)、下園 紗羽(2年)、今田 和基(1年)［土木建築工学科］
担当教員：海田 辰将［土木建築工学科］

翼楝（よくれん）

審査講評

本作品はタイバー*1の付いた山形フレーム構造*2を採用している。形状を変化させながら構造計算を繰り返し行ない、座屈*3強度と重量の比が高くなるよう橋の形状を決定した。また、圧縮力の作用する接合部にはスライド式に一方の部品に他方の部品をはめ込む形式を採用し、引張力の作用する接合部には突き合わせ形式を採用して、会場での設置時間の短縮を図っていた。本作品も非常にシンプルな構造になっており、力学的な合理性も高く、完成度の高い作品に仕上げられていることで、耐荷性にすぐれた成績を収めた。　（岩崎 英治）

註
*1　タイバー：本書52ページ註1参照。
*2　山形フレーム構造：細長い部材（骨組部材）により構成されたフレーム（骨格）が上側に凸となる構造形式。
*3　座屈：細長い部材に圧縮力を徐々に加えていくと、ある大きさの圧縮力で急に横に大きく曲がってしまう現象。

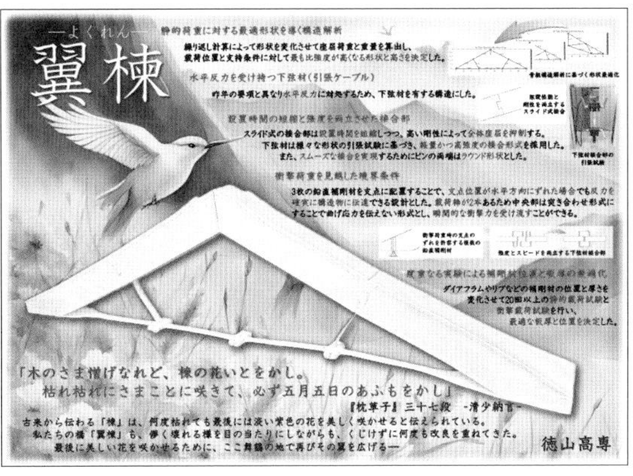

★質量：289.9g　「部材数」：4　総得点：92.1

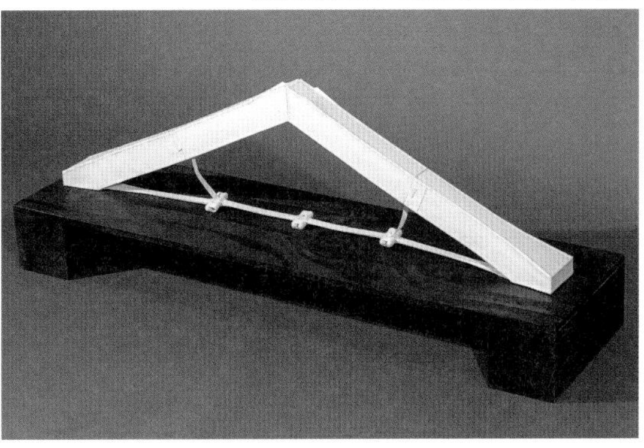

審査員特別賞

041 有明高専

赤木 優羽(専攻科2年)、岩屋 昂士朗(専攻科1年)[建築学専攻]／
◎田中 美咲、篠原 京佑、渡辺 悠大(5年)、小松 真菜(3年)[創造工学科建築コース]
担当教員：岩下 勉[創造工学科建築コース]

一部と全部

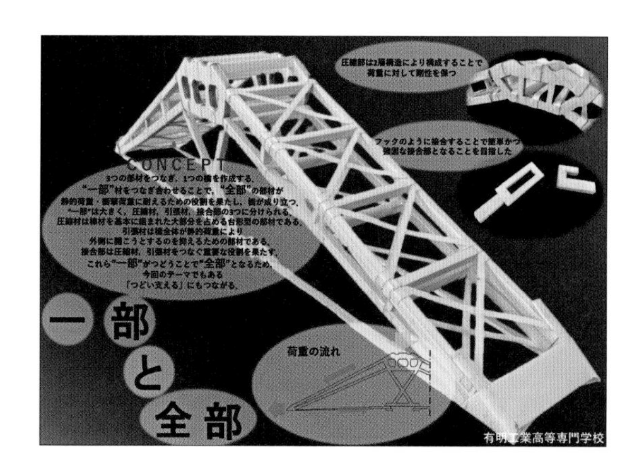

★質量：454.7g 「部材数」：3 総得点：82.0

審査講評

本作品は細い部材の集合体により成り立っているが、大まかな分類ではタイバー*1の付いた山形フレーム構造*2ということになる。細い部材は圧縮に弱いため、圧縮力の作用する接合部を2層構造にしている。部品同士を接合して強度を上げるために、細かな部材を多数配置していることから、製作する上で緻密な作業が必要であったと考えられる。
橋を分割した部品の引張力の作用する接合部にはフックのような形状を用いるなど、強固な結合を簡単に行なえるよう工夫されている。細かな部材の集合体であるが、ていねいな製作により完成度の高い作品に仕上げられたことから、すぐれた成績を収めた。

（岩崎 英治）

註
*1 タイバー：本書52ページ註1参照。
*2 山形フレーム構造：本書55ページ註2参照。

審査員特別賞

014 福島高専

◎吉田 里奈、門脇 真音、宗像 彩乃(4年)、大津留 優空、栞原 颯太、三瓶 蒼惟(2年)[都市システム工学科]
担当教員：相馬 悠人[都市システム工学科]

ふぁみりぃ

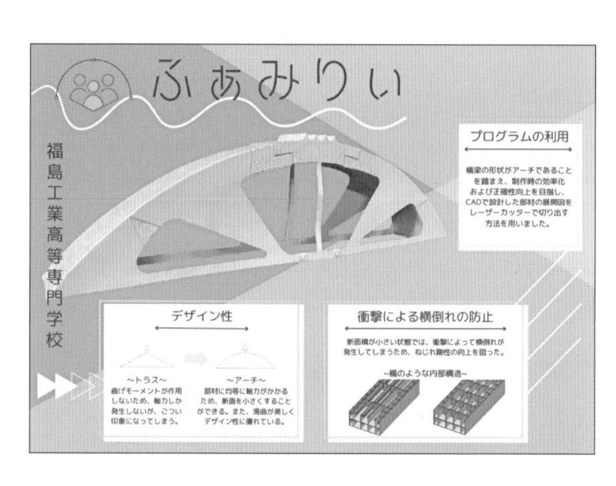

★質量：807.9g 「部材数」：3 総得点：78.4

審査講評

本作品はタイバー*1の付いた円弧アーチ状の構造を採用している。衝撃荷重の載荷による横倒れを防止するために、圧縮部材の断面内には水平方向と鉛直方向に板を配置して、橋をねじれ難くしている。他の作品に比べて、重量のある作品であるが、軽量点を犠牲にして、耐荷性に重点を置いた作品づくりが受賞につながった。

（岩崎 英治）

註
*1 タイバー：本書52ページ註1参照。

020 舞鶴高専

◎下山 慶、小谷 和輝、稲葉 壮希(5年)、川村 拓海(4年)［建設システム工学科都市環境コース］／斉藤 花埜(2年)、尾田 ほのか(1年)［建設システム工学科］
担当教員：玉田 和也［建設システム工学科］

押しの弧
——コンセプト×最適な分割

審査講評

本作品はアーチ状の構造を採用している。橋を分割した部品の接合部を中央からずらすことで、弱点となる部分を橋の各所に分散させている。また、圧縮力の作用する接合部には一方の部品を他方に差し込む形式を用い、引張力の作用する接合部には引っ掛ける形式を用いて、簡単に確実に接合できるよう工夫されていた。

支点部の広がりを抑えるために筋交い*4を入れているが、筋交いには引張力が作用することから、柱材ではなく面材を使用した筋交いにするなど、軽量化に努めた結果、全作品の中で最も軽量であった。非常にシンプルな橋に仕上がり、完成度も高い。残念ながら衝撃荷重には耐えられなかったが、審査員の評価は高く、軽量点も1位であることが受賞につながった。　（岩崎 英治）

註
*4 筋交い：柱と柱の間に斜めに入れる補強材。ここでは、橋の支点部からアーチ中間に向かって斜めに伸びている部分を指す。

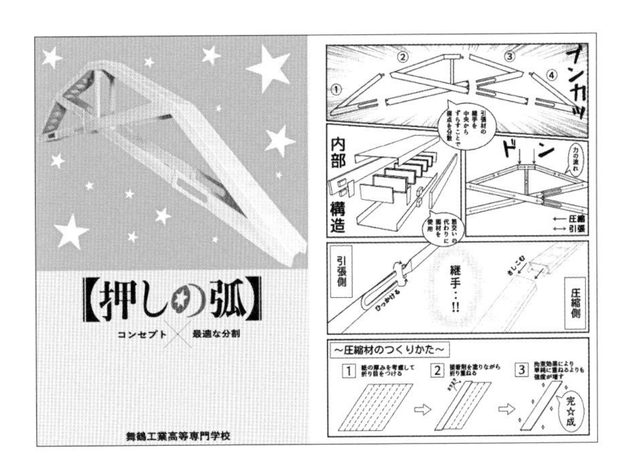

質量：171.4g　「部材数」：4　総得点：99.7

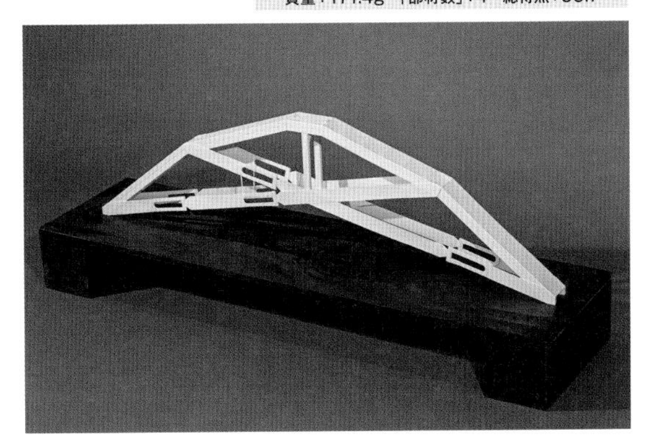

さらに難易度が上がった課題。加点を狙うか、安全性をとるか？

岩崎 英治（審査員長）

■橋の分割条件、衝撃荷重の追加で難易度アップ

今回の舞鶴大会は、新型コロナウイルス感染症(COVID-19)の分類が第5類に引き下げられてから最初の大会であった。参加作品数は、海外のIETモンゴル高専、モンゴル科技大高専、新モンゴル高専から参加した6作品を含め54作品にのぼり、活気のある競技会となった。

今回の課題テーマも、デザコン2019東京大会から続く「紙」を素材とした橋（製作物＝「作品」）だが、さらに、橋を2～4分割した部品から1つの橋を会場で組み立てることと、静的荷重を載荷した後、衝撃を加えるという2つの条件が加わった。これにより、実際の橋の建設における「現地での組立て」を重視し、橋の受ける「衝撃」をも考慮した、構造的な合理性を備え独創的でデザイン性に富む橋が期待された。

■全載荷過程を成功したのはわずか9作品

昨年の有明大会からの変更は、静的荷重の載荷位置、軽量点の配分方法などの軽微なものだけでなく、橋の分割数（接合する部品〈橋を分割した各要素。複数の部材で構成された構築物〉数）を増やせば加点となる、静的荷重を載荷したまま、片方の支点を落下させることによる動的荷重（衝撃荷重）を加える、という2つの大きな変更もあった。

有明大会では2分割した橋を会場で組み立てるという条件が課されていたが、今大会では、3分割で1.1倍、4分割で1.2倍と、橋の分割数が多くなるほど競技得点が割増しされることとなった。そのため、参加作品を分割数で見ると、2分割の7作品、3分割の18作品に比べて、4分割は29作品と、実に出展作品の半数以上が4分割であり、学生たちのチャレンジング（挑戦的）な姿勢が垣間見えた。

一方、静的荷重載荷と衝撃荷重載荷の全載荷過程を成功したのは9作品と少なく、その内4分割したものは2作品に留まった。この結果から、今大会の難易度はかなり高かったことがわかる。

■製作条件の追加を反映した、多様な構造

参加作品を構造的な特徴で分類すると、中央部の載荷荷重に対して、両支点での広がりを抑えるために、橋の下部にタイバー[*1]を付けたものと、そうではないものとが、ほぼ半数に分けられる。また、構造に着目すると、両支点から荷重作用位置まで直線部材を配置した山形フレーム構造[*2]、曲線部材を配置したアーチ構造が多く、少数ではあるが、門型フレーム[*3]、梁構造[*4]、トラス構造[*5]などが見られ、多様であった。

■橋の軽量化や分割数の増加が橋の破壊リスクを呼ぶ

惜しくも静的荷重の載荷や動的荷重（衝撃荷重）の載荷を成功できなかった橋の破壊状況をまとめると、連結部の圧壊や引張破壊、連結部以外の圧縮力の作用する部分の座屈[*6]、両支点からの橋の落下などがあった。一般に連結部は弱点になる傾向が高いので、分割数を増やすと弱点部が増えることになり、橋の破壊リスクは高まる。また、軽量化を意図して、橋の断面を薄く、小さくすると圧縮部に座屈が生じたり、引張力の作用する部分が破壊する可能性も高まる。競技得点や軽量点の獲得と破壊リスクの軽減とのトレードオフ（二律背反）に、うまく折合いを付けた作品が高得点につながっていると考えられる。

今回の課題テーマは、橋を複数の部品に分けて、それを会場で連結して1つの橋にする条件の他、静的荷重の載荷後に動的荷重を載荷するという条件が加わり、難易度がかなり上がった。このため、すべての載荷過程を成功できたのは54作品中9作品と少数になったが、失敗から得るものもたくさんある。学生同士で試行錯誤しながら橋の製作に励んだ経験は、今後、いろいろな場面で生かせるものと期待している。

註
*1　タイバー：本書52ページ註1参照。
*2　山形フレーム構造：本書55ページ註2参照。
*3　門型フレーム：門のように、2本の垂直材（柱）の頭部を1本の水平材（梁）で接合して組み立てた構造（フレーム）。
*4　梁構造：ここでは、あたかも1本の水平材（梁）を支点から支点へ架け渡すような構造形式を指す。
*5　トラス構造：直線部材を三角形の組合せで構成した構造形式。
*6　座屈：本書55ページ註3参照。

表1　総合順位

作品番号	作品名	高専名（キャンパス名）	質量（g）	「部材数」	仕様確認	競技得点					審査員評価点［30点］	総得点［114点］	順位	受賞
						載荷点［50点］	軽量点［20点］	「部材数」係数	設置時間係数	合計［84点］				
028	鴛鴦（えんおう）	米子高専	176.1	4	○	50	19.466	1.2	1.0	83.36	27.33	110.7	1	最優秀賞＊1
020	押しの弧	舞鶴高専	171.4	4	○	40	20.000	1.2	1.0	72.00	27.67	99.7	2	日刊建設工業新聞社賞
015	連理の枝	苫小牧高専	180.9	4	○	40	18.950	1.2	1.0	70.74	27.67	98.4	3	
021	白銀（しろがね）の応力（プレストレス）	舞鶴高専	275.7	3	○	50	12.434	1.1	1.0	68.68	28.00	96.7	4	優秀賞＊2
022	繫弓（けいきゅう）	徳山高専	233.2	4	○	40	14.700	1.2	1.0	65.64	27.33	93.0	5	
023	翼棟（よくれん）	徳山高専	289.9	4	○	50	11.825	1.2	0.9	66.77	25.33	92.1	6	優秀賞
003	桜島BridgeⅢ	鹿児島高専	304.1	3	○	50	11.273	1.1	1.0	67.40	23.00	90.4	7	
041	一部と全部	有明高専	454.7	3	○	50	7.539	1.1	0.9	56.96	25.00	82.0	8	審査員特別賞
014	ふぁみりぃ	福島高専	807.9	3	○	50	4.243	1.1	0.9	53.70	24.67	78.4	9	審査員特別賞
037	ちいやま	石川高専	834.6	3	○	50	4.107	1.1	1.0	59.52	18.67	78.2	10	
054	橋。：匚（ほう）+コ（こ）	岐阜高専	1,014.0	3	○	50	3.381	1.1	1.0	58.72	19.00	77.7	11	
026	A Tension Please!	長野高専	326.7	4	○	40	10.493	1.2	0.9	54.53	22.67	77.2	12	
001	金剛	福井高専	444.3	3	○	40	7.716	1.1	1.0	52.49	22.00	74.5	13	
008	GOnGO（ごんご）-bashi	津山高専	485.9	4	○	40	7.055	1.2	0.9	50.82	23.33	74.2	14	
018	氷ノ山（HYONOSEN）	明石高専	359.1	4	○	30	9.546	1.2	1.0	47.46	23.33	70.8	15	
019	略略鎌鎌（りゃくりゃくかまかま）	石川高専	849.7	2	○	50	4.034	1.0	0.9	48.63	21.33	70.0	16	
002	雅（みやび）	福井高専	511.5	3	○	40	6.702	1.1	0.9	46.23	23.67	69.9	17	
039	三位一体	有明高専	439.8	3	○	40	7.794	1.1	0.9	47.32	22.00	69.3	18	
033	弩橋（どきょう）	仙台高専（名取）	291.0	3	○	30	11.780	1.1	1.0	45.96	22.67	68.6	19	
052	市松橋	秋田高専	393.5	4	○	30	8.712	1.2	0.9	41.81	23.33	65.1	20	
049	鳳蝶（あげはちょう）	米子高専	268.1	4	○	20	12.786	1.2	1.0	39.34	25.33	64.7	21	
048	雷雲	新モンゴル高専	201.0	4	○	20	17.055	1.2	0.9	40.02	22.00	62.0	22	
024	uul（ウール／やま）	モンゴル科技大高専	222.3	4	○	20	15.421	1.2	0.9	38.25	21.33	59.6	23	
016	ささえあい	IETモンゴル高専	249.7	3	○	20	13.728	1.1	0.9	33.39	23.00	56.4	24	
035	黄昏	都城高専	325.7	4	○	20	10.525	1.2	0.9	32.97	23.33	56.3	25	
029	家	モンゴル科技大高専	312.7	4	○	20	10.963	1.2	0.9	33.44	21.67	55.1	26	
027	TRUSSTY	長野高専	359.8	3	○	20	9.528	1.1	1.0	32.48	22.33	54.8	27	
050	キロノバ	新モンゴル高専	216.3	4	○	10	15.848	1.2	1.0	31.02	22.67	53.7	28	
046	輪（めぐる）	明石高専	468.7	4	○	20	7.314	1.2	0.9	29.50	23.33	52.8	29	
017	Fusions	IETモンゴル高専	190.3	3	○	10	18.014	1.1	0.9	27.73	23.00	50.7	30	
034	Bifrost	近畿大学高専	287.1	4	○	10	11.940	1.2	1.0	26.33	22.00	48.3	31	
036	エベレスト	近畿大学高専	322.2	4	○	10	10.639	1.2	0.9	22.29	21.67	44.0	32	
045	嶺瓏（れいろう）	呉高専	254.8	4	○	0	13.454	1.2	1.0	16.14	25.00	41.1	33	
040	たすき	苫小牧高専	243.3	4	○	0	14.090	1.2	1.0	16.91	23.67	40.6	34	
047	金ごう石	呉高専	409.3	3	○	10	8.375	1.1	0.9	18.19	21.67	39.9	35	
011	Secundus Pons	松江高専	290.6	4	○	0	11.796	1.2	1.0	14.16	22.00	36.2	36	
051	徳島ラーメン橋（きょう）	阿南高専	818.5	2	○	10	4.188	1.0	0.9	12.77	22.00	34.8	37	
025	BeReal-GUNMA	群馬高専	330.8	3	○	0	10.363	1.1	1.0	11.40	21.67	33.1	38	
030	トラベーズ	釧路高専	1,254.3	4	○	10	2.733	1.2	0.9	13.75	16.33	30.1	39	
053	Tripull	秋田高専	442.1	4	○	0	7.754	1.2	0.9	8.37	20.33	28.7	40	
007	軸力しか勝たん橋	豊田高専	845.3	2	○	10	4.055	1.0	0.9	12.65	15.33	28.0	41	
012	福虹（ふくにじ）	鶴岡高専	756.4	3	○	0	4.532	1.1	1.0	4.99	20.00	25.0	42	
004	阿吽	群馬高専	369.6	4	○	0	0	1.2	0.9	0	22.33	22.3	43	
005	らんまん	高知高専	246.7	2	○	0	0	1.0	0.9	0	22.33	22.3	43	
031	ダ・ブリッジ	小山高専	339.7	4	○	0	0	1.2	0.9	0	22.33	22.3	43	
009	ベジータの肩	大阪公立大学高専	640.9	2	○	0	5.349	1.0	0.9	4.81	16.67	21.5	46	
013	TSURUPEZOID	鶴岡高専	541.0	2	○	0	0	1.0	0.9	0	20.67	20.7	47	
055	マトリョシ架	岐阜高専	1,183.5	3	○	0	0	1.1	0.9	0	20.67	20.7	47	
006	Hashino Dictus（ハシノディクタス）	和歌山高専	812.9	2	○	0	0	1.0	0.9	0	20.33	20.3	49	
032	太平山	小山高専	301.9	3	○	0	0	1.1	0.9	0	20.00	20.0	50	
010	三稜橋	釧路高専	540.0	4	○	0	0	1.2	0.9	0	19.67	19.7	51	
038	力士	神戸市立高専	580.1	4	○	0	0	1.2	0.9	0	19.33	19.3	52	
042	夢限橋（むげんきょう）	香川高専（高松）	254.0	4	○	0	0	1.2	0.9	0	19.33	19.3	52	
044	One for all	香川高専（高松）	522.7	4	○	0	0	1.2	0.9	0	19.00	19.0	54	

表註
＊1　最優秀賞：最優秀賞（国土交通大臣賞）。
＊2　優秀賞：優秀賞（日本建設業連合会会長賞）。

＊順位順、作品番号順に掲載。
＊「仕様確認」欄の○は合格、×は仕様違反。
＊▒は載荷の全過程を成功した9作品を示す。
＊載荷点：50点満点＝静的載荷得点+衝撃載荷得点
静的載荷得点：静的荷重の載荷で耐荷荷重のkgf＊1数が点数（40点満点）。
衝撃載荷得点：衝撃荷重の載荷に成功したら10点。
＊軽量点：20点満点。質量の小さい順で1位の作品に20点、2位以降については、1位の作品の質量を該当作品の質量で除した数値に20を乗じた点数（小数点第4位を四捨五入して、小数点第3位まで表示）を与える。

$$\text{該当作品の軽量点}=\frac{\text{質量の最も小さい作品の質量(g)（今回は171.4g）}}{\text{該当作品の質量(g)}}\times 20$$

ただし、橋（製作物＝「作品」）を載荷装置に設置後、載荷する段階で「崩壊」と判断された場合は、加点の対象外。　＊競技得点＝（軽量点+載荷点）×「部材数」係数×設置時間係数（小数点第3位を四捨五入して、小数点第2位まで表示）
＊「部材数」係数：橋を分割した「部材数」（接合する部品の数）が2の場合は1.0、3の場合は1.1、4の場合は1.2。
＊設置時間係数：90秒以内に設置を完了した場合は1.0、90秒を超えた場合は0.9。
＊審査員評価点：3人の審査員の評価点（各30点満点）の平均点（小数点以下第3位を四捨五入して、小数点第2位まで表示）。詳細は本書62ページ表2参照。
＊総得点＝競技得点+審査員評価点（小数点以下第2位を四捨五入して、小数点第1位まで表示）
＊総得点が同点の場合は、軽量点の高いほうを上位とする。総得点、軽量点が同点の場合は、同順位とする。　＊作品名は、サブタイトルを省略。
＊作品番号［043］は登録時の不備により欠番。

註　＊1　kgf：重量キログラム。重さ、重力、力、荷重など物体にかかる力を表す単位。地球上では、10kgfは10kgの物体にかかる力（重力）。

技術力と創造力を問う難条件に、紙の橋は耐えられるか。

企画、課題テーマ

「つどい支える」にふさわしく、複数の部品をつなぎ、橋を支える

2019年東京大会以降、紙を素材とした橋(製作物=「作品」)という課題が続いており、各大会ごとに条件が追加されている。2021年呉大会では耐荷性能試験(競技)で移動荷重の載荷を追加、2022年有明大会では2つのパーツ(橋の構成部品)をつないで1つの橋を形成、という条件がそれぞれ採用された。

紙で作成した橋が10kgf[*1]以上の荷重に耐えられるのか？　不安を感じていたが、過去の大会で多くの作品が50kgfの荷重をはじめ、移動荷重にも耐えられたことで、紙という素材の持つ可能性を十分に感じられた。

そこで、本年の舞鶴大会では引き続き、紙を素材とする橋とした上で、過去の大会の経験を活かしつつ、今大会のメインテーマ「session」に沿った課題を設定したいと考えた。

まず、構造デザイン部門の課題テーマは、今大会のメインテーマである「session」に呼応した「つどい支える」に決定。それにふさわしい製作条件を検討した結果、複数に分割した部品(橋を分割した各要素。複数の部材で構成された構築物)を接合し(「つどい」)、これら複数の部品が互いに支え合う(「支える」)ことで1つの橋を形成するという内容となった。部品の数(橋の分割数=接合する構成部品の数)は2から4で、くさびやピンなど部品以外の部材を用いずに橋を接合する構造形式とした。橋の水平支間長(支点間の水平距離)は、昨年の有明大会で800mmだったが、本大会では2021年までの大会と同じく900mmに戻し、2点単純支持(両端ピン支持)形式[*2]の橋とした。できるだけ1点集中載荷を再現できるよう、2つの載荷点の間隔は50mmと短く設定した(本書82～83ページ「応募要項と競技内容〈要約〉」の図1、図2参照)。

載荷する荷重については、紙の持つ可能性をもっと追究したいという思いから、従来の静的荷重に加えて、動的荷重として衝撃荷重を課すこととした。衝撃を与える方法としては、橋に直接、荷重を加える方法や、おもりに衝撃を与える方法などが考えらえるが、現実的に実施可能な方法を検討した結果、今大会では橋の片方の支点部を落下させて衝撃を与えることにした。具体的には、片方の支点部分にスペーサー[*3]を模した六角ナットを

註(本書60～68ページ)　＊000、[000]：作品番号。　＊文中の作品名は、サブタイトルを省略。　高専名(キャンパス名)『作品名』[作品番号]で表示。

挟み、六角ナットを引き抜くことで支点部分を落下させ、橋に衝撃荷重を加えた。この方法であれば、参加作品は六角ナットの外し方の検討も必要になり、戦術の幅が広がる。

審査は、従来どおり耐荷性能試験による競技得点と審査員審査による審査員評価点をもとに行なうこととした。競技得点は、「軽量点」「載荷点」の合計に設置時間に関する「設置時間係数」と、橋の分割数（接合する構成部品数。2〜4と設定）に関する「『部材数』係数」を乗じて算出する。分割数を4にすると難易度は高くなるが、高得点が期待できるため、どの分割数で挑戦するのかも、各作品にとって重要な課題となる。審査員評価点は、従来の評価項目「①『作品』の構造的合理性」「②『作品』の独自性」「③プレゼンテーションポスターの出来栄え」に、「④審査員との質疑応答の内容」を加えた。審査員評価点を昨年より高い配点としたため、さまざまに工夫を凝らしたプレゼンテーションポスター（以下、ポスター）が作成されることを期待した（詳細は、本書82〜83ページ参照）。

今回、はじめて載荷する荷重に衝撃荷重を加えたことで、載荷方法などが従来より複雑になると予想されたため、参加者がルールの内容を把握しやすいよう、応募要項に実際に載荷する様子の写真を多数掲載した。また、載荷風景の動画をデザコン2023の公式ホームページで公開した。

仕様確認：

「分割した部品を継手の重複可能範囲に収められるか」がポイント

大会初日となる11月11日の10:00から仕様確認が開始。仕様確認に用いる装置は昨年同様、木製の箱とし、円滑に進行するよう、仕様確認用の箱を分割数ごとに用意した。まず、この箱に各作品の橋（製作物＝「作品」）を入れ、橋が製作限界内に収まっているか、橋を構成する部品が継手重複範囲内で接合されているのか、それぞれ作品番号順に確認。また、載荷点確認用の治具（器具）を用いて、載荷治具[*4]を置く「ズレ止め機構」の深さが規定の範囲を超えていないか、併せて確認した。

約9割の作品が1回めの仕様確認で合格し、不合格の作品には手直しを指示した。不合格の主な原因は、継手位置の継手重複可能範囲超過と、分割数の規定数超過であった。不合格となった作品はその場で修正して再度、仕様確認に臨み、制限時間内にすべて合格することができた。

また、昨年の大会では、仕様確認の内、大幅に時間を要する確認過程があったため、今大会では各作品のポスターを事前に確認し、不備があった場合は、各作品に依頼して、大会当日までに橋を修正してもらっていた。その結果、時間待ちや不合格の作品を大幅に減らすことができ、修正時間を含め、11:45にすべての仕様確認を終えることができた。

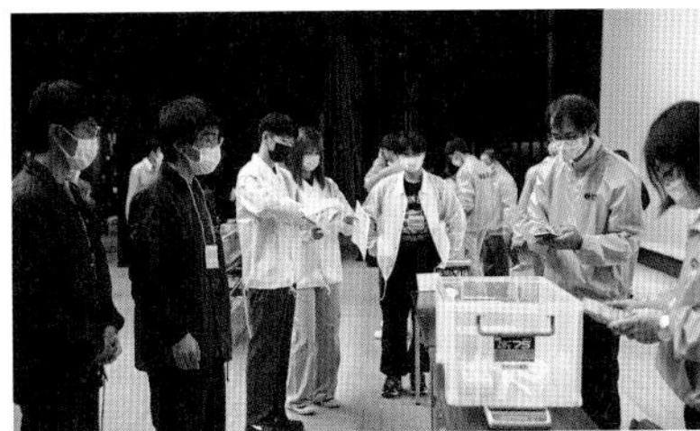

審査員審査

いかに作品をアピールするか

今大会では時間を節約できるように、仕様確認と並行して、審査員審査を行なった(表2参照)。審査員3人は一緒に、作品番号の大きいものから順に展示ブースを巡回。各作品の橋とポスターを確認した上で、学生と1分間ほどの質疑応答を行なった。

質問に対して、1分間以内で適切に答えるのは簡単ではないが、ほとんどの作品が橋のコンセプト、構造形式、製作上の工夫点などについて、ほぼ時間内で回答していた。中には、ポスターに載荷試験結果のグラフや解析図を載せたり、橋とは別に接合部の部分模型を準備するなど、審査員や他の参加学生へ自作を効果的にアピールする独自の工夫をした作品もあった。

表2　審査員審査による審査員評価点

作品番号	作品名	高専名（キャンパス名）	岩崎					中澤					小島					総得点［90点］	審査員評価点［30点］
			①	②	③	④	合計［30点］	①	②	③	④	合計［30点］	①	②	③	④	合計［30点］		
001	金剛	福井高専	7	7	7	2	23	7	7	7	2	23	7	5	6	2	20	66	22.00
002	雅（みやび）	福井高専	8	7	7	2	24	8	7	8	2	25	7	7	6	2	22	71	23.67
003	桜島BridgeⅢ	鹿児島高専	9	8	9	2	28	7	5	7	2	21	7	5	5	3	20	69	23.00
004	阿吽	群馬高専	8	7	8	2	25	5	5	7	3	20	9	5	6	2	22	67	22.33
005	らんまん	高知高専	7	7	7	2	23	5	5	5	2	17	9	9	7	2	27	67	22.33
006	Hashino Dictus（ハシノディクタス）	和歌山高専	5	6	6	2	19	5	7	5	2	19	5	9	7	2	23	61	20.33
007	軸力しか勝たん橋	豊田高専	5	6	5	2	18	3	3	3	2	11	5	5	5	2	17	46	15.33
008	GOnGO（ごんご）-bashi	津山高専	8	8	9	2	27	7	7	7	2	23	7	5	6	2	20	70	23.33
009	ベジータの肩	大阪公立大学高専	5	5	5	2	17	5	5	3	2	15	7	5	4	2	18	50	16.67
010	三稜橋	釧路高専	6	7	5	2	20	5	5	3	2	15	9	7	5	3	24	59	19.67
011	Secundus Pons	松江高専	6	7	6	2	21	5	5	5	2	17	9	9	7	3	28	66	22.00
012	福虹（ふくにじ）	鶴岡高専	8	6	5	2	21	5	5	3	2	15	9	5	7	3	24	60	20.00
013	TSURUPEZOID	鶴岡高専	8	6	5	2	21	7	5	5	2	19	9	5	6	2	22	62	20.67
014	ふぁみりぃ	福島高専	7	7	7	3	24	8	8	8	2	26	9	5	7	3	24	74	24.67
015	連理の枝	苫小牧高専	9	9	9	2	29	8	7	9	3	27	9	7	9	2	27	83	27.67
016	ささえあい	IETモンゴル高専	8	8	6	2	24	5	7	5	2	19	9	7	7	3	26	69	23.00
017	Fusions	IETモンゴル高専	8	8	7	2	25	7	5	4	2	18	9	7	7	3	26	69	23.00
018	氷ノ山（HYONOSEN）	明石高専	7	7	7	2	23	7	7	8	2	24	9	5	6	3	23	70	23.33
019	略略鎌鎌（りゃくりゃくかまかま）	石川高専	6	6	6	2	20	5	7	7	2	21	7	5	9	2	23	64	21.33
020	押しの弧	舞鶴高専	8	8	8	2	26	9	9	8	3	29	9	7	9	3	28	83	27.67
021	白銀（しろがね）の応力（プレストレス）	舞鶴高専	8	8	8	2	26	8	9	9	2	28	9	9	9	3	30	84	28.00
022	繋弓（けいきゅう）	徳山高専	8	8	9	2	27	8	9	9	3	29	9	7	7	3	26	82	27.33
023	翼棟（よくれん）	徳山高専	8	8	9	2	27	5	7	9	2	23	9	7	7	3	26	76	25.33
024	uul（ウール／やま）	モンゴル科技大高専	7	7	6	2	22	5	5	4	2	16	9	7	7	3	26	64	21.33
025	BeReal-GUNMA	群馬高専	7	7	6	2	22	7	7	7	2	23	7	5	6	2	20	65	21.67
026	A Tension Please!	長野高専	7	7	7	2	23	7	7	7	2	23	9	5	6	2	22	68	22.67
027	TRUSSTY	長野高専	7	7	6	2	22	7	7	7	2	23	9	5	6	2	22	67	22.33
028	鴛鴦（えんおう）	米子高専	8	8	8	2	26	9	9	9	3	30	9	7	7	3	26	82	27.33
029	家	モンゴル科技大高専	6	7	6	2	21	5	5	5	2	17	9	9	7	2	27	65	21.67
030	トラペーズ	釧路高専	5	5	5	2	17	3	5	3	2	13	5	5	6	3	19	49	16.33
031	ダ·ブリッジ	小山高専	7	8	6	2	23	5	8	5	2	20	7	9	6	2	24	67	22.33
032	太平山	小山高専	6	6	6	2	20	5	5	5	2	17	9	5	6	3	23	60	20.00
033	弩橋（どきょう）	仙台高専（名取）	7	7	7	2	23	5	7	7	2	21	9	5	7	3	24	68	22.67
034	Bifrost	近畿大学高専	7	7	6	2	22	7	7	5	2	21	9	5	6	3	23	66	22.00
035	黄昏	都城高専	7	7	7	1	22	8	7	8	2	25	7	7	7	2	23	70	23.33
036	エベレスト	近畿大学高専	7	7	6	2	22	7	5	7	2	21	9	5	6	2	22	65	21.67
037	ちいやま	石川高専	5	5	5	2	17	3	5	5	2	15	5	9	7	3	24	56	18.67
038	力士	神戸市立高専	6	7	6	2	21	3	5	5	2	15	9	5	6	2	22	58	19.33
039	三位一体	有明高専	6	7	8	2	23	3	5	7	2	17	7	9	7	3	26	66	22.00
040	たすき	苫小牧高専	7	7	6	2	22	5	7	7	2	21	9	7	9	3	28	71	23.67
041	一部と全部	有明高専	7	7	7	2	23	7	7	9	2	25	9	9	7	2	27	75	25.00
042	夢限橋（むげんきょう）	香川高専（高松）	6	7	7	1	21	5	3	5	2	15	7	7	6	2	22	58	19.33
044	One for all	香川高専（高松）	5	6	6	1	18	3	7	5	2	17	5	9	6	2	22	57	19.00
045	嶺瓏（れいろう）	呉高専	6	6	6	2	20	7	9	9	2	27	9	9	7	3	28	75	25.00
046	輪（めぐる）	明石高専	7	7	7	2	23	7	7	7	2	23	9	5	7	3	24	70	23.33
047	金ごう石	呉高専	6	7	6	2	21	5	7	7	2	21	9	5	7	2	23	65	21.67
048	雷雲	新モンゴル高専	6	7	6	2	21	7	5	7	2	21	9	5	7	3	24	66	22.00
049	鳳蝶（あげはちょう）	米子高専	8	8	8	2	26	7	7	9	2	25	7	7	9	2	25	76	25.33
050	キロノバ	新モンゴル高専	7	7	6	2	22	7	5	7	2	21	9	7	7	2	25	68	22.67
051	徳島ラーメン橋（きょう）	阿南高専	7	7	6	2	22	7	5	7	2	21	9	5	7	2	23	66	22.00
052	市松橋	秋田高専	7	7	7	2	23	7	5	7	2	21	7	9	7	3	26	70	23.33
053	Tripull	秋田高専	7	7	7	2	23	5	5	5	2	17	7	5	6	3	21	61	20.33
054	橋。：匚（ほう）+コ（こ）	岐阜高専	5	5	7	2	19	3	5	5	2	15	5	9	6	3	23	57	19.00
055	マトリョシ架	岐阜高専	7	7	7	2	23	5	5	5	2	17	9	5	6	2	22	62	20.67

表註
＊審査員評価点：3人の審査員の評価点（各30点満点）の平均点（小数点以下第3位を四捨五入して、小数点第2位まで表示）。各作品の得点となる。
＊作品名は、サブタイトルを省略。
＊作品番号［043］は登録時の不備により欠番。

凡例
評価項目
①：「作品」（橋）の構造的な合理性［9点満点］
②：「作品」（橋）の独自性［9点満点］
③：プレゼンテーションポスターの出来栄え［9点満点］
④：審査員との質疑応答の内容［3点満点］

耐荷性能試験1

多くの学生が橋の設置に苦戦

昨年に続き、初日に半数の作品、2日めに残り半数の耐荷性能試験を実施することになった。そして、原則として2作品参加した高専については、質量の大きいほうの作品が初日に登場した。

13:30から競技(耐荷性能試験)のオリエンテーションで試験の内容を説明した後、14:00から大ホールの舞台上で、初日の耐荷性能試験1を開始した。初日は27作品が参加し、事前に提出された仕様確認表に記載の質量が大きい順から9組に分け、3作品ずつ同時に試験を行なった。

24インチのモニタに競技時間、「めくり」(紙の札)に載荷中の荷重、橋を収納したプラスチック製の収納ボックスに高専名と作品名をそれぞれ表示した。また、客席後方からも見えるよう載荷装置の背後に設置したスクリーンには、載荷試験の結果を即時に表示した。また、カメラ4台で撮影した各載荷装置の動画をデザコン2023公式ホームページのオンライン視聴(Microsoft Teams)でライブ配信し、会場外でも耐荷性能試験の様子を見られるようにした。

舞鶴高専の学生3人が務める司会の合図で、学生たちは3組ずつ、橋を分割した状態で収めた収納ボックスを手にして入場。司会による試験開始の合図と同時に、収納ボックスから橋の構成部品を取り出し、舞台上で組み立て、載荷治具の設置を開始した。旗審が設置の完了を確認した後、おもりを10kgずつ順に載荷していき、40kgfの載荷成功後、ボルトを引き抜くことで衝撃荷重が加わる。衝撃荷重の載荷に成功すると、客席から大きな歓声が起こった。

各組の試験が終わるごとに、司会が作品名の由来、破壊した場合はその原因などを各作品の学生にインタビューし、審査員からは各作品について講評があった。

今年は、司会の学生を2人から3人へと増やしたことで、円滑に進行した上、学生たちの軽妙なトークにより、緊迫した会場の雰囲気が和む場面も見られた。

038

021

019

023

015

026

表3　耐荷性能試験の載荷順(11月11日)

載荷順	載荷装置A 作品番号	作品名	高専名(キャンパス名)	質量(g)	載荷装置B 作品番号	作品名	高専名(キャンパス名)	質量(g)	載荷装置C 作品番号	作品名	高専名(キャンパス名)	質量(g)
1	030	トラペーズ	釧路高専	1,254.3	012	福虹	鶴岡高専	756.4	019	略略鎌鎌	石川高専	849.7
2	055	マトリョシ架	岐阜高専	1,183.5	007	軸力しか勝たん橋	豊田高専	845.3	051	徳島ラーメン橋	阿南高専	818.5
3	044	One for all	香川高専(高松)	522.7	038	力士	神戸市立高専	580.1	009	ベジータの肩	大阪公立大学高専	640.9
4	031	ダ・ブリッジ	小山高専	339.7	002	雅	福井高専	511.5	046	輪	明石高専	468.7
5	039	三位一体	有明高専	439.8	052	市松橋	秋田高専	393.5	026	A Tension Please!	長野高専	326.7
6	035	黄昏	都城高専	325.7	004	阿吽	群馬高専	369.6	047	金ごう石	呉高専	409.3
7	036	エベレスト	近畿大学高専	322.2	029	家	モンゴル科技大高専	312.7	021	白銀の応力	舞鶴高専	275.7
8	017	Fusions	IETモンゴル高専	190.3	023	翼棟	徳山高専	289.9	049	鳳蝶	米子高専	268.1
9	005	らんまん	高知高専	246.7	015	連理の枝	苫小牧高専	180.9	048	雷雲	新モンゴル高専	201.0

表註
*同一高専で2作品が参加の場合は、原則として、質量の大きいほうの作品が初日(11月11日)の耐荷性能試験に参加。
*載荷装置3台を使って、同時に3作品ずつ載荷。載荷装置ごとに、事前に提出された仕様確認表に記載された質量の大きな作品から順に載荷。
*■■の3作品は、載荷の全過程を成功。　*作品名は、読み仮名とサブタイトルを省略。　*作品番号[043]は登録時の不備により欠番。

学生交流会

趣向を凝らしたポスターに焦点が

初日の競技終了後、16:30から学生交流会を実施した。今年は、各作品のプレゼンテーションポスター（以下、ポスター）について、作品名の由来、ポスターのコンセプトやデザインの意図などについて意見を交換した。

はじめに部門長が、目に留まった複数の作品を取り上げ、ポスターのコンセプトや解析結果などの掲載情報について、製作した学生へ質問。続いて、学生代表として、舞鶴高専専攻科の学生スタッフが興味を持ったポスターを挙げて意見を述べ、製作した学生との質疑応答を行なった。その後、客席の参加学生にもポスターへの質問を求め、質問を受けた数点のポスターについて意見交換が行なわれた。

今大会では工夫を凝らしたポスターが数多く集まったこともあり、多数の意見交換が行なわれた。この学生交流会が、来年以降のポスター作成の参考になれば幸いである。

037

054

耐荷性能試験2

優勝候補の作品が集まり、さらに緊迫した雰囲気に

2日めの9:00から、残り27作品の耐荷性能試験を行なった。2日めは橋の重量の小さい優勝候補の作品が集まっており、初日よりさらに緊迫した雰囲気の中、競技は進んでいった。

最終組に、最軽量となる質量171.4gの舞鶴高専『押しの弧』[020]と、2番めに軽量となる質量176.1gの米子高専『鴛鴦(えんおう)』[028]が登場した(表4参照)。どちらも分割数は4のため、衝撃荷重まで成功した作品が1位となる。結果、[028]は衝撃荷重まで耐えることができたが、[020]は静的荷重を成功したものの、衝撃荷重には耐えられず、破壊してしまった。この時点で、米子高専『鴛鴦』[028]が1位となり、最優秀賞(国土交通大臣賞)が確定。舞鶴高専『押しの弧』[020]は惜しくも2位となった(日刊建設工業新聞社賞を受賞。受賞結果は本書59ページ表1参照)。

今回は、分割した橋の部品数が増えたためか、橋の組立てや載荷治具の設置に時間を要した作品が多く、制限時間の90秒以内に組立てと設置が完了した作品は54作品中、半数以下の20作品となった。

050

008 022 001 018 020 033

表4 耐荷性能試験の載荷順(11月12日)

載荷順	載荷装置A				載荷装置B				載荷装置C			
	作品番号	作品名	高専名(キャンパス名)	質量(g)	作品番号	作品名	高専名(キャンパス名)	質量(g)	作品番号	作品名	高専名(キャンパス名)	質量(g)
1	008	GOnGO-bashi	津山高専	485.9	054	橋。: 匚+コ	岐阜高専	1,014.0	014	ふぁみりぃ	福島高専	807.9
2	006	Hashino Dictus	和歌山高専	812.9	037	ちいやま	石川高専	834.6	042	夢限橋	香川高専(高松)	254.0
3	053	Tripull	秋田高専	442.1	013	TSURUPEZOID	鶴岡高専	541.0	032	太平山	小山高専	301.9
4	041	一部と全部	有明高専	454.7	010	三稜橋	釧路高専	540.0	025	BeReal-GUNMA	群馬高専	330.8
5	027	TRUSSTY	長野高専	359.8	001	金剛	福井高専	444.3	045	嶺瓏	呉高専	254.8
6	003	桜島BridgeⅢ	鹿児島高専	304.1	018	氷ノ山	明石高専	359.1	033	弩橋	仙台高専(名取)	291.0
7	034	Bifrost	近畿大学高専	287.1	040	たすき	苫小牧高専	243.3	011	Secundus Pons	松江高専	290.6
8	022	繋弓	徳山高専	233.2	050	キロノバ	新モンゴル高専	216.3	016	ささえあい	IETモンゴル高専	249.7
9	028	鴛鴦	米子高専	176.1	020	押しの弧	舞鶴高専	171.4	024	uul(ウール/やま)	モンゴル科技大高専	222.3

表註
*同一高専で2作品が参加の場合は、原則として、質量の大きいほうの作品が初日(11月11日)の耐荷性能試験に参加。
*載荷装置3台を使って、同時に3作品ずつ載荷。載荷装置ごとに、事前に提出された仕様確認表に記載された質量の大きな作品から順に載荷。
*▒の6作品は、載荷の全過程を成功。 *作品名は、読み仮名とサブタイトルを省略。 *作品番号[043]は登録時の不備により欠番。

041

003

028

014

審査結果発表、審査員総評

難題に挑む！　学生の発想力、想像力、チャレンジ精神

2〜4つの部品をつなげて1つの橋を形成する構造で、衝撃荷重に耐えるという今回の条件は、過去の大会の中でも難易度が高かった。また、橋の分割数(接合する部品の数)が高得点獲得へのカギとなるため、半数以上の29作品が分割数4でチャレンジした(分割数2は7作品、分割数3は18作品)。その結果、最後の衝撃荷重の載荷まで耐えられた作品は9作品(内、分割数4は2作品)と、全体の2割程度に留まった。

なお、載荷治具の設置時点や、おもり10kg載荷時点での破壊が18作品(全体の約3割)、おもり10kgまでの成功が8作品、おもり20kgまでの成功が8作品、おもり30kgまでの成功が3作品、40kgまでの成功(衝撃荷重で破壊)が8作品であった。

このように厳しい条件の下、質量が200gを切る橋を設計し、実際に製作した学生たちの実力には驚かされ、何度も失敗を繰り返しながらも、限界まで挑戦する強い精神に感動した。今回の厳しい条件から得た多くの経験を糧に、次回の大会にも、ぜひチャレンジしてほしい。

2020年から続く、大会の新型コロナウイルス感染症(COVID-19)対策だが、感染症が2類相当から5類に下がったことに応じて、さまざまな制限を解除した。そのため、他の高専の学生と交流できる場が3年ぶりに実現。構造デザイン部門に参加し、来場した学生と指導教員の数は海外からの6作品を含めて320人を超え、会場は大いに盛り上がった。

大勢の人々が本大会を十分に楽しめたことを信じ、参加者の協力により無事に大会が終了できたことを心より感謝する。

（毛利 聡、中尾 尚史　舞鶴高専）

註

*1　kgf：本書59ページ註1参照。

*2　単純支持(両端ピン支持)形式：すべての変位方向について位置が固定され回転方向は自由となる支持条件で、両端の支点に曲げモーメントの生じない構造形式。

*3　スペーサー：間隔を保つための部材。

*4　載荷治具：おもりを載荷するための器具。本書82ページ図2参照。

構造デザイン部門概要

■ **課題テーマ**
つどい支える

■ **課題概要**
2019年東京大会から続いている紙を素材とした橋のデザインを競う。
❶載荷直前に会場で2つ以上の部品（橋を分割した各要素。複数の部材で構成された構築物）をつないで1つの橋を作成すること（構造のsession）。
❷昨年の静的荷重に加えて、衝撃荷重にも耐える橋にすること（競技のsession）。
紙という素材の特徴をよくとらえて、上記の条件を満足させる「耐荷性」「軽量性」「デザイン性」にすぐれた橋を製作してほしい。

■ **審査員**
岩崎 英治（審査員長）、中澤 祥二、小島 優

■ **応募条件**
❶高等専門学校に在籍する学生
❷個人または6人以内のチームによるもの。1人1作品のみ
❸他部門への応募不可
❹同一高専で2作品まで応募可。ただし、同一高専で2作品を応募する場合、同じ形や同じ構造コンセプト（力の流れや荷重の負担の仕組み）の作品は認めない。同様の作品を応募した場合、耐荷性能試験において、片方の作品は参考参加、または、参加を認めないことがある

■ **応募数**
54作品（288人、33高専）

■ **質疑応答期間**
質疑：2023年4月24日（月）〜5月8日（月）
回答：2023年5月22日（月）より公式ホームページにて公開

■ **応募期間**
2023年9月25日（月）〜10月2日（月）

■ **事前提出物の提出期間**
2023年10月30日（月）〜11月6日（月）

■ **事前提出物**
❶プレゼンテーションポスターの電子データ：A2判サイズ（横向き）1枚。PDF形式、10MB未満
❷仕様確認表の電子データ：A4判サイズ、XLSX形式

■ **製作条件と設計条件**
本書82〜83ページ「応募要項と競技内容（要約）」参照

本選審査

■ **日時**
2023年11月11日（土）〜12日（日）

■ **会場**
舞鶴市総合文化会館　大ホール

■ **本選提出物**
❶橋（製作物＝「作品」）：指定どおりのもの（本書82〜83ページ参照）
❷プレゼンテーションポスター：A2判サイズ（横向き）1枚。高専名、作品名、コンセプト、橋の写真、アピールポイントを記載

■ **審査過程**
参加数：54作品（288人、33高専）
2023年11月11日（土）
❶仕様確認　10:00〜11:45
❷審査員審査　10:00〜11:30
❸オリエンテーション　13:30〜13:50
❹耐荷性能試験（競技）1　14:00〜16:10
❺学生交流会　16:30〜17:00
2023年11月12日（日）
❶耐荷性能試験（競技）2　9:00〜11:30
❷最終審査（非公開審査）　11:30〜12:00
❸審査結果発表、審査員総評　12:00〜12:30

■ **審査方法**
「競技得点」と「審査員評価点」を合計した総得点をもとに、審査員3人による協議の上、各賞を決定（本書83ページ参照）

連理の枝

順位：3　質量：180.9g　「部材数」：4　総得点：98.4

015　苫小牧高専

◎村上 拓郎［創造工学科電気電子系5年］／菅原 詠子、川上 颯太、林 憲伸、宮越 陽己、中村 優太郎［創造工学科機械系5年］
担当教員：中村 努［創造工学科都市・環境系］

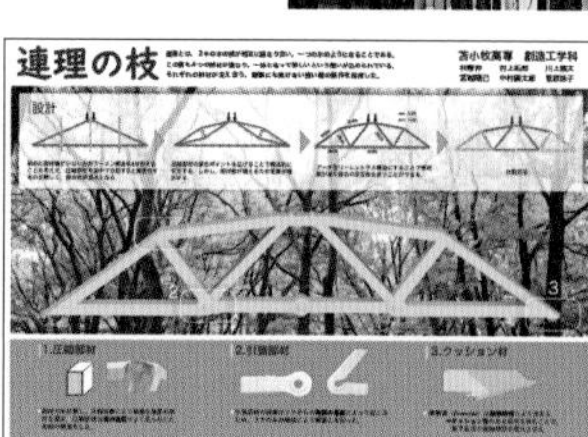

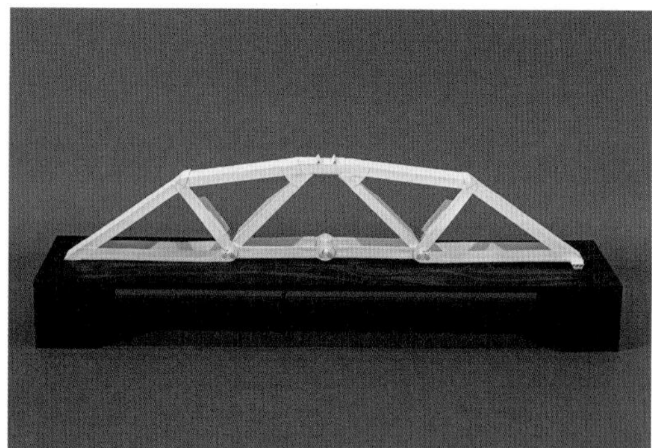

繋弓（けいきゅう）

順位：5　質量：233.2g　「部材数」：4　総得点：93.0

022　徳山高専

窪田 結［環境建設工学専攻専攻科1年］／◎中谷 怜奈(4年)、廣中 隼輝(3年)、福谷 遥(2年)、有馬 虎珀、藤井 敦大(1年)［土木建築工学科］
担当教員：海田 辰将［土木建築工学科］

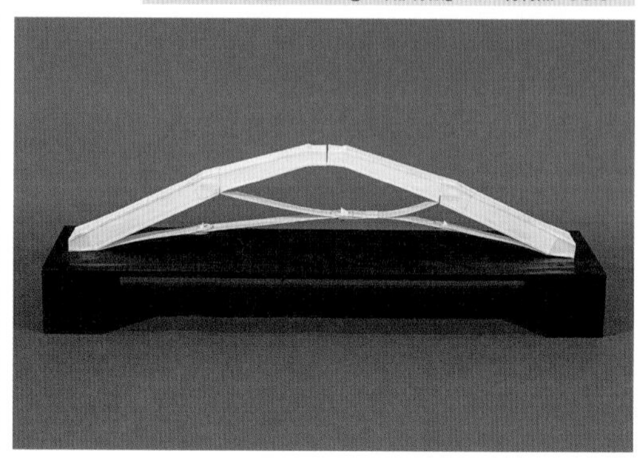

桜島BridgeⅢ

★順位：7　質量：304.1g　「部材数」：3　総得点：90.4

003　鹿児島高専

◎川元 隆太郎、亀井 湖乃羽、池亀 せいら、紙屋 琉、藤原 嶺哉、廻 歩夢［都市環境デザイン工学科5年］
担当教員：川添 敦也［都市環境デザイン工学科］

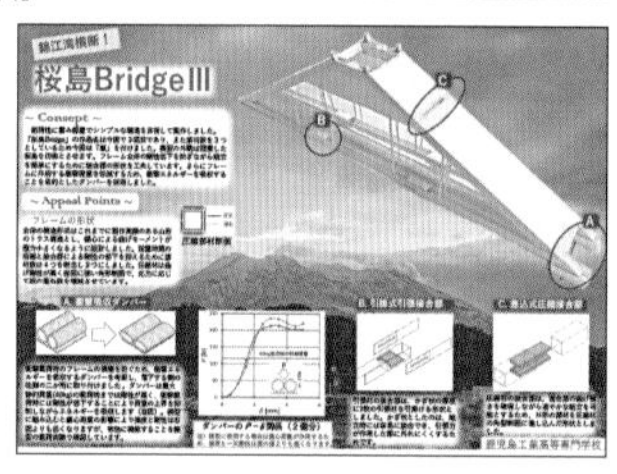

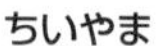

ちいやま

★順位：10　質量：834.6g　「部材数」：3　総得点：78.2

037　石川高専

◎中山 美月、大地 拓登、小山 慶達、長島 子龍、二口 瑠夏［建築学科4年］
担当教員：船戸 慶輔［建築学科］

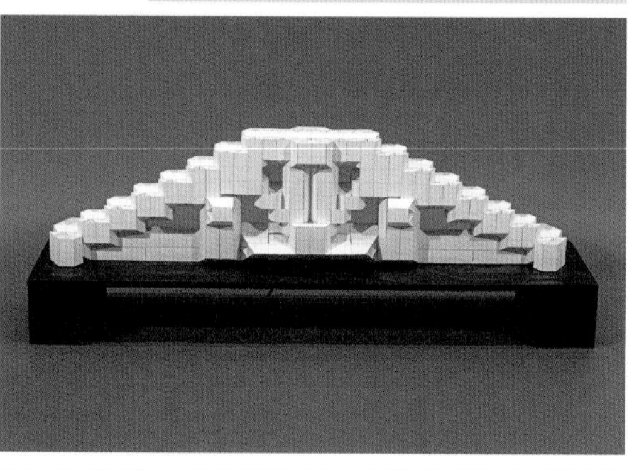

註（本書70～81ページ）　＊000：作品番号。　＊氏名の前にある◎印は学生代表。　＊順位順、作品番号順に掲載。　＊総得点が同点の場合は、軽量点の高いほうを上位とする。総得点、軽量点が同点の場合は、同順位とする。　＊「順位」の前の★は、載荷の全過程成功を示す。　＊作品番号［043］は登録時の不備により欠番。

橋。:匚+コ(ほうこ)――宝庫・蜂庫

★順位:11　質量:1,014.0g 「部材数」:3　総得点:77.7

054　岐阜高専

◎鳥居 大和、新福 颯太、長谷川 滉駿、本田 康成、宮本 岬、山田 武輝[先端融合開発専攻専攻科1年]
担当教員:廣瀬 康之[環境都市工学科]

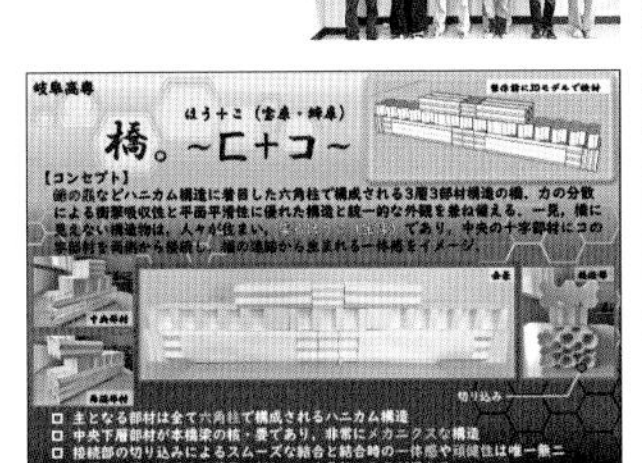

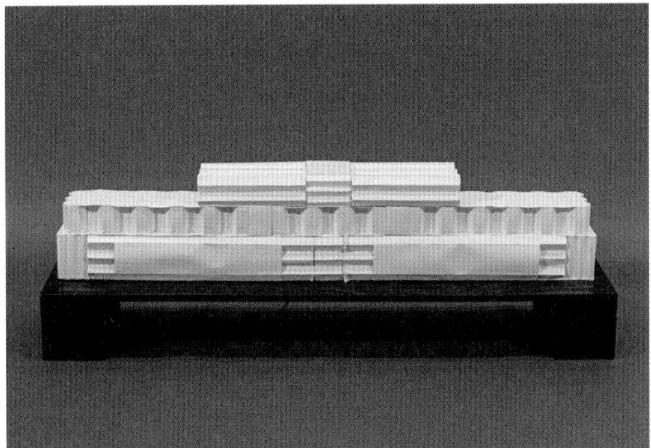

A Tension Please!

順位:12　質量:326.7g 「部材数」:4　総得点:77.2

026　長野高専

◎Phone Myat Kyaw、片山 志穏(5年)、小林 歩夢(4年)、師田 結衣、小関 すず(3年)[環境都市工学科]
担当教員:大原 涼平[工学科都市デザイン系]

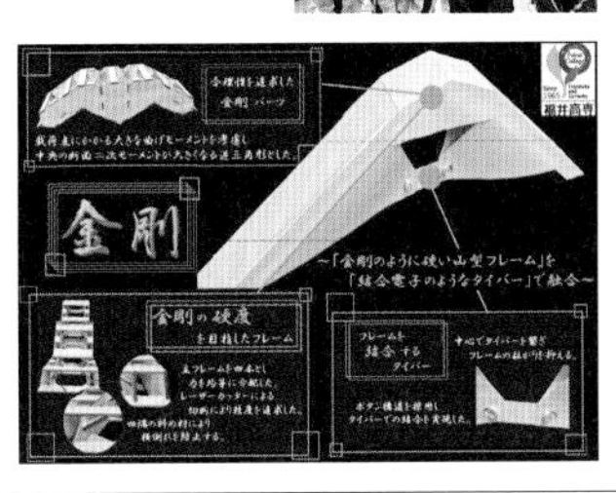

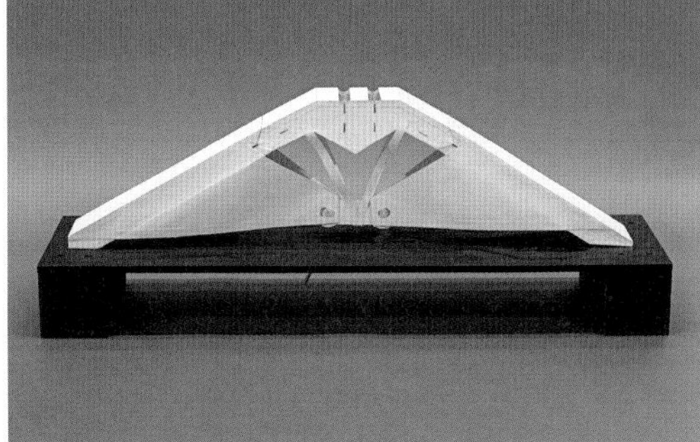

金剛

順位:13　質量:444.3g 「部材数」:3　総得点:74.5

001　福井高専

◎小谷 朝日、松本 征也、中出 咲良、佐々木 俊亮、畑 季佑、Kongsri Wirinya[環境都市工学科4年]
担当教員:樋口 直也[環境都市工学科]

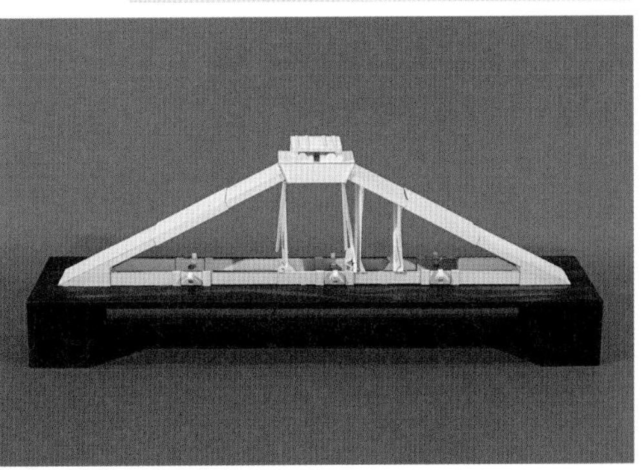

GOnGO(ごんご)-bashi

順位:14　質量:485.9g 「部材数」:4　総得点:74.2

008　津山高専

◎高石 若葉、藤田 愛生、渡邊 雪菜[総合理工学科機械システム系5年]
担当教員:塩田 祐久[総合理工学科機械システム系]

HYONOSEN
氷ノ山

順位：15　質量：359.1g　「部材数」：4　総得点：70.8

018　明石高専

◎寺坂 拓磨、武田 隼、羽渕 陽向、松原 直己、村上 奨、渡邉 由恭［都市システム工学科4年］
担当教員：生田 麻実［都市システム工学科］

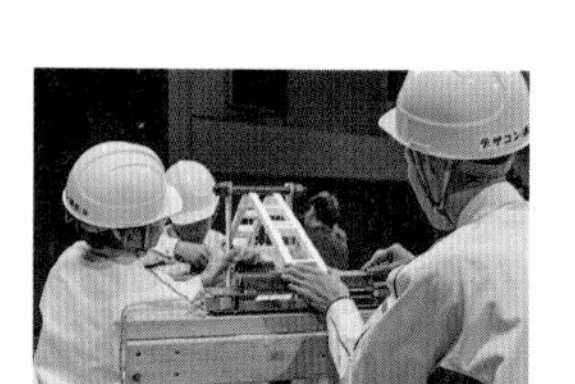

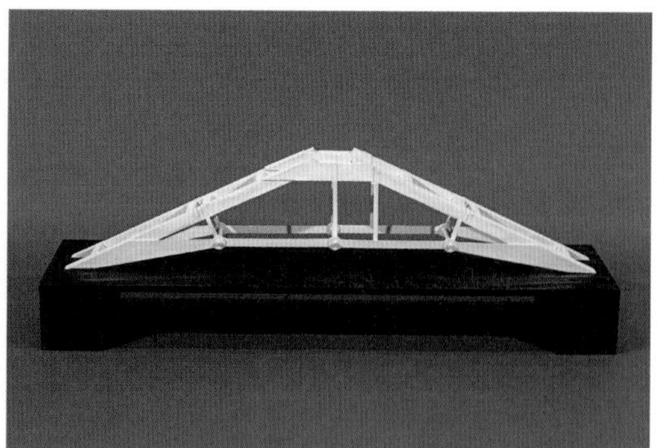

りゃくりゃくかまかま
略略鎌鎌

★順位：16　質量：849.7g　「部材数」：2　総得点：70.0

019　石川高専

◎岡田 光、清造 竜之丞、中田 匠映、野澤 孝友［環境都市工学科2年］
担当教員：重松 宏明［環境都市工学科］

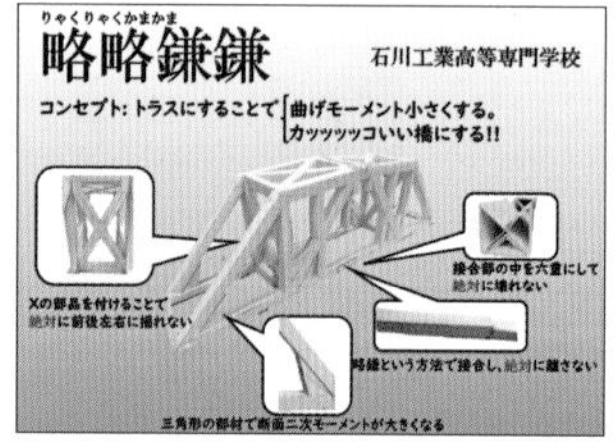

みやび
雅

順位：17　質量：511.5g　「部材数」：3　総得点：69.9

002　福井高専

◎南北 城、保木 克也、大江 康二郎、小林 佑子、高間 海友（4年）
石田 誠一郎（2年）［環境都市工学科］
担当教員：樋口 直也［環境都市工学科］

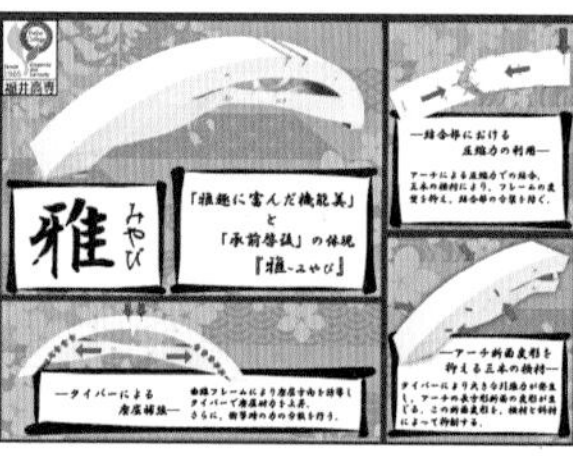

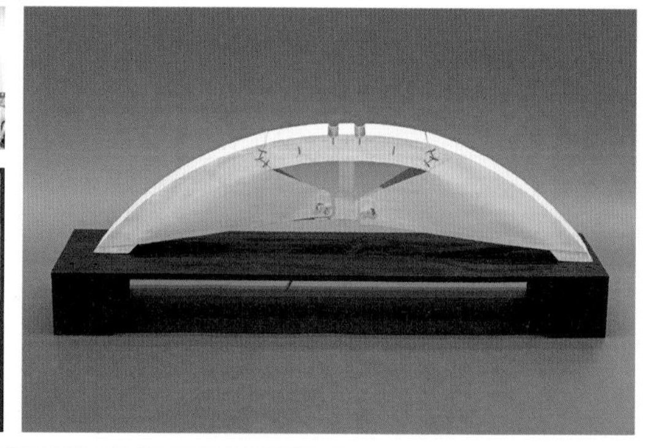

三位一体

順位：18　質量：439.8g　「部材数」：3　総得点：69.3

039　有明高専

◎田原 慎太郎（専攻科2年）、泉 裕介（専攻科1年）［建築学専攻］／
前田 梨湖、溝田 高弥（5年）、福澤 寧々、宮崎 悠人（4年）［創造工学科建築コース］
担当教員：岩下 勉［創造工学科建築コース］

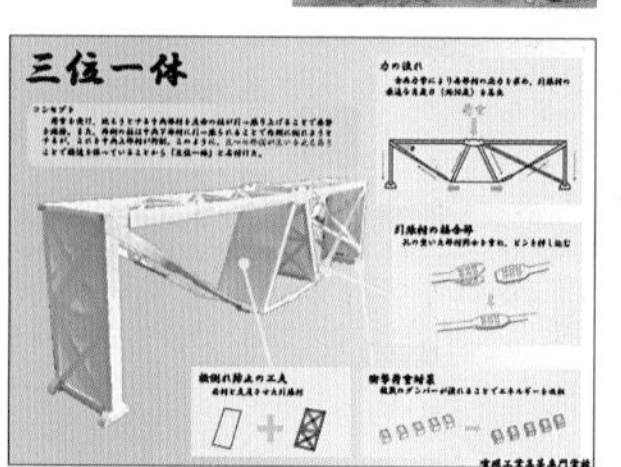

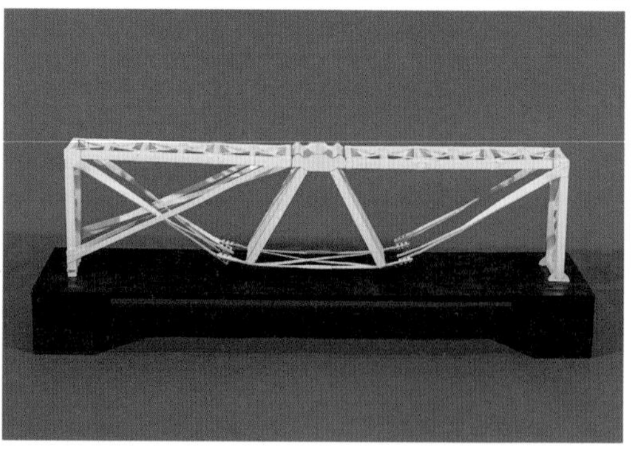

弩橋

順位：19　質量：291.0g　「部材数」：3　総得点：68.6

033　仙台高専(名取)

◎畠山 幸大、平山 航太(5年)、阿部 煌生、植村 祥太、須貝 力、三浦 匠悟(3年)［総合工学科Ⅲ類建築デザインコース］
担当教員：飯藤 將之［総合工学科Ⅲ類建築デザインコース］

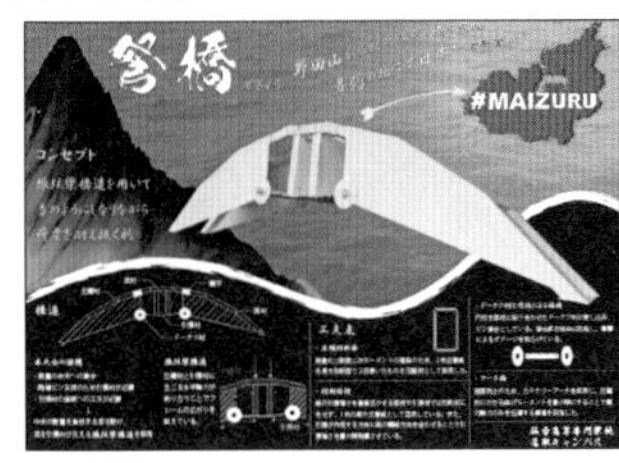

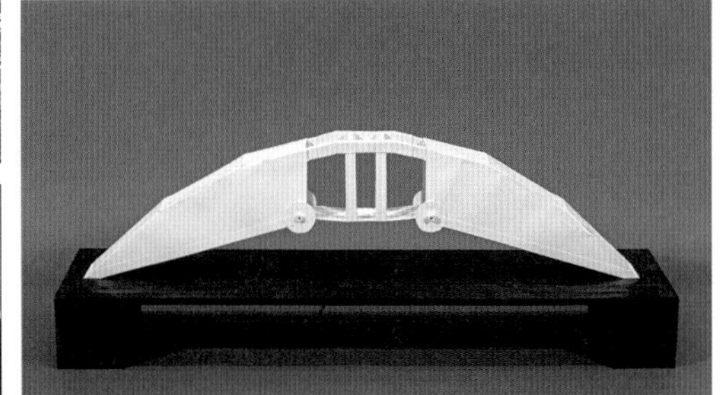

市松橋

順位：20　質量：393.5g　「部材数」：4　総得点：65.1

052　秋田高専

◎三国屋 颯波(3年)、菅原 琉惺(2年)［創造システム工学科土木・建築系］／中道 美菜凛、夏井 柚紀、今野 友翔［創造システム工学科1年］
担当教員：寺本 尚史［創造システム工学科土木・建築系空間デザインコース］

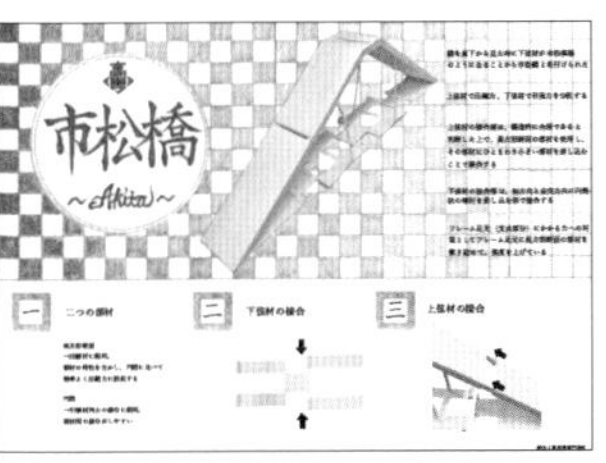

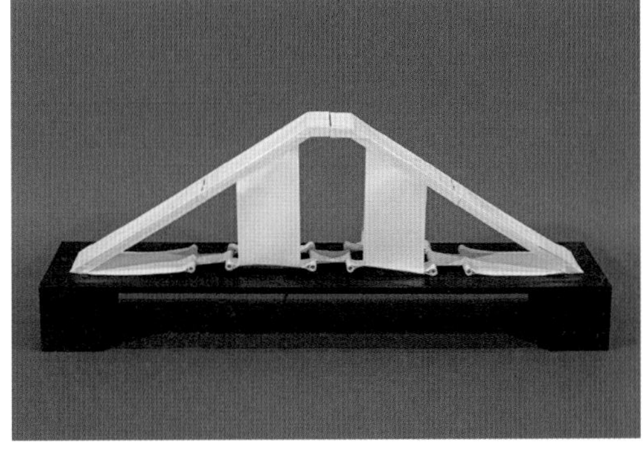

鳳蝶

順位：21　質量：268.1g　「部材数」：4　総得点：64.7

049　米子高専

◎浦林 丈人、瀬戸口 健人、池田 真之介、梅林 蒼、濱崎 大志、谷野 彼方［建築学科4年］
担当教員：畑中 友［総合工学科建築デザイン部門］

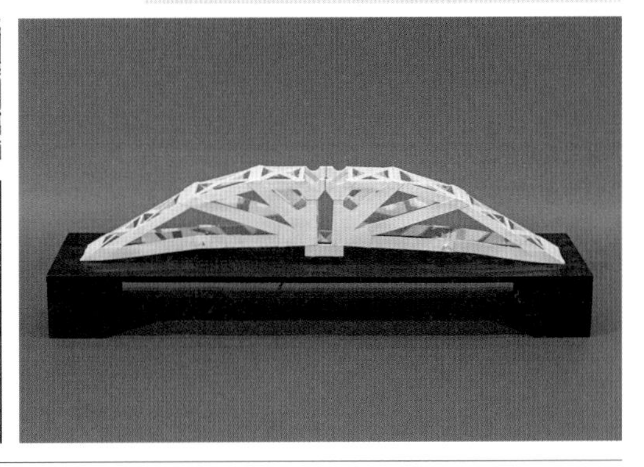

雷雲

順位：22　質量：201.0g　「部材数」：4　総得点：62.0

048　新モンゴル高専

◎イスヘ・ウランジャラガル、エンフブヤン・テムーレン、エルデネバト・ビルグーテイ、エンフトル・フレルシャガイ、エンフテゥヴシン・ムンフエルデネ、ニャムバト・ナランバト［土木建築工学科5年］
担当教員：エルデネビレグ・ムンフダライ［土木建築工学科］

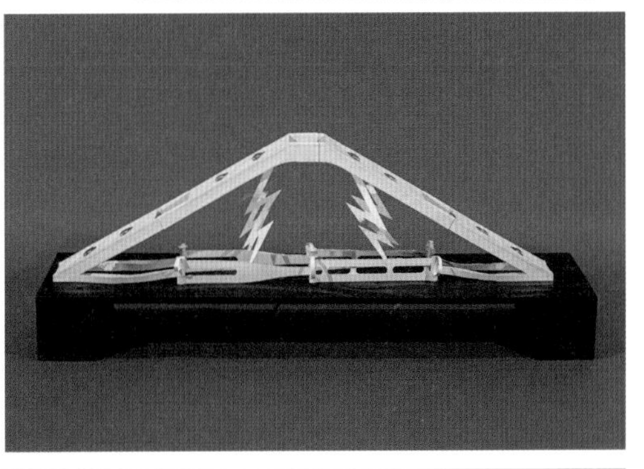

uul(やま)

順位:23　質量:222.3g　「部材数」:4　総得点:59.6

024　モンゴル科技大高専

オトゴンチュルーン・アリウン=ウヤンガ(5年)、◎アルタンズル・アリウンバト、バヤルスフ・オルチロン、イジルモロン・ゾルジャルガル(4年)、ザギラー・エンフジン、バトジャルガル・オチルフヤグ(2年)[土木建築学科]
担当教員:スブド=オチル・アルタンゲレル[土木建築学科]

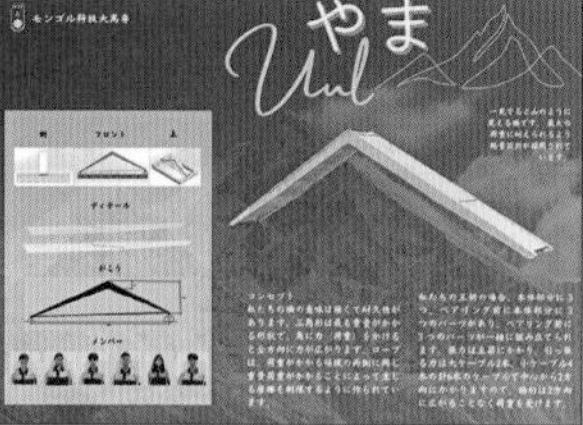

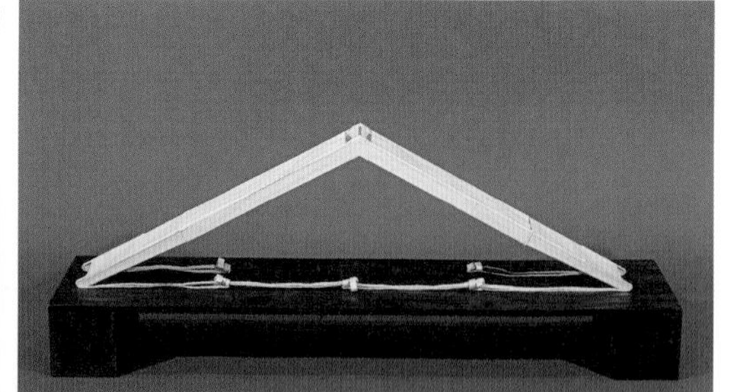

ささえあい

順位:24　質量:249.7g　「部材数」:3　総得点:56.4

016　IETモンゴル高専

◎バダルチ・ツォグトビレグ、トモルフヤガ・トゥシンバヤル(5年)、ナランバータル・オロソー、バトクタグ・ホロルスレン(3年)、ダヴァドルジ・バトエレデネ(2年)[建設工学科]
担当教員:ビャンバツォグト・アルビンザヤ[建設工学科]

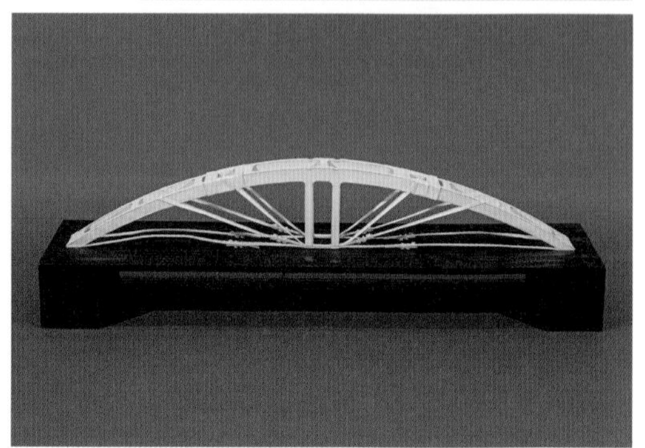

黄昏

順位:25　質量:325.7g　「部材数」:4　総得点:56.3

035　都城高専

◎宗像 大樹、谷口 陽菜、宇野木 瑠那[建築学専攻専攻科2年]／岩切 大昌[建築学科5年]
担当教員:大岡 優[建築学科]

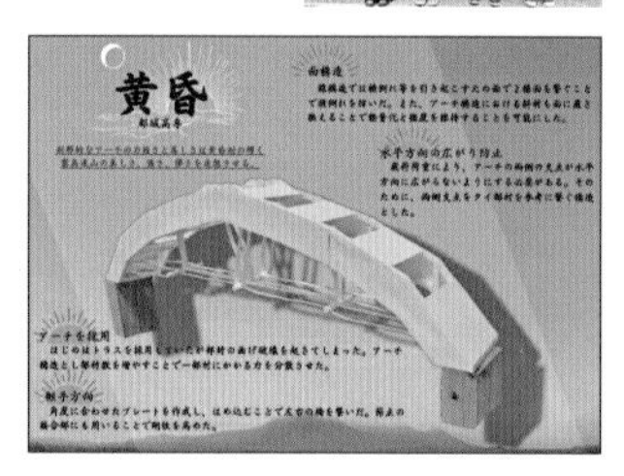

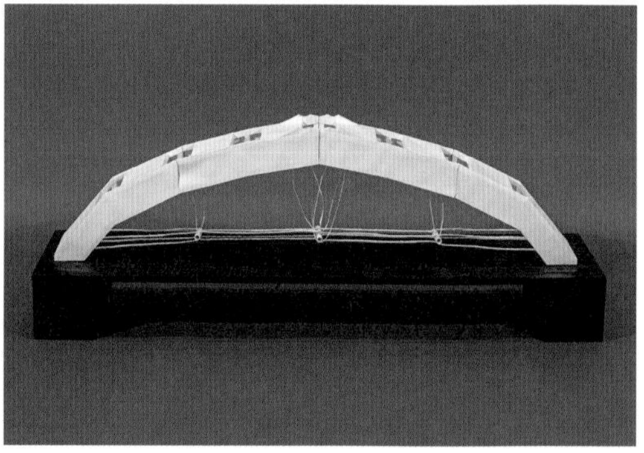

家――GERU(ゲル)

順位:26　質量:312.7g　「部材数」:4　総得点:55.1

029　モンゴル科技大高専

バト=オチル・アリウンツンガラグ、ツェデンダムバ・プレブボルド(5年)、◎シジルバートル・ビルグーテイ、シャグダルスレン・エルデネホロル、ネルグイ・ガン=エルデネ(4年)、エンフバヤル・エンフツール(2年)[土木建築学科]
担当教員:バト=アムガラン・アミナ[土木建築学科]

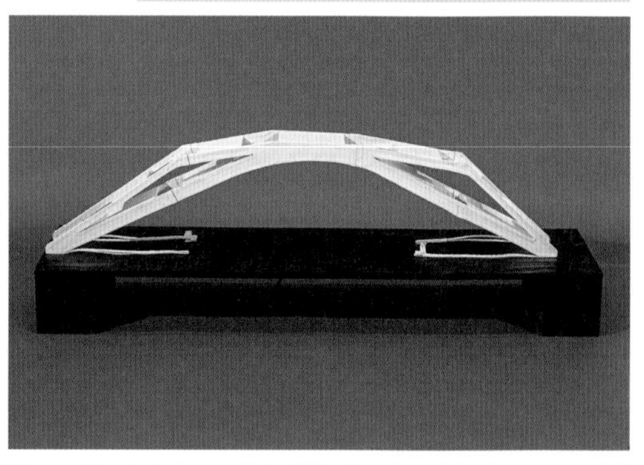
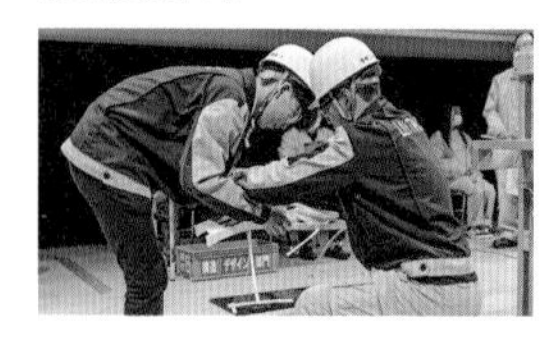

TRUSSTY

順位：27　質量：359.8g　「部材数」：3　総得点：54.8

027　長野高専

◎小林 虎ノ介、牧 晃大(5年)、Or Serey Rothanak、小畠 歩之(4年)、安田 茉央(3年)［環境都市工学科］
担当教員：大原 涼平［工学科都市デザイン系］

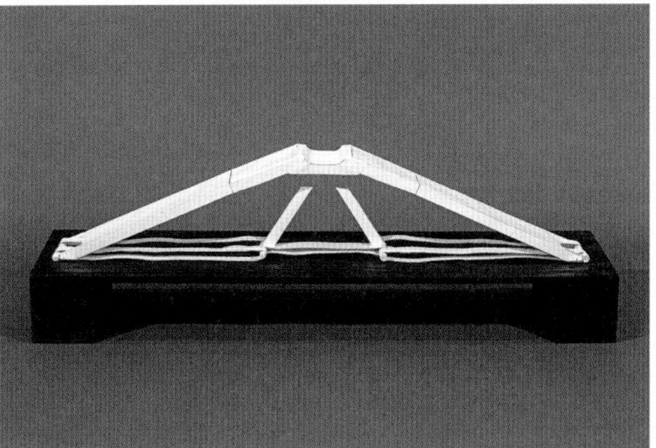

キロノバ——KILONOVA

順位：28　質量：216.3g　「部材数」：4　総得点：53.7

050　新モンゴル高専

◎ラハガワオチル・アミンエレデネ、ガンゾリグ・バトヒシグ、フレウェバト・ミシェール、バラスバートル・オユー、ギーヘナラン・ボール、トゥメンバヤル・テンギス［土木建築工学科4年］
担当教員：エルデネビレグ・ムンフダライ［土木建築工学科］

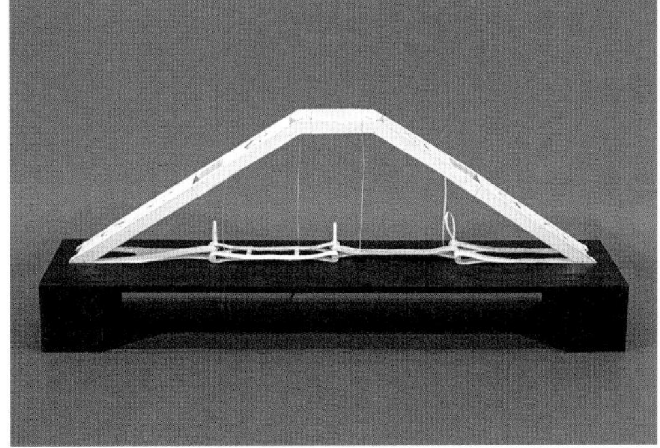

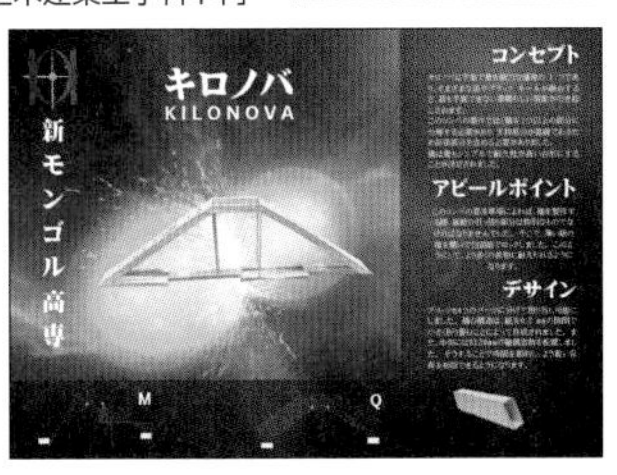

輪(めぐる)——アシンメトリーなアーチ橋

順位：29　質量：468.7g　「部材数」：4　総得点：52.8

046　明石高専

◎堀田 樹生、倉松 央、塩見 耕平、長澤 亜依、三原 万拓、村上 拓夢［都市システム工学科3年］
担当教員：大城 雄希［都市システム工学科］

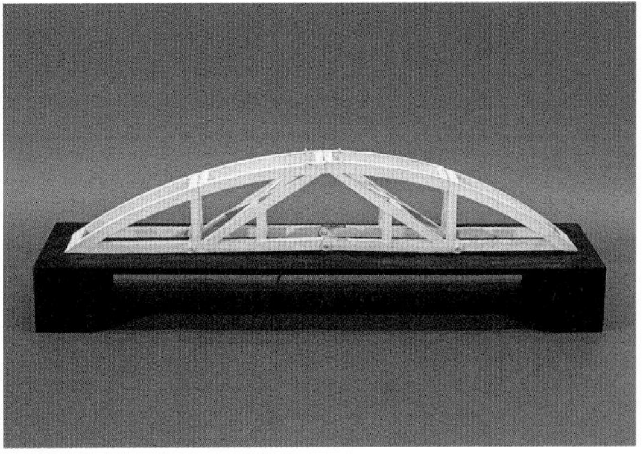

Fusions

順位：30　質量：190.3g　「部材数」：3　総得点：50.7

017　IETモンゴル高専

◎ムンフボルド・ノムンダリ(5年)、ゴトヲ・フレルエルデネ、サンダグドルジ・ゾルバヤル、トゥブシンサイハン・マンライバヤル(3年)、ハリウンアー・アリウンセテゲル(2年)［建設工学科］
担当教員：ビャンバツォグト・アルビンザヤ［建設工学科］

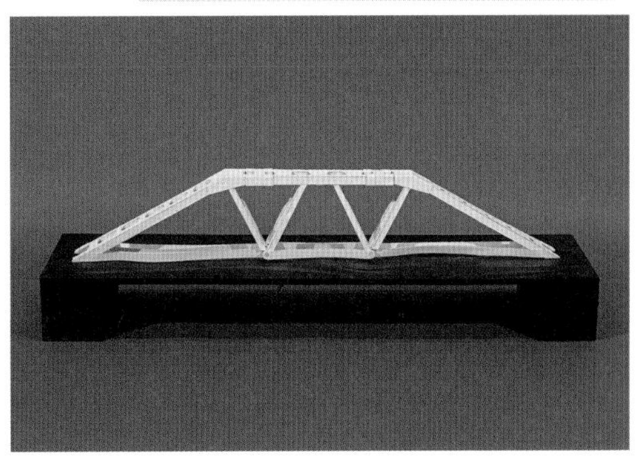

Bifrost

順位：31　質量：287.1g　「部材数」：4　総得点：48.3

034　近畿大学高専

◎岡西 陽汰、青木 優真、上園 高人、笠井 康佑
[総合システム工学科都市環境コース5年]
担当教員：松岡 良智[総合システム工学科都市環境コース]

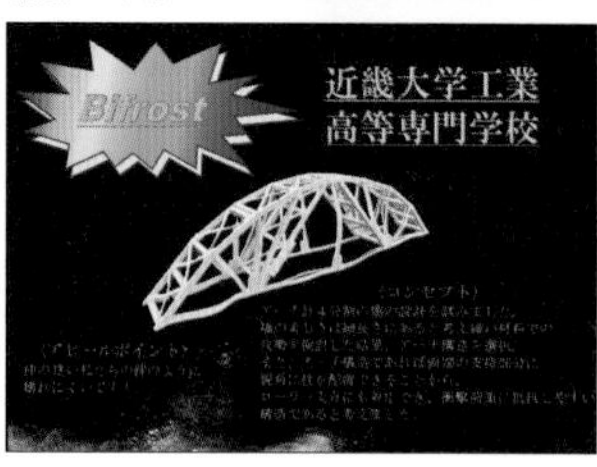

エベレスト

順位：32　質量：322.2g　「部材数」：4　総得点：44.0

036　近畿大学高専

◎村雲 資龍、奥村 竜矢、冨成 一輝、藤川 誠ノ介
[総合システム工学科都市環境コース5年]
担当教員：松岡 良智[総合システム工学科都市環境コース]

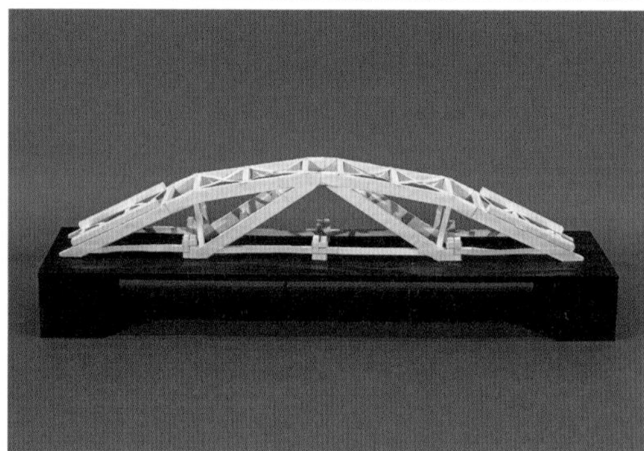

嶺瓏（れいろう）

順位：33　質量：254.8g　「部材数」：4　総得点：41.1

045　呉高専

◎土手 淳平[プロジェクトデザイン工学専攻建築系専攻科1年]／森川 愛生(4年)、重高 雅道、桑原 帆乃未(3年)、吉川 諒哉(2年)、藤原 福人(1年)[建築学科]
担当教員：三枝 玄希[建築学科]

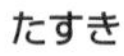

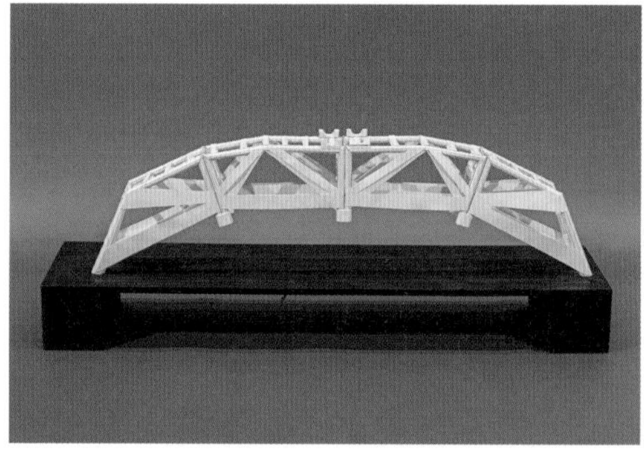

たすき

順位：34　質量：243.3g　「部材数」：4　総得点：40.6

040　苫小牧高専

◎中嶋 一心、有坂 優宏、大沢 穂香、寅尾 美羽[創造工学科都市・環境系4年]／佐藤 泰樹[創造工学科機械系3年]／濱田 理央[創造工学科電気電子系2年]
担当教員：中村 努[創造工学科都市・環境系]

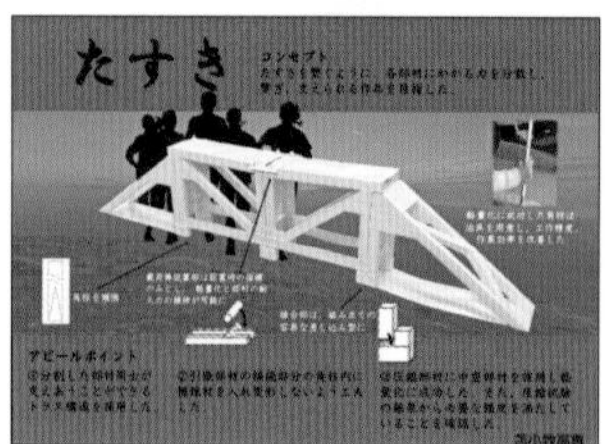

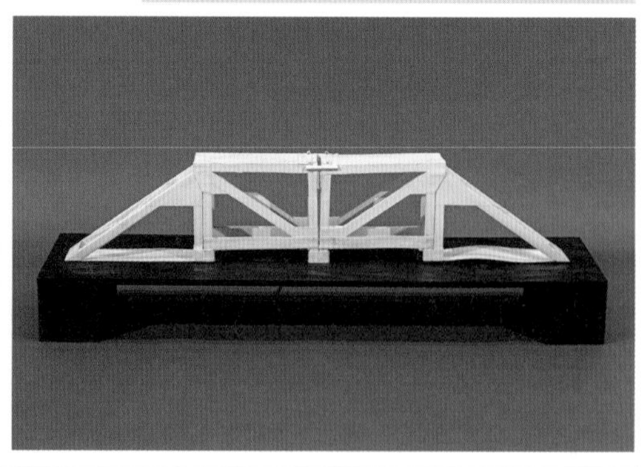

金ごう石——kongo seki

順位：35　質量：409.3g　「部材数」：3　総得点：39.9

047　呉高専

畑岡 咲良、濱原 萌花(4年)、◎中川 皓晴、小櫻 果、タン・ブンリム(3年)、百相 里花(1年)［建築学科］
担当教員：松野 一成［建築学科］

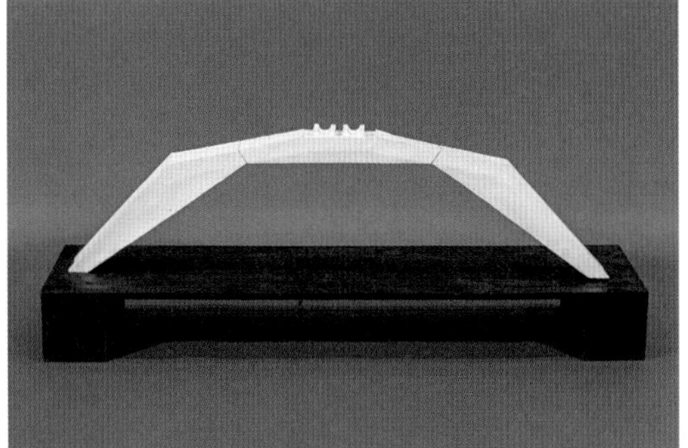

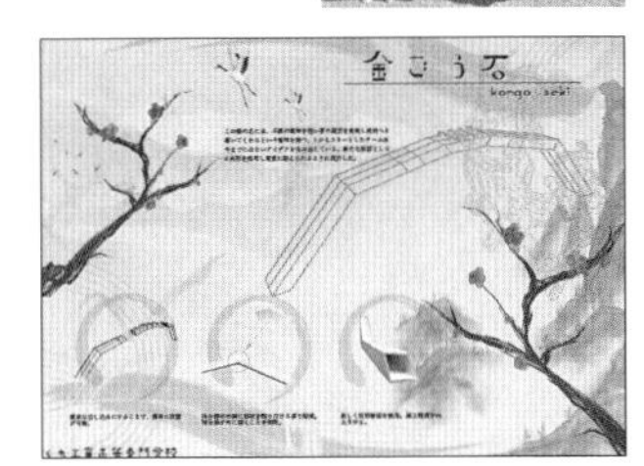

Secundus Pons

順位：36　質量：290.6g　「部材数」：4　総得点：36.2

011　松江高専

蓮岡 慶行(5年)、◎友國 健晟、米原 瑞揮、大西 成弥、大島 康生(4年)［環境・建設工学科］／新崎 真央［電気情報工学科3年］
担当教員：岡崎 泰幸［環境・建設工学科］

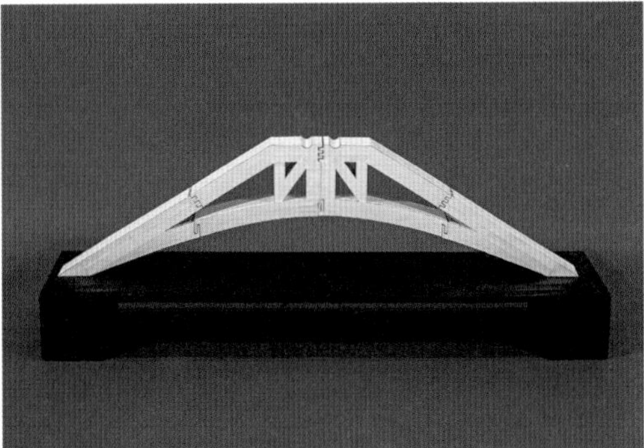

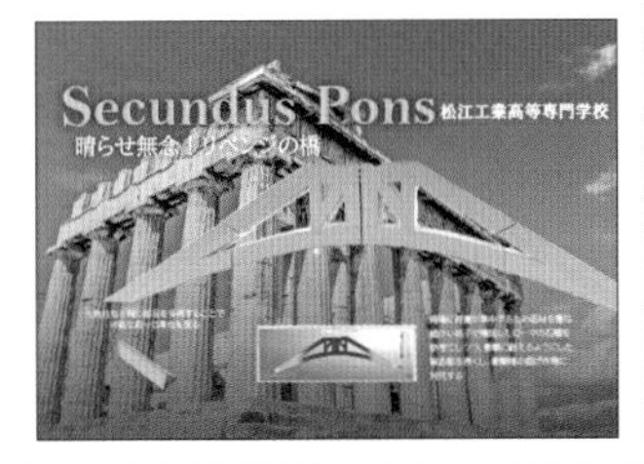

徳島ラーメン橋

順位：37　質量：818.5g　「部材数」：2　総得点：34.8

051　阿南高専

◎中郷 拓真、西尾 瞭汰、髙澤 優颯、浦 大輝、竹村 慎平、山室 遥暉［創造技術工学科建設コース 4年］
担当教員：角野 拓真［創造技術工学科建設コース］

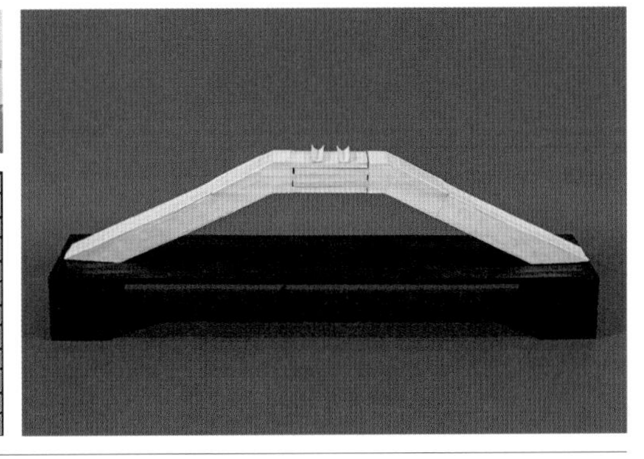

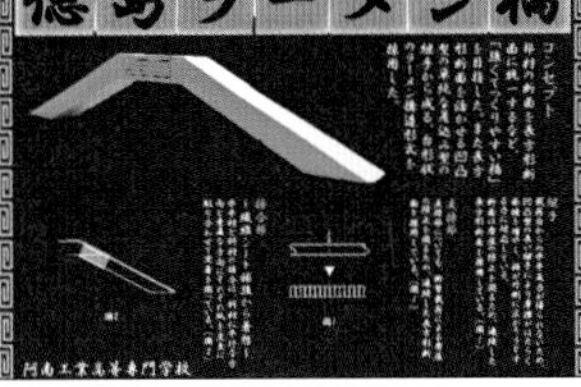

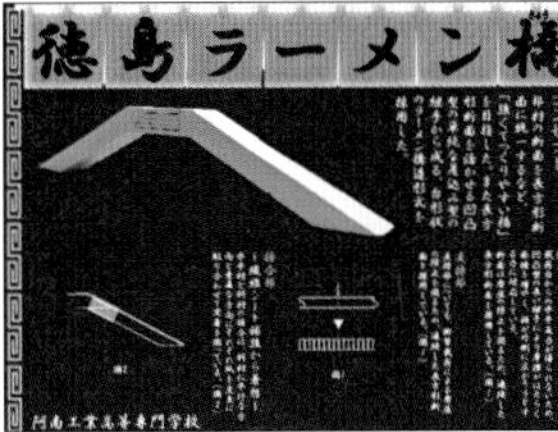

BeReal-GUNMA——ありのままの僕ら

順位：38　質量：330.8g　「部材数」：3　総得点：33.1

025　群馬高専

◎小林 光希、宮田 一穂、田口 達人、小林 志門(4年)、今井 和空(2年)［環境都市工学科］／宮田 燈一郎［機械工学科2年］
担当教員：木村 清和［環境都市工学科］

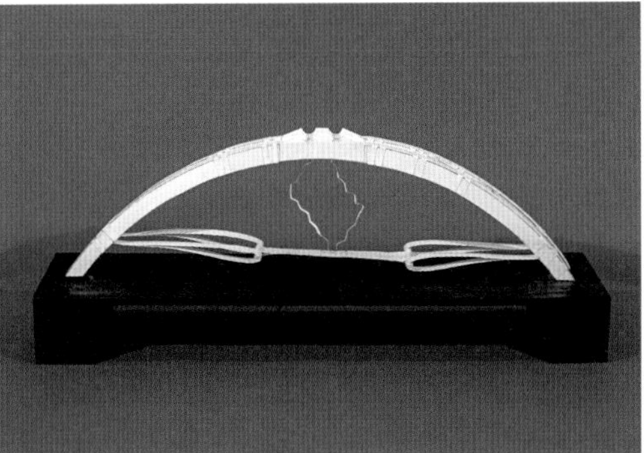

トラペーズ

順位：39　質量：1,254.3g　「部材数」：4　総得点：30.1

030　釧路高専

◎中川 真緒、武田 紗奈、狩野 由奈、山崎 至恩、惣宇利 瑠珂
［創造工学科建築デザインコース建築学分野4年］
担当教員：西澤 岳夫［創造工学科建築デザインコース建築学分野］

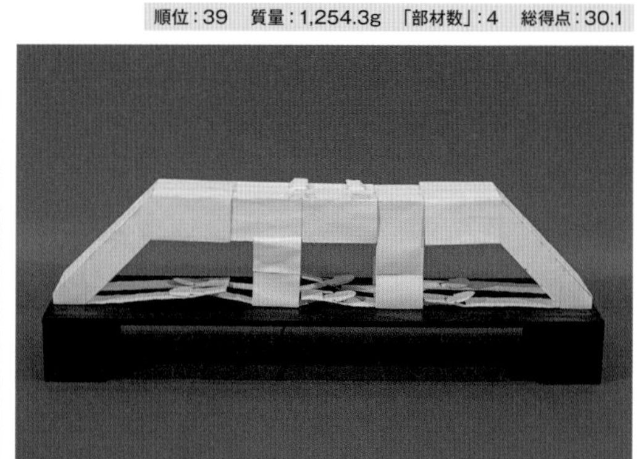

Tripull

順位：40　質量：442.1g　「部材数」：4　総得点：28.7

053　秋田高専

◎小林 憧子(3年)、小笠原 悠太郎、松渕 栞利(2年)［創造システム工学科土木・建築系］／池田 唯音、畠山 陽向［創造システム工学科1年］
担当教員：寺本 尚史［創造システム工学科土木・建築系空間デザインコース］

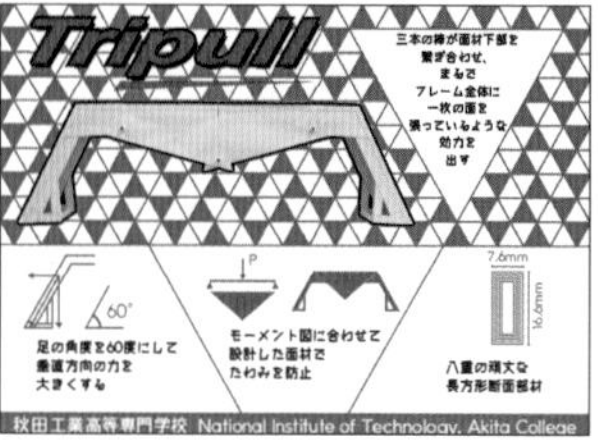

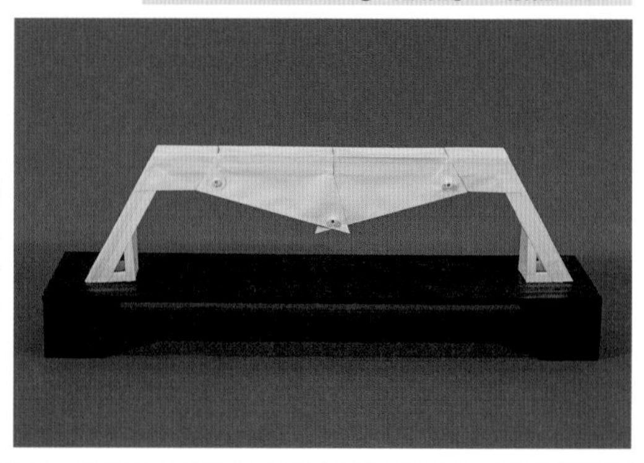

軸力しか勝たん橋

順位：41　質量：845.3g　「部材数」：2　総得点：28.0

007　豊田高専

◎福岡 葵、市原 大暉、小林 千景、鈴木 啓介、須田 凌平、深津 拓朗
［建設工学専攻専攻科1年］
担当教員：大畑 卓也［環境都市工学科］

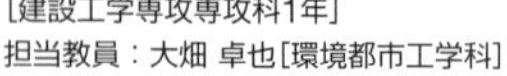

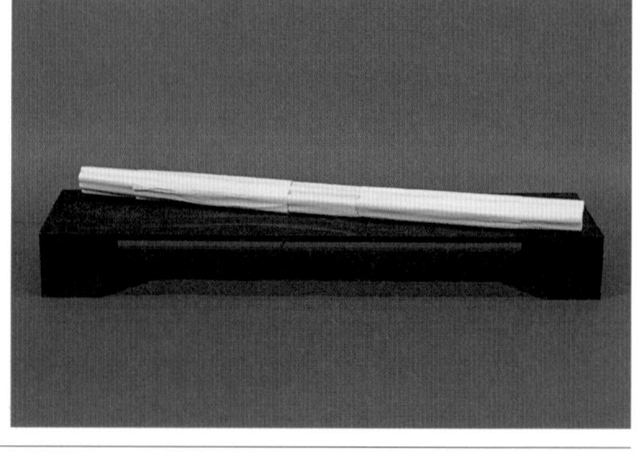

福虹（ふくにじ）

順位：42　質量：756.4g　「部材数」：3　総得点：25.0

012　鶴岡高専

渋谷 優貴(5年)、◎保科 来海(4年)［創造工学科化学・生物コース］
福定 隼也［創造工学科機械コース5年］
担当教員：瀬川 透［創造工学科化学・生物コース材料工学分野］

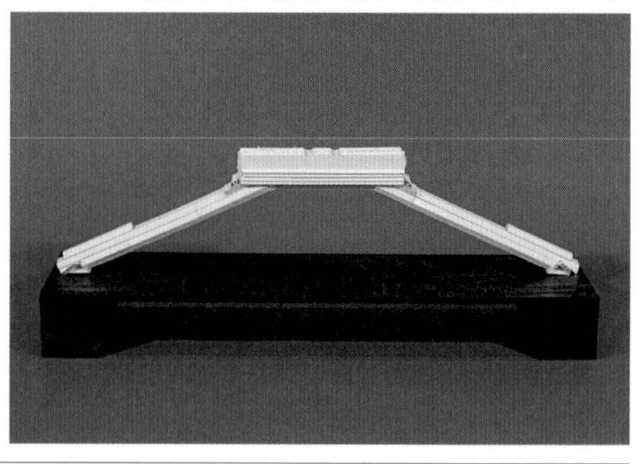

阿吽——A・UN

順位：43　質量：369.6g　「部材数」：4　総得点：22.3

004　群馬高専

◎佐竹 海聖、青木 匠(5年)、志村 美月、杉原 奈々、堀越 菜月(2年)、平田 花菜子(1年)[環境都市工学科]
担当教員：木村 清和[環境都市工学科]

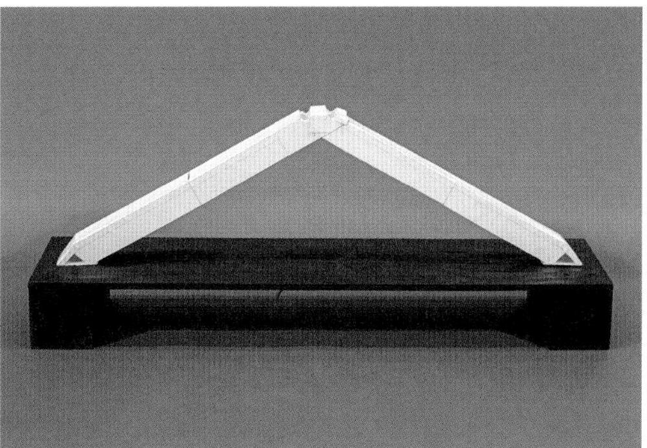

らんまん

順位：43　質量：246.7g　「部材数」：2　総得点：22.3

005　高知高専

◎篠田 侑希、濱田 健志、門脇 雄大[ソーシャルデザイン工学科まちづくり・防災コース5年]
担当教員：三橋 修[ソーシャルデザイン工学科まちづくり・防災コース]

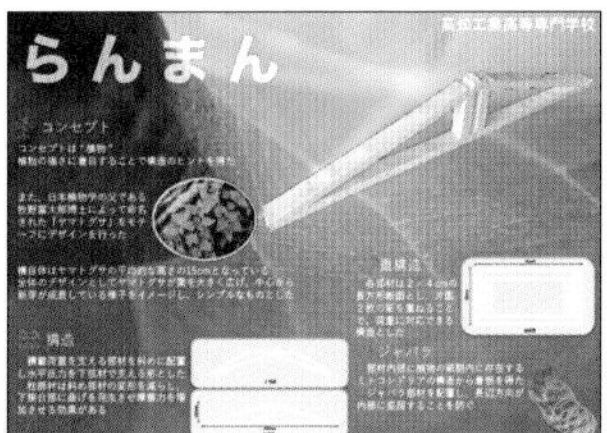

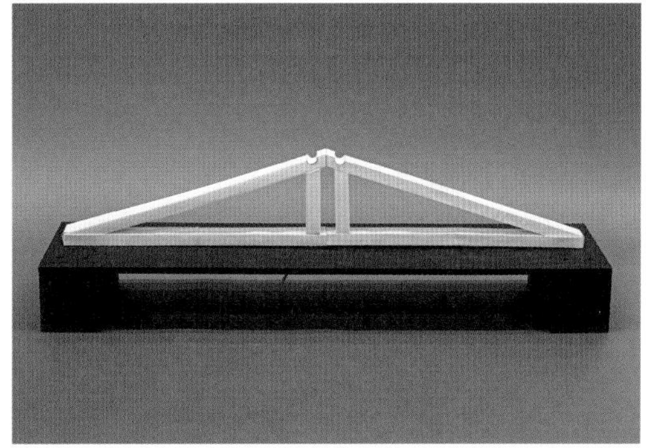

ダ・ブリッジ

順位：43　質量：339.7g　「部材数」：4　総得点：22.3

031　小山高専

◎畑中 優志、松坂 奏美(3年)、佐藤 優、齊藤 睦(2年)、内藤 毅(1年)[建築学科]
担当教員：大和 征良[建築学科]

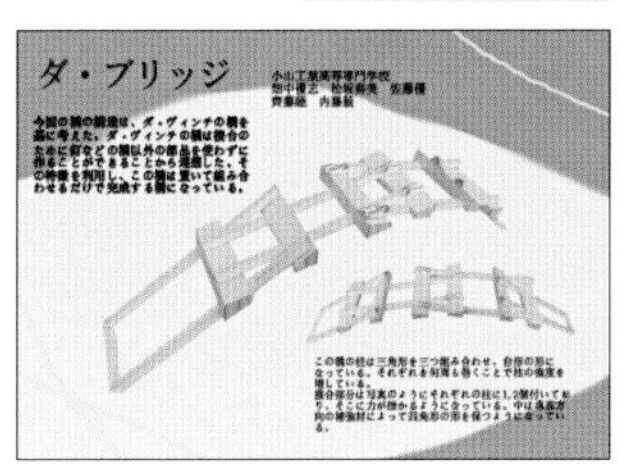

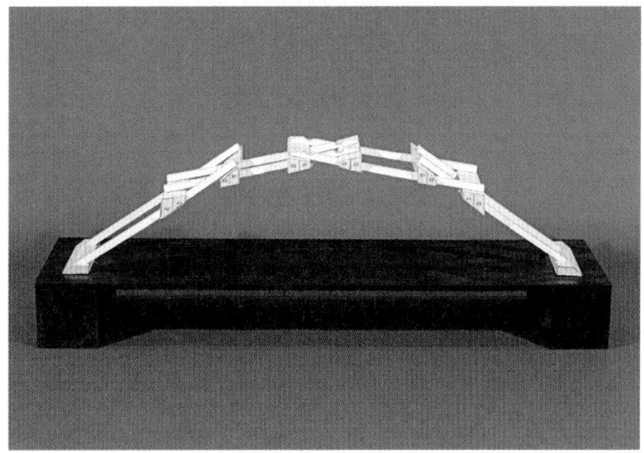

ベジータの肩

順位：46　質量：640.9g　「部材数」：2　総得点：21.5

009　大阪公立大学高専

◎針原 豪希、阿部 まみ、一口 凌太朗、阪谷 章太、山本 光[総合工学システム学科都市環境コース4年]
担当教員：岩本 いづみ[総合工学システム学科都市環境コース]

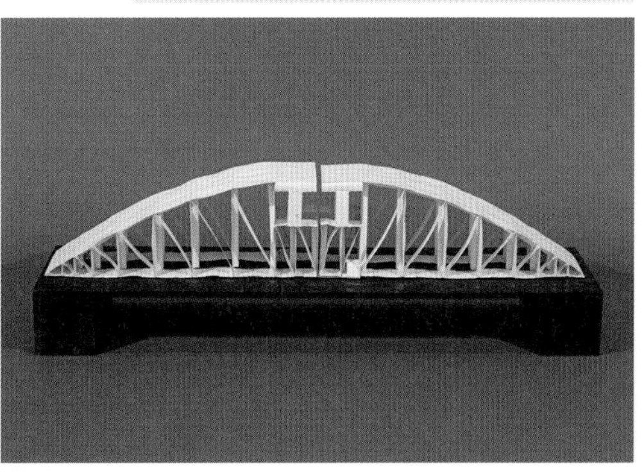

TSURUPEZOID

順位：47　質量：541.0g　「部材数」：2　総得点：20.7

013　鶴岡高専

◎奥山 流唯、小野寺 泰河、古城 駈[創造工学科情報コース4年]
担当教員：瀬川 透[創造工学科化学・生物コース材料工学分野]

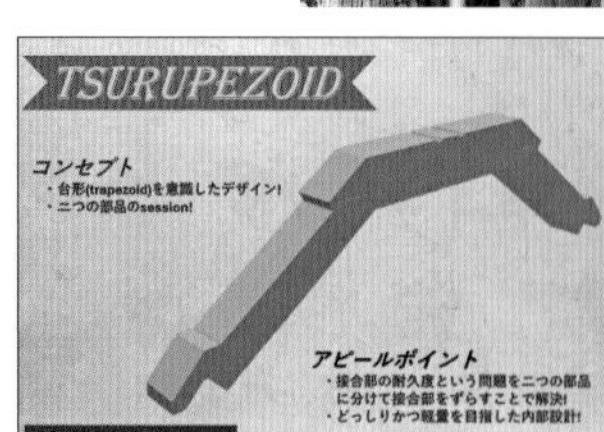

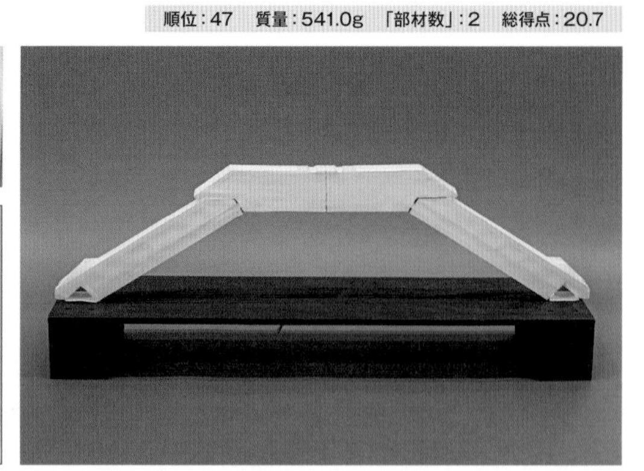

マトリョシ架

順位：47　質量：1,183.5g　「部材数」：3　総得点：20.7

055　岐阜高専

◎南波 典李、岡部 誠也、長田 知紘、長谷川 侑星、武藤 有次郎、森川 満生[先端融合開発専攻専攻科1年]
担当教員：廣瀬 康之[環境都市工学科]

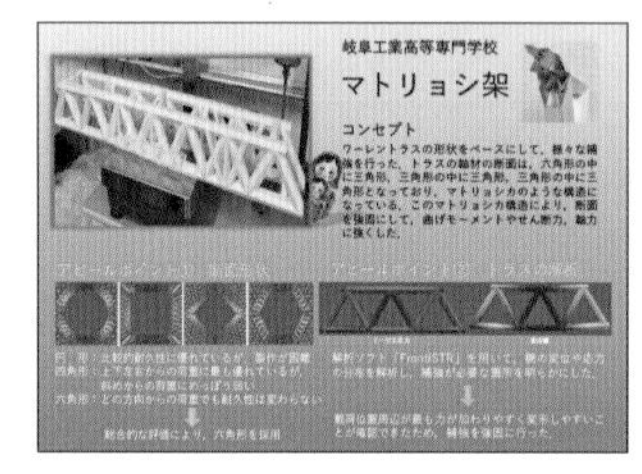

Hashino（ハシノ） Dictus（ディクタス）

順位：49　質量：812.9g　「部材数」：2　総得点：20.3

006　和歌山高専

◎伊賀 康将、野田 朔矢、山﨑 宇槻、西﨑 郁馬、西野 成河、森下 聖矢[環境都市工学科4年]
担当教員：山田 宰[環境都市工学科]

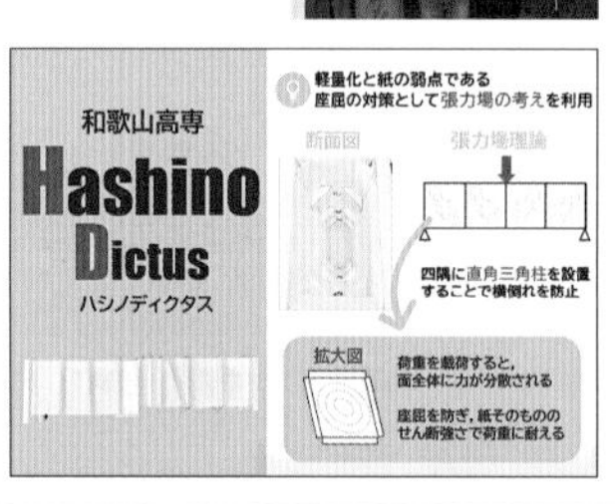

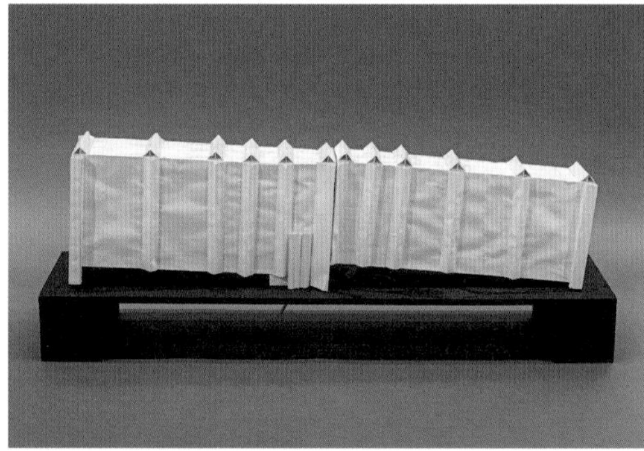

太平山

順位：50　質量：301.9g　「部材数」：3　総得点：20.0

032　小山高専

◎齋藤 さくら、西松 花歩、鈴木 愛佳(3年)、森山 修次、田村 海都(1年)[建築学科]
担当教員：本多 良政[建築学科]

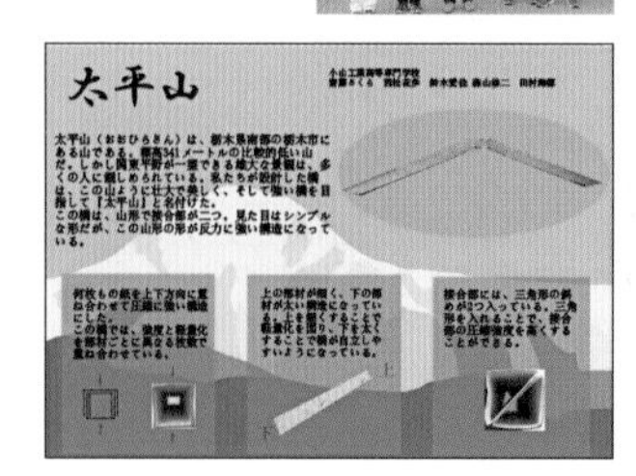

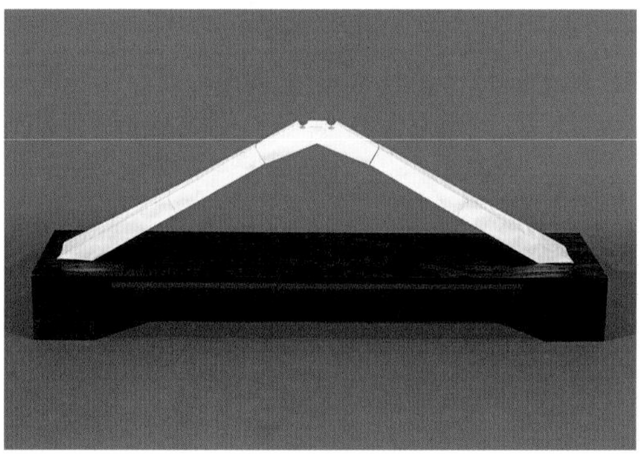

三稜橋

順位：51　質量：540.0g　「部材数」：4　総得点：19.7

010　釧路高専

◎佐藤 侃音、本橋 幸大(5年)、藤村 葉月、星野 未優、植竹 文花(2年)
[創造工学科建築デザインコース建築学分野]
担当教員：西澤 岳夫[創造工学科建築デザインコース建築学分野]

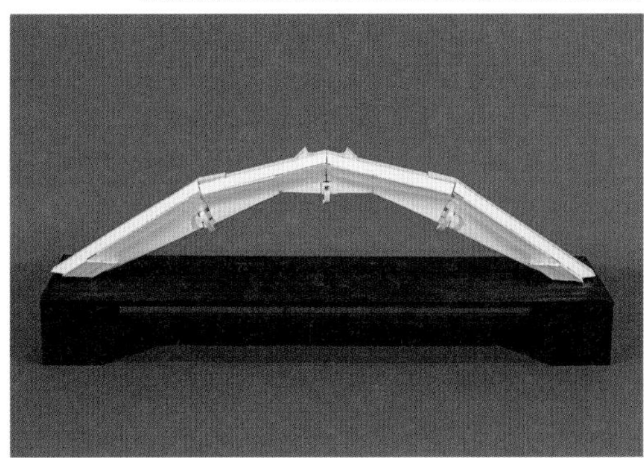

力士

順位：52　質量：580.1g　「部材数」：4　総得点：19.3

038　神戸市立高専

◎津川 桂海羽(3年)、伊達 祐葵、橋本 紗羅、下田 莉士、麻田 銀河
(2年)[都市工学科]
担当教員：上中 宏二郎[都市工学科]

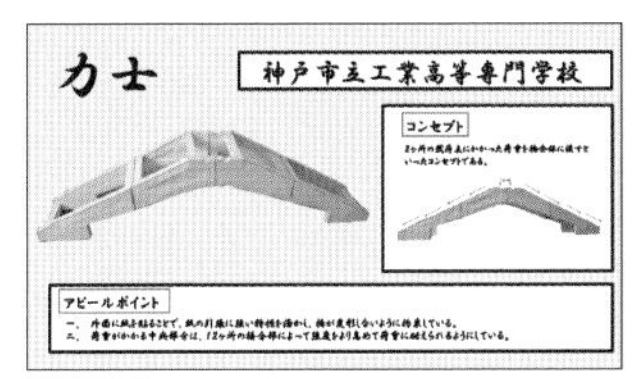

夢限橋(むげんきょう)

順位：52　質量：254.0g　「部材数」：4　総得点：19.3

042　香川高専(高松)

◎高橋 大樹、冨田 彗太、土井 大和、岡田 幸士朗
[建設環境工学科3年]
担当教員：林 和彦[建設環境工学科]

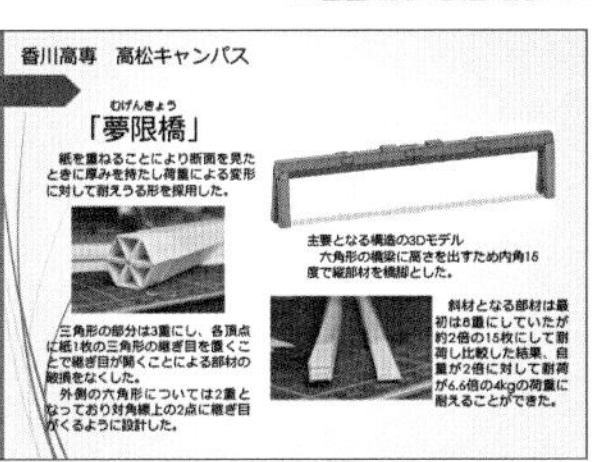

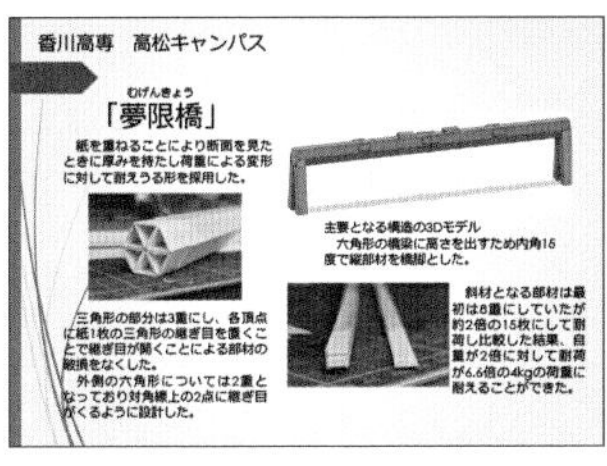

One for all

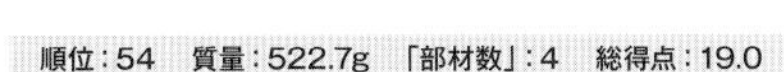

順位：54　質量：522.7g　「部材数」：4　総得点：19.0

044　香川高専(高松)

◎岩田 侑真、山本 陽紀、阿河 拓弥、秋澤 弘大(3年)、石原 陽斗(1年)
[建設環境工学科]
担当教員：林 和彦[建設環境工学科]

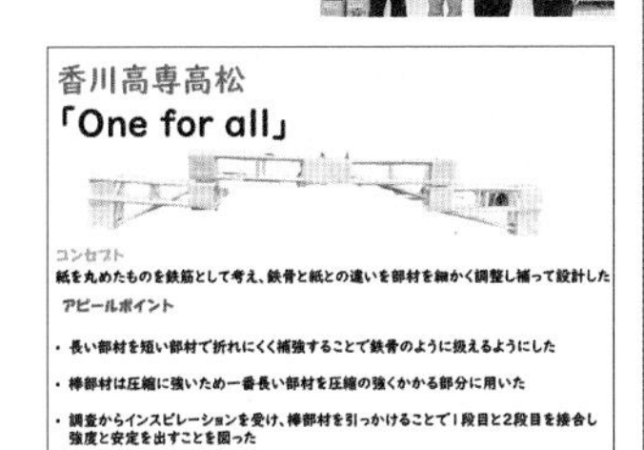

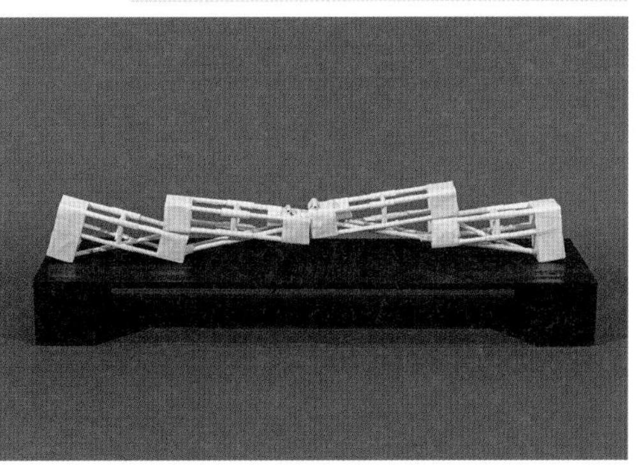

橋(製作物=「作品」)の設計・製作条件

1. 構造形式

❶水平スパン(支点間水平距離)900mm(図2参照)。分割された2～4つの橋の部品(橋を分割した各要素。複数の部材で構成された構築物)を指定する位置(以下、「継手の重複可能部分」)にて、橋の部品以外の部材(たとえば、くさびや込み栓など)を用いずに乾式(接着剤などを使わない方法)でつなぎ1つとなる、2点支持形式の橋とする

❷橋の部品をつなぐ作業も耐荷性能試験(競技)の設置時間に含めるため、容易につなぐことができる橋とする

2. 載荷条件

静的荷重と衝撃荷重を与える載荷方式

❶静的荷重

橋を載荷装置に載せ、橋の左右対称の位置に順次、おもりを作用させて載荷する(図2参照)

図2に示すとおり、橋上面の支間(支点間水平距離)中央から左右それぞれ25mmの位置であるSa点とSb点に載荷治具*1を橋の上面と同じ高さの位置に置き、載荷治具の他端同士をSc点で22Øの丸鋼を通し、その両端にナットを取り付ける。このScを通す丸鋼の中央に付いた、載荷ワイヤ先端のフックが掛けられる吊りピースとフックを結合することにより、Sc点にかかる静的荷重をSaとSbの2点に伝達し、橋に静的荷重を載荷する(図2参照)

❷衝撃荷重

おもり40kgまでの静的荷重40kgf*2を載荷した後、衝撃荷重を載荷(図3参照)

衝撃荷重は、Rb支点(図2参照)の上段と下段の鋼板の間にある六角ナット(六角ナットM36)4個を取り除き、支点部上段が落ちることにより加える。その時、六角ナットの高さ29mmが衝撃荷重載荷時の落下高さとなる

3. 支持条件

橋を載せることのできる支持部は、RaとRbの2カ所の支点。支点間水平距離900mm(図2参照)

❶支点の形状は、等辺山形鋼(1辺50mm)とし、2カ所とも水平方向に移動不可能とする

❷支点Rbは、衝撃荷重を載荷するために上段と下段に分かれている(図2参照)

4. 寸法

製作限界内に収まる寸法とする(図1参照)

乾式による継手部分や重なりは、図1に示すとおり、部品の数(「部材数」)ごとの継手の重複可能部分内に納める

5. 質量

橋の質量の上限は定めない。しかし、競技得点に定めた軽量点を得るには、荷重に耐え得る範囲での軽量化が求められる。軽量点は、後述の「審査方法」(「❶競技得点」の「2軽量点」)を参照

6. 使用材料

❶使用可能な材料:ケント紙と木工用接着剤

❷紙は次の4種類に限る。同等品の使用は不可

1コクヨ　高級ケント紙(セ-KP18)
サイズ:A3　秤量:157g/m²　紙厚:0.19mm

2コクヨ　高級ケント紙(セ-KP28)
サイズ:A3　秤量:210g/m²　紙厚:0.22mm

3菅公工業　ケント紙(ベ063)
サイズ:A3　秤量:157g/m²　紙厚:0.19mm

4muse　KMKケント断裁品(#200)
サイズ:8切　秤量:180g/m²

❸接着剤は、主成分が酢酸ビニル樹脂系エマルジョンとし、次の2種類に限る

1コニシ　木工用CH18

2セメダイン　木工用605

7. 部材の加工と接着

❶紙を任意形状に切ったり、折ったり、よじったり、丸めたりすることは可

❷紙同士を接着剤で接着すること、複数枚の紙を接着剤で貼り合わせることは可

❸一度溶かすなど使用材料の原形をとどめないような使い方は不可

❹単に紙自体の強度を増すなど、接着以外の目的での含浸処理は不可

❺NC工作機やレーザー加工機などによる自動切断、マーキングなどの加工は可

8. 初期荷重

載荷治具、スプリングフック、載荷ワイヤ、おもり受けなどの総質量約8kgがセッティング荷重(初期荷重)として作用するが、このセッティング荷重は耐荷荷重に含めない

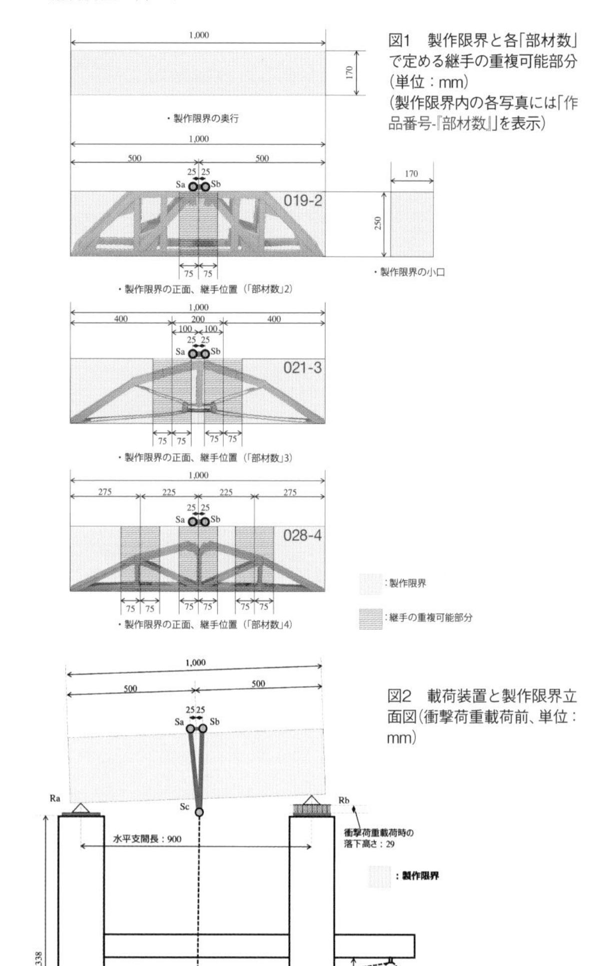

図1　製作限界と各「部材数」で定める継手の重複可能部分(単位:mm)
(製作限界内の各写真には「作品番号-『部材数』」を表示)

図2　載荷装置と製作限界立面図(衝撃荷重載荷前、単位:mm)

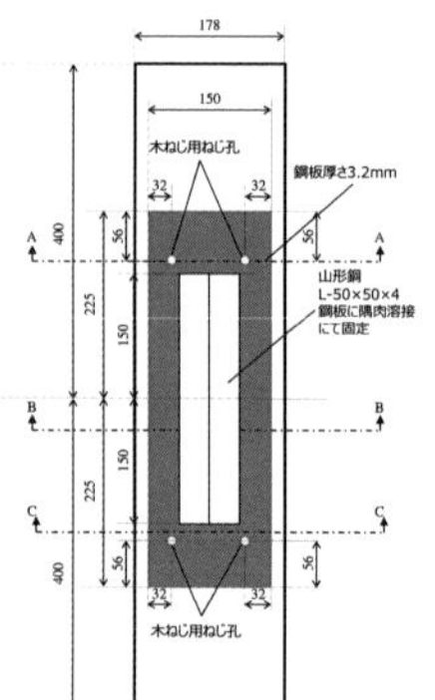

図3　衝撃荷重載荷装置(支点Rb)平面図(衝撃荷重載荷前、単位:mm)

競技内容

製作した橋(製作物=「作品」)の耐荷性能を競う

競技=耐荷性能試験

1. 載荷順

耐荷性能試験は2日間に分けて実施。事前に提出された仕様確認表に記載された質量の大きい順に、3台の載荷装置を用いて、3組の橋(製作物=「作品」)へ同時に載荷する(本書64ページ表3、66ページ表4
参照)。同一高専で2作品が参加の場合は、原則として、質量の大きいほうの作品が初日の耐荷性能試験に参加

2. 載荷装置への設置

❶参加学生は、橋を仕様確認表に記載された「部材数」(橋を構成する部品数)に分割し、ふた付きのプラスチック製の収納ボックスに格納した上で入場する
❷「設置開始」の合図で橋の部品を収納ボックスから取り出し、接合して1つの橋を作成し載荷台に設置する
❸おもり受けと防振マットの間隔(50〜100mmの範囲)を確保した上で、載荷治具の吊りピースと載荷ワイヤを結合する
❹参加学生は、上記❸を完了した時点で手を挙げ、競技審判に合図する。競技審判は支持条件と載荷条件を満たしているかを検査し、問題がないことを確認した時点で「設置完了」となる

2.❶

2.❷

2.❸

2.❹

❺「設置開始」から「設置完了」までを90秒以内に終えること。90秒を超過した場合の規定は、後述の「審査方法」(❶競技得点」の「3係数」)を参照

3. 載荷方法

❶静的荷重:
1最初の荷重は10kgfとし、40kgfまで10kgf刻みでおもりを載荷
2各載荷段階において、載荷後10秒間の耐荷状態*3を確認した後、次の載荷段階へ移る
❷衝撃荷重:
1静的荷重40kgfの耐荷状態を確認でき次第、衝撃荷重の載荷を行なう
2支点Rbの上段と下段の鋼板との間にある六角ナット4個それぞれに通してある紐を引張ることで、六角ナットを取り除き支点部上段を落下させる。その際、六角ナットに通された紐以外に触れることはできない
3六角ナット4個を確実に除去した後、10秒間の耐荷状態を確認した時点で、衝撃荷重を耐荷したこととする

3.❶

3.❷

4. 競技の継続不能状況

橋が以下の項目に1つでも当てはまる状態になった場合、橋に破断が生じていなくても崩壊しているとみなして競技を終了する
❶おもり受けが防振マットに接した場合
❷競技中に、載荷治具Sa点とSb点の丸鋼のどちらかが橋内に11mmを超えて入った場合
❸支点Raまたは支点Raの山形鋼以外の部材へ橋が接触した場合

審査方法

「競技(耐荷性能試験)」「審査員審査」を通して、製作された橋(製作物=「作品」)の耐荷性能、軽量化、デザイン性などを審査する
応募作品(橋、プレゼンテーションポスター)は、❶競技得点、❷審査員評価点を合計した❸総得点により評価し、得点の高い作品ほど上位とする
同点の場合は、軽量点の高いほうを上位とする。総得点、軽量点が同点の場合は、同順位とする

❶競技得点(84点満点)
軽量点と載荷点の合計に係数を乗じた点数(小数点第3位を四捨五入して、小数点第2位まで表示)

競技得点=(載荷点+軽量点)×「部材数」係数×設置時間係数
={(静的載荷得点(40点満点)+衝撃載荷得点〈10点満点〉)
+軽量点(20点満点)}×「部材数」係数×設置時間係数
=84点満点
1載荷点(50点満点)
静的載荷得点:静的荷重の載荷で耐荷荷重のkgf数が点数(40点満点)
衝撃載荷得点:衝撃荷重の載荷に成功したら10点(10点満点)
2軽量点(20点満点)
質量の小さい順で1位の作品に20点、2位以降については、1位の作品の質量を該当作品の質量で除して、それに20を乗じた点数(小数点第4位を四捨五入して、小数点第3位まで表示)を与える

$$該当作品の軽量点=\frac{質量の最も小さい作品の質量(g)}{該当作品の質量(g)}\times 20$$

ただし、橋を載荷装置に設置後、載荷する前の段階で「崩壊」と判断された場合は、加点の対象外
3係数
「部材数」係数:橋を分割した「部材数」(接合する部品の数)が2の場合は1.0、3の場合は1.1、4の場合は1.2
設置時間係数:90秒以内に設置を完了した場合は1.0、90秒を超えた場合は0.9
❷審査員評価点(30点満点)
1審査員審査で、各作品の展示物と、各作品に関する質疑応答の内容を審査した評価点。各審査員は、「①『作品』(橋)の構造的な合理性」(9点満点)、「②『作品』(橋)の独自性」(9点満点)、「③プレゼンテーションポスターの出来栄え」(9点満点)、「④審査員との質疑応答の内容」(3点満点)の4つの評価項目で評価する(本書63ページ表2参照)
2「作品」(橋)の設計趣旨、構造的合理性、デザイン性などを審査する
33人の審査員の評価点(各30点満点)の平均点(小数点以下第3位を四捨五入して、小数点第2位まで表示)を各作品の審査員評価点とする
❸総得点
総得点(114点満点)=競技得点(84点満点)+審査員評価点(30点満点)
(小数点以下第2位を四捨五入して、小数点第1位まで表示)

註
*1 載荷治具:おもりを載荷するための器具。図2参照。
*2 kgf:重量キログラム。重さ、重力、力、荷重など物体にかかる力を表す単位。地球上では、10kgfは10kgの物体にかかる力(重力)。
*3 耐荷状態:おもり受けが防振マットに接していない状態のこと。

静的荷重

載荷		耐荷	載荷得点	合計得点
10kgf	10kgf	10秒	10点	10点
↓10kgf	20kgf	10秒	10点	20点
↓10kgf	30kgf	10秒	10点	30点
↓10kgf	40kgf	10秒	10点	40点

衝撃荷重

支点Rb部の六角ナットを引き抜き、29mm落下

耐荷	載荷得点	合計得点
10秒	10点	50点

図4 載荷手順フローと載荷得点

衝撃荷重の載荷準備。載荷装置の準備と調整

静的荷重の載荷

審査員
Jury

審査員長
岩崎 英治
いわさき えいじ

長岡技術科学大学大学院　教授

1962年　北海道生まれ
1985年　長岡技術科学大学工学部建設工学課程卒業
1987年　同大学院工学研究科建設工学専攻修士課程修了
1990年　同大学院工学研究科材料工学専攻博士課程修了　工学博士
1990-98年　同学建設系　助手
1998-2000年　徳山工業高等専門学校土木建築工学科　助教授
2000-07年　長岡技術科学大学環境・建設系助教授
2007-12年　同　准教授
2012-15年　同　教授
2015年-同大学院工学研究科環境社会基盤工学専攻　教授

主な活動

鋼橋を中心とした土木鋼構造の構造解析法をはじめ、腐食耐久性の向上のため腐食環境評価、防食法、および既設鋼構造の余耐力評価、リダンダンシー評価法などを中心に研究、活動。学会活動として、土木学会構造工学委員会継続教育小委員会　委員長(2012年-)、日本鋼構造協会「土木鋼構造診断士」テキスト改訂小委員会　委員長(2013年-)、土木学会鋼構造委員会既設鋼構造物の性能評価と回復のための構造解析技術に関する小委員会　委員長(2015-18年)、日本鋼構造協会「土木鋼構造診断士」専門委員会　委員長(2019年-)、土木学会構造工学委員会構造工学論文集編集小委員会　委員長(2019-2020年)、日本鋼構造協会鋼橋の構造性能と耐久性能研究委員会　部門主査(2020年-)など

主な著書、論文

「耐候性鋼橋梁の可能性と新しい技術」(共同執筆、『テクニカルレポート』No.73、2006年、日本鋼構造協会)、「耐候性鋼橋梁の適用性評価と防食予防保全」(共同執筆、『テクニカルレポート』No.86、2009年、日本鋼構造協会)、「鋼橋の腐食耐久性・維持管理性向上技術」(共同執筆、『テクニカルレポート』No.116、2018年、日本鋼構造協会)、「既設鋼構造物の性能評価・回復のための構造解析技術」(共同執筆、『鋼構造シリーズ32』、2019年、土木学会)など

主な受賞

土木学会構造工学シンポジウム論文賞(2015年)など

審査員
中澤 祥二
なかざわ しょうじ

豊橋技術科学大学　教授

1970年　愛知県豊橋市生まれ
1993年　豊橋技術科学大学建設工学課程卒業
1995年　同大学院工学研究科機械・構造システム工学専攻修士課程修了
1997年　日本学術振興会　特別研究員(DC2)
1998年　豊橋技術科学大学大学院工学研究科機械・構造システム工学専攻博士後期課程修了　博士(工学)
日本学術振興会　特別研究員(PD)
1999-2007年　豊橋技術科学大学建設工学系助手
2007-08年　同　助教
2008年　同　准教授
2008-09年　岐阜工業高等専門学校建築学科准教授
2009-10年　豊橋技術科学大学建設工学系准教授
2010-14年　同学建築・都市システム学系准教授
2014年-同　教授

主な活動

学会活動として、日本建築学会シェル・空間構造運営委員会　委員(2004年-)、日本建築学会立体骨組小委員会　委員(2012-16年)など

主な論文

「シェル・空間構造の減衰と応答制御」(共同執筆、2008年、日本建築学会)、「ラチスシェルの座屈と耐力」(共同執筆、2010年、日本建築学会)、「ラチスシェル屋根構造設計指針」(共同執筆、2016年、日本建築学会)など

主な受賞

日本建築学会東海支部東海賞(1998年)、国際シェル・空間構造学会坪井賞(2002年)など

審査員
小島 優
こじま　まさる

国土交通省　職員

1968年　愛知県生まれ
1992年　東北大学工学部土木工学科卒業
建設省(現・国土交通省)　入省
2007-08年　国土交通省河川局河川計画課　企画専門官
2008-10年　同省中部地方整備局庄内川河川事務所　所長
2010-12年　同省関東地方整備局荒川下流河川事務所　所長
2012-15年　同省同局河川部　河川調査官
2015-17年　独立行政法人水資源機構経営企画本部経営企画部　企画課長
2017年　大臣官房付
2017-19年　国土交通省水管理・国土保全局防災課　災害対策室長
2019-20年　同省同局砂防部保全課　海岸室長
2020年　大臣官房付
2020-21年　内閣官房　内閣参事官(内閣官房副長官補付)
2021-23年　国土交通省近畿地方整備局河川部長
2023年-同省同局　企画部長

主な活動

国土交通省近畿地方整備局企画部長として、組織のマネジメントや建設業の担い手確保などを担当するとともに、近畿地方整備局のインフラDX(デジタル技術の活用)の推進に従事

創造デザイン部門

課題テーマ　デジタル技術を用いたwell-beingに向けての都市と地方の融合

予選▼
22作品

2023.7.26-8.30
予選応募
2023.9.5
予選審査

本選▼
8作品

2023.11.11
ポスターセッション
ワークショップ1
ワークショップ2
　「意見まとめ」
　「ブラッシュアップ」
2023.11.12
プレゼンテーション
最終審査(公開審査+非公開審査)
ワークショップ3
　「振り返り」
審査結果発表、審査員総評
学生交流会

受賞▼
8作品

■最優秀賞(文部科学大臣賞)
石川高専『たかが「雪かき」されど「雪かき」——よそ者が担う地域文化の継承』[019]
■優秀賞
舞鶴高専『PLA っと農業』[001]
明石高専『マホロバ——次元を超えたまちづくり』[010]
■審査員特別賞
明石高専『いただきま〜す！』[007]
有明高専『有明計画2050——Ariake Utopia』[018]
■吉村有司賞
明石高専『水鞠(みずまり)』[014]
■内山裕弥賞
都城高専『ぷらっと？　RINOBUる——デジタル融合が生む日南の未来』[005]
■塚本明日香賞
明石高専『いなみのいきもの万博——ため池を未来につなぐために』[011]

3D都市モデル[*1]のオープンデータ「Project PLATEAU[*2](プラトー)」を用いた、「都市と地方を融合(session)」させるアイディアを募集する。日本では都市の過密化と地方の過疎化が年々進行し、私たちのwell-being(充実した生)が損なわれている。たとえば、都市ではコロナ禍(COVID-19)でも「密」な通勤ラッシュが続く一方、地方では商店街が「疎」になり、シャッター街化が進んでいる。このような生きづらさや風景をこれからも受け入れるしかないのか？ 「都市と地方を融合(session)」させることで、私たちのwell-beingを高めるアイディアを期待する。

註
＊1　3D都市モデル：都市空間に存在する建物や街路、橋梁といったオブジェクト(物体)を定義し、これに名称や用途、建設年、行政計画といった都市活動情報を付与することで、都市空間の意味を再現したセマンティクス(属性)・モデル。このセマンティクスにより、フィジカル空間(物理空間)とサイバー空間(仮想空間)の高度な融合が可能となり、都市計画立案への活用、都市活動のシミュレーションと分析が可能となる。
＊2　PLATEAU：2020年から国土交通省が進める、デジタル技術を活用した3D都市モデルの整備、活用、オープンデータ化のプロジェクト。都市活動のプラットフォーム・データ(データ活用の基盤)として3D都市モデルを整備し、そのユースケース(活用事例)を創出。オープンデータとして公開した都市のデータを誰もが自由に引き出し、活用できることをめざす。全国で124都市が構築対象都市として参画(2024年1月末現在／https://www.mlit.go.jp/plateau/)。

019 石川高専

◎岩田 英華、宮城 豪（5年）、本馬 颯太、北川 真（4年）［建築学科］
担当教員：内田 伸［建築学科］

たかが「雪かき」されど「雪かき」
――よそ者が担う地域文化の継承

提案主旨▶ 金沢市には都市構造を背景とする「雪かき」の課題がある。専用車両で除雪できない細い道は、市民の「雪かき」ボランティアに依存するほかない。しかし、「雪かき」は少子高齢化の進行とともに、伝統的な「祭」同様、担い手不足の問題を抱えている。
マネタイズ（収益化）を見込める祭は、外部組織が運営することで存続の道を歩んでいける。しかし、「雪かき」は祭と違い、無くなることはなく、止めることもできない。また、ピンポイントで参加できる祭とは大きく異なり、「雪かき」を担うには、降雪期にいつでも駆けつけられるよう、ある程度、長期の滞在が必要となる。
そこで、私たちは「よそ者＝旅行客」に「雪かき」の担い手になってもらう作戦を考えた。これにより、なかば義務化していた住民の「雪かき」は、雪国文化を継承する一種の「住み込みバイト」によって代替される。そして「雪かき」は、よそ者と地域住民との出会い、地縁を越えたつながりを創出する「機会」となる。

審査講評

雪と雪かきへの対処という、雪国ならではの問題にデジタル技術を用いて真摯に向き合い、秀逸な解答を示した作品である。特に、都市における夢を大きく広げながら、それでいて明日からでも社会に実装できそうな、そんな完成度の高い提案である点が高く評価された。
印象的だったのが、ポスターセッションの審査に作ってきたチラシだった。その中に「おじいちゃんの家に雪かきに行ったら、コーヒーをご馳走してもらえた」というエピソードが載っていた。このエピソードにデジタル技術は全く出てこないが、こういうものこそが、我々がめざすべきICT（Information and Communication Technology＝情報通信技術）を用いたまちづくりの原点ではないか。ビッグデータ（インターネット上に集積された膨大な情報群）やAI（Artificial Intelligence＝人工知能）全盛期の今だからこそ、安易にデジタル技術に飛びつくのではなく、3D都市モデルなどを手段として用いながらも住民の生活の質を高めていく、我々はそこをめざすべきではないだろうか。
昨今、「カメラを付ければスマートシティ*1である」という類の提案が多い中、デジタル技術を用いて街を良くしていく、もう1つの可能性を示したという点が、本作品を評価した理由である。

（吉村 有司）

註
*1 スマートシティ：高度なデジタル技術を活用して、機能やサービスを効率化することにより、さまざまな問題を解決し、快適性や利便性などを含む新たな価値を創出する都市や地域のこと。

\ よそ者が担う地域文化の継承 /

たかが「雪かき」されど「雪かき」

01 PLATEAU×雪かき

PLATEAUによる除雪の効率化

2022年4月〜2023年3月兵庫県で、PLATEAUの雪害対策支援ツールを使った風雪・融雪シミュレーションが実施され、落雪リスクの可視化が可能となった。この結果を3D都市モデル上でわかりやすく可視化することで、地域の雪害対策における有用性が検証された。

▲大雪除雪隊の必要性と積雪状況の

石川県の除雪に関するニュース

2023年10月26日、北國新聞でGPSを使った道路除雪のデジタル化に関するニュースが報じられた。石川県内全域で渋滞緩和や除雪車の操縦を指示する「音声ガイダンス」の導入が検討され、GPSによる除雪管理システムでは作業段階を色分けし、除雪の進捗状況を「見える化」した。その情報を県のホームページで公開することで、道路利用者が事前に道路状況を得ることが出来る。

除雪の効率化と担い手不足問題

PLATEAUによって、デジタル化・機械化された除雪の効率化、推測、対策は可能である。
既に風雪・融雪シミュレーションを用いて雪害対策を行っている地域も存在している。

しかし、**機械化できない除雪＝「雪かき」が多く残る金沢市では、**効率化を図ったとしても**地域住民による除雪を避けることはできない。**
少子高齢化が進む中で、**やはり問題となるのは、現場の「担い手不足」である**

PLATEAUの活用提案

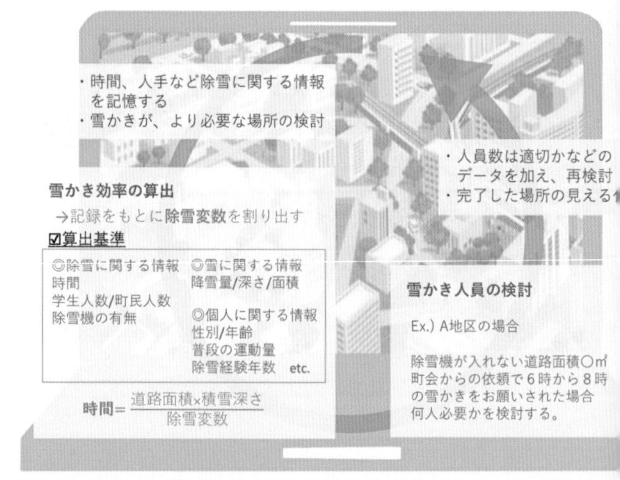

PLATEAUの広域性を利用し、雪かき効率をより平均値に近いデータで算出する

02 よそ者×雪かき

住民スマイル0円
＋方言マスター！

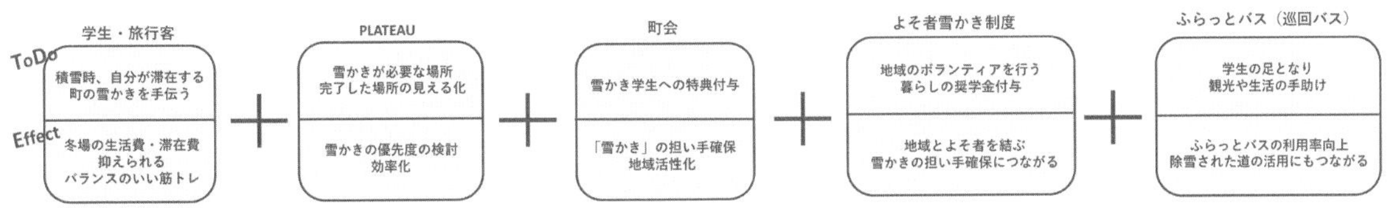

ふるさと雪かき制度

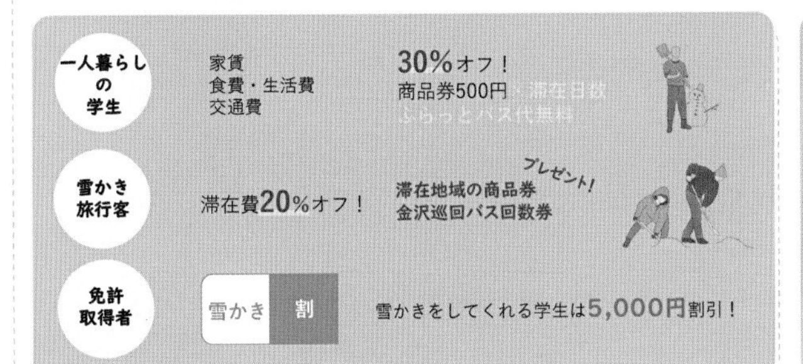

雪かきで地域が育つ

多様な人々が金沢に移り住む、滞在することで新たな活気が生まれる。
観光客という**「交流人口」以上**、地域住民という**「定住人口」未満**のターゲットに**「関係人口」**という考え方を導入して、地域外の人々と地域との関りをつくりだす。
観光地に乏しい地域であってもボランティア活動の場そのものが新たな交流機会創出の場となる。また触れ合う人々が誘引力を持つ資源となりえる。
よそ者との交流が自分たちの地域の良さを住民に気づかせるきっかけとなる。

「雪かき」が地域活性化の切り札としても大いに期待できる

03「されど」雪かき

よそ者を受け入れ、よそ者と未来を描く

金沢市や住み込み地域への経済効果も期待できる

住民との共生
わしに任せろ！

遊び場の創出
もうちょっとで完成だ！

第二の故郷
久しぶり～

芽生える愛着心
助かったよ～
お世話になりました！また来ますね

移住するのではなく、冬はその地域で暮らすという習慣を作る

雪かきを介して地域や人に魅力を感じる	その街や地域住民を好きになる	ただ住んでいた町がまた来たくなる街・落ち着く街へ	地域住民とよそ者の交わりが都市と地方を繋いでいく

優秀賞

001 舞鶴高専

◎鮫島 皓介、和田 亮[総合システム工学専攻建設工学コース専攻科1年]
担当教員：尾上 亮介[建設システム工学科]

PLAっと農業

提案主旨▶ PLATEAU(プラトー)の土地利用区分を用いて、都市と地方での農地の貸借を円滑化する、農地情報をまとめたウエブサイト『PLAっと農業』を提案する。
多くの人が「農業は地方で行なうもの」という先入観を持っていることから、「都市農業」は都市部に農業を引き込むという点で、都市と地方の「session」だと言える。農地の貸借については、農林水産省の「農地バンク」という組織のシステムにPLATEAUの情報を組み込むことで、都市と地方での農地の貸借をさらに円滑に進めることができる。都市では不動産会社、地方では農業委員会が出資し、「農地バンク」が『PLAっと農業』を運営していく。作物を育てる日常が、都市の住民に充実感を与えていく。農業が身近で気軽な存在になっていく。

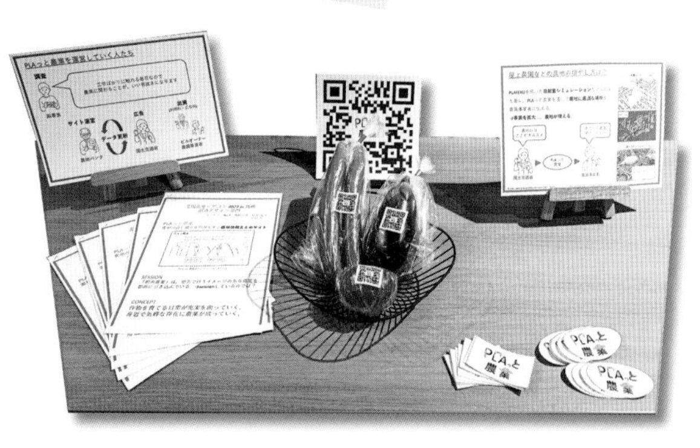

審査講評

「小さな農業」を取り込む、新たな都市生活の提案である。オフィスビルの空室や屋上といった、これまで農地として見えていなかった都市部に点在する小さなスペースが、PLATEAU(プラトー)の活用によって可視化され、新たな可能性と結び付いていく。食料自給率の低さは日本が抱える大きな課題の1つであり、農業を主として担う地方の衰退が著しい現在、都市生活の中に農業生産活動を取り込もうという着想を評価した。
農業としての採算性まで見ると、計画に詰めの甘い部分はあるものの、都市生活を豊かにする「趣味としての農業」には潜在的なニーズが感じられた。そして、「小さな農業」の普及をきっかけに、都市生活者の中から地方の農業に関わる人が出てくる可能性や、小規模生産農業が多数発生することによる食料自給率の改善への道筋には説得力を感じた。また、高専の学生が農地の現場調査に関わることで、新たな展開を期待できるという点も興味深い。都市と地方、農業と新技術、それぞれの「session」が描く未来像を楽しめる提案だった。
（塚本 明日香）

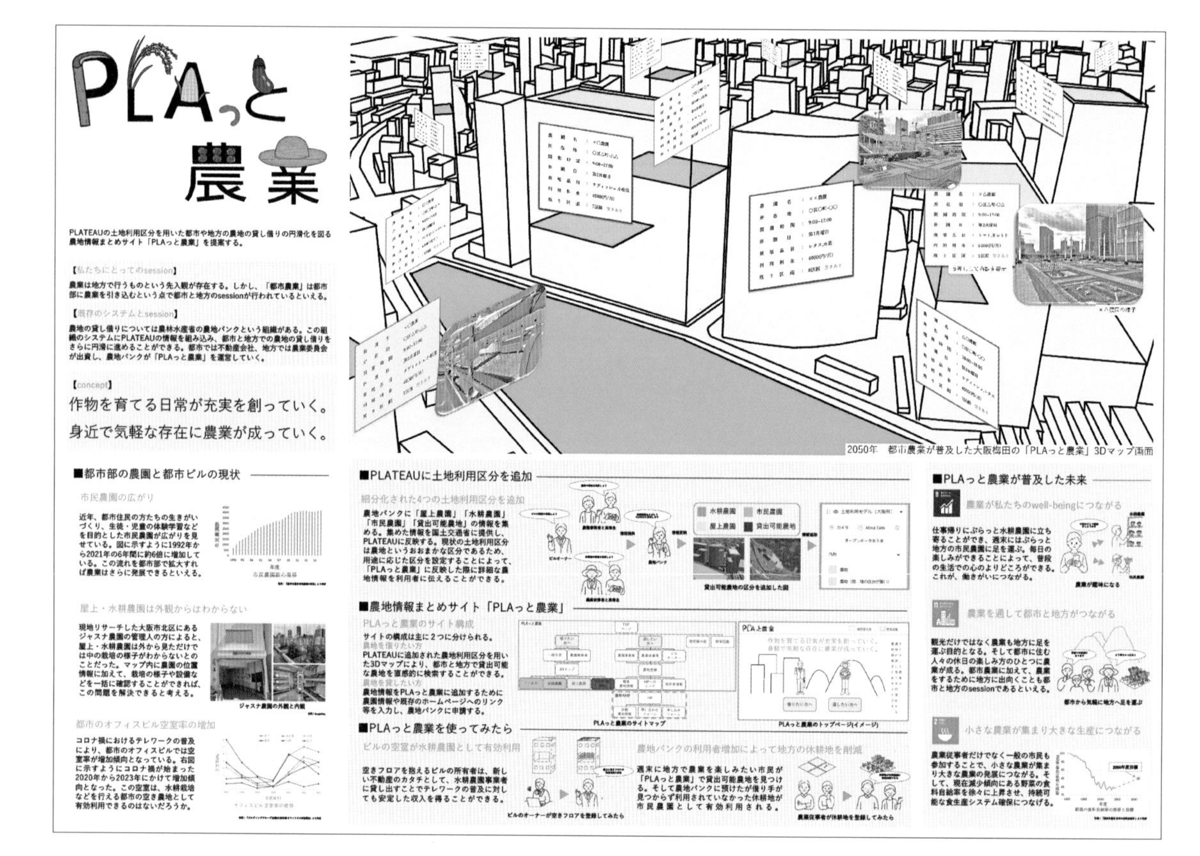

優秀賞

010 明石高専

◎谷口 碧、谷塚 朱莉、合田 快成、三木 佑介［建築学科4年］
担当教員：水島 あかね［建築学科］

マホロバ
──次元を超えたまちづくり

提案主旨▶ PLATEAU（プラトー）の3D都市モデルのデータを、インターネット上の3D仮想空間『マホロバ』に再現した。プレイヤーであるアバター*2「まちのこ」は、『マホロバ』内に生成された実在する日本の街に住んだり、同じ街に住む「まちのこ」同士で交流したりできる。「まちのこ」は、他の「まちのこ」とインターネット上で互いにコミュニティを広げながら、のんびりと暮らすとともに、自分たちの住んでいる街を、自分たちの暮らしやすい街へと作り変えていく。『まほろば』で提案されたまちづくりのアイディアは、現実の街の自治体にも共有され、有用なアイディアは実際のまちづくりに取り入れられることもある。

審査講評

メタバース（インターネット上の3D仮想空間）の技術を使ったもう1つの居場所を創出するという意欲的な作品。デジタル技術の活用をメインに据えた構想では、技術的なフィジビリティ（実現可能性）やユーザ・エクスペリエンス（利用者が得る経験）をいかにアピールできるかが重要だが、この作品は初日のポスターセッション後、わずか半日で実際に体験できる試作バージョンを制作した。ソフトウェアの開発ははじめての経験だと聞き、その熱意と実装力の高さに驚かされた。
今の時代、社会的課題の解決を志向する限り、デジタル技術への理解は不可避と言える。自らの構想を実現するための「武器」を手にしたこの作品の制作メンバーが、今後どのように成長していくのか楽しみになった。
（内山 裕弥）

註
*2 アバター：仮想空間上におけるユーザの分身。

審査員特別賞

007　明石高専

◎川路 優祐、藤井 遥帆、高柳 蒼良、松本 太樹[建築学科4年]
担当教員：水島 あかね[建築学科]

いただきま〜す！

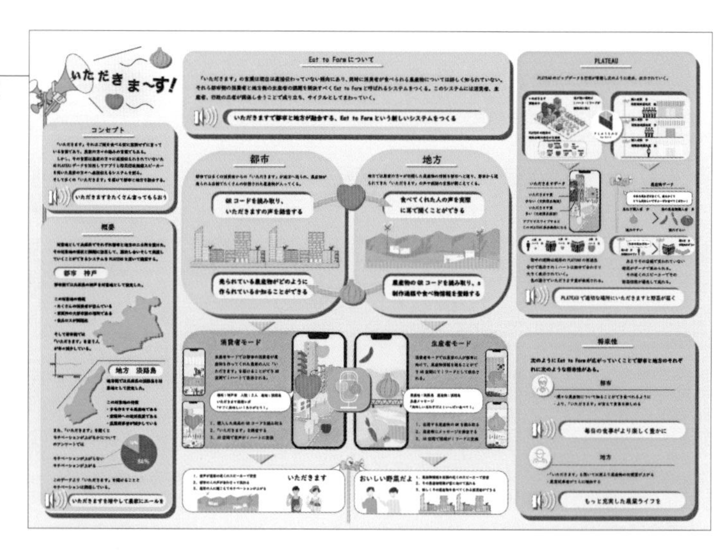

審査講評

なぜ今、デジタル技術を建築や都市計画、まちづくりに活用するのか、その答えは、人々を幸せにするためではないだろうか、という根本的な問題にまで踏み込んだ提案だと読み取ることができる。日常生活にちょっとした喜びを見つけ、それを互いに伝え合うことによって、住民全員で街の雰囲気を良くしていく、生活の質を高めていく。そういう意味において、本作品はデジタル技術を活用することの本質を突いている。普段、我々が口にしている作物を作ってくれた、どこの誰ともわからない人に、「おいしい」「ありがとう」と、ちょっとした感謝の言葉をを伝える、その大切さを思い出させてくれた。デジタル技術が全盛期の今だからこそ、あえて、その伝え方も「アナログのスピーカーに頼る」という方向性も秀逸だ。我々は所詮、人間だ。人間だからこそ、肌触りや息遣いといった、生身の五感がますます重要になってくる、そういう時代に入っていくことだろう。そのような次の時代の鼓動を感じることのできる提案だった。

（吉村 有司）

審査員特別賞

018　有明高専

◎木本 翔太、船原 拓朗、小田 陽太郎[※1]、鐘ケ江 彩那[創造工学科建築コース3年]
担当教員：森田 健太郎[創造工学科建築コース]

有明計画2050
――Ariake Utopia

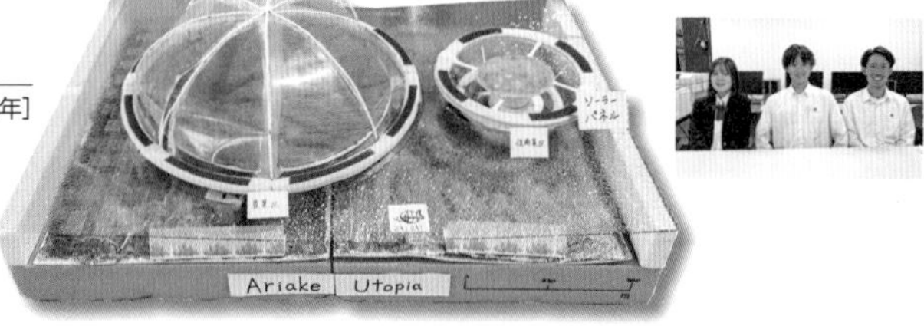

審査講評

有明海を有効活用するため、海上に都市を建設しようというアイディア。初日のポスターセッションでは、構想の大きさが目立つ一方、実現性という観点が欠落しており、ジャスト・アイディア（思いつき）の印象をぬぐえなかった。
ところが、2日めのプレゼンテーションでは、メガフロート（超大型浮体）技術の活用や海中ロボットの研究など、構想の実現性を補強するさまざまなアイディアが示されており、学習の成果が見られた。
ビジョンを語るだけでなく、それを実現するためにどのような技術や知見が利用できるのかを追究し、企画を固めていくというプロセスを経験できたことは、きっと今後の人生でも役立つと思う。

（内山 裕弥）

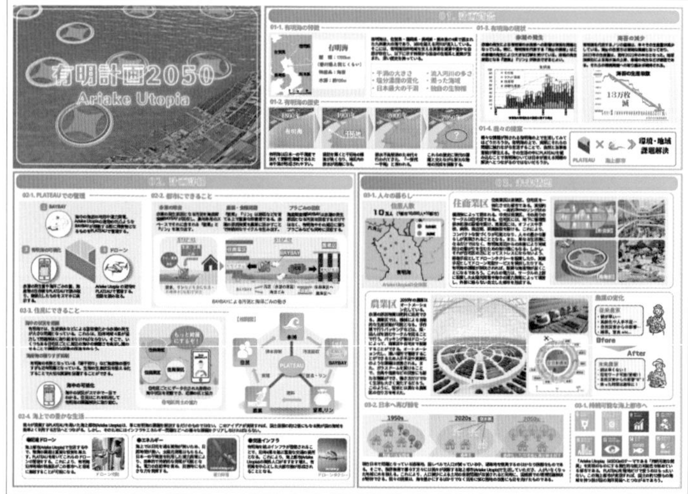

吉村有司賞

014 明石高専

◎正岡 紗季、前田 愛侑、増本 祥太[建築学科5年]
担当教員：水島 あかね[建築学科]

水鞠（みずまり）

審査講評　街なかにおけるトイレの提案である。人間の排泄に関わるトイレの問題は、生活の質をこの上なく左右するにも関わらず、都市計画やまちづくり分野で正面切って扱われることが少なかった。その問題にあえて切り込んだ設定はとても評価できる。また、「日本のトイレは外国人にとって観光資源になり得る」という視点も秀逸だ。
ただし、3D都市モデルやデジタル技術を用いることで、それらの問題にどのように寄与するのか、この地を訪れる人々の生活の質がどのように向上するのか、という視点を具体的に示せていればなお良かった。
少しだけサイエンス(科学分野)寄りの話をすると、近年、腸内フローラ(細菌)が人々のwell-being(充実した生)に影響を与えることがわかってきた。そうすると、今後はトイレから自動的かつ大規模にデータを収集して分析し、それを基に都市計画やまちづくりを進めていく、というシナリオも十分に考えられるのではないか。そうした発展性も見据えて本作品を評価した。
（吉村 有司）

内山裕弥賞

005 都城高専

前田 真明(専攻科2年)、◎勝田 悠日(専攻科1年)[建築学専攻]
担当教員：杉本 弘文[建築学科]

ぷらっと〜　RINOBUる
――デジタル融合が生む日南の未来

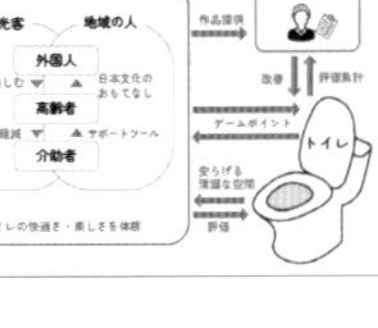

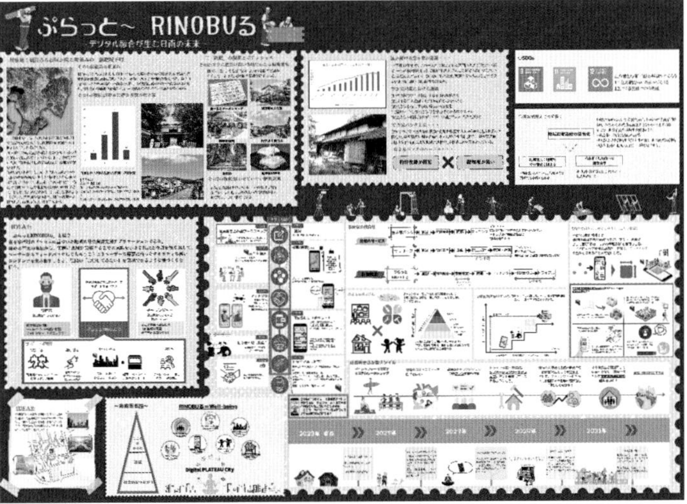

審査講評　空き家問題を解決するためのマッチング・サービスを提案した作品。空き家の有効活用や管理適正化の観点から、空き家の所有者と空き家の利用ニーズを持つユーザをマッチングさせる(結び付ける)という取組みは実際に全国で行なわれているが、なかなかスケールする(市場を広げるような)サービスが出てきていないのも事実である。
本作品は、どのようなサポートがあればもっと気軽に空き家を使おうと思えるのか、ユーザの視点に立ってサービス体験を考え、提案内容を深めている点が良かった。（内山 裕弥）

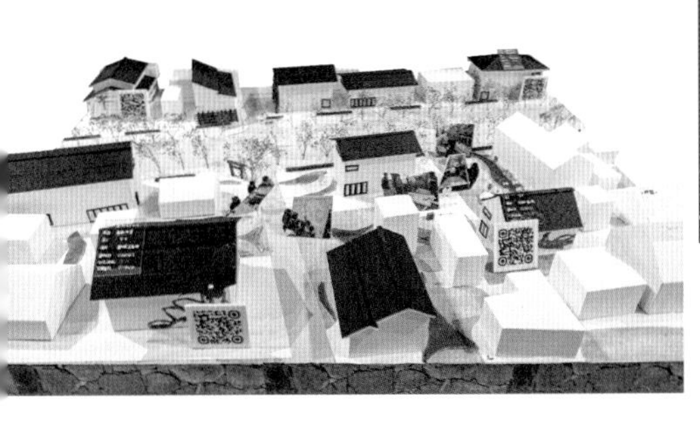

011 明石高専

◎宮本 真実、掛下 心晴、桜井 冬羽[建築・都市システム工学専攻専攻科1年]
担当教員：工藤 和美[建築学科]

いなみのいきもの万博
──ため池を未来につなぐために

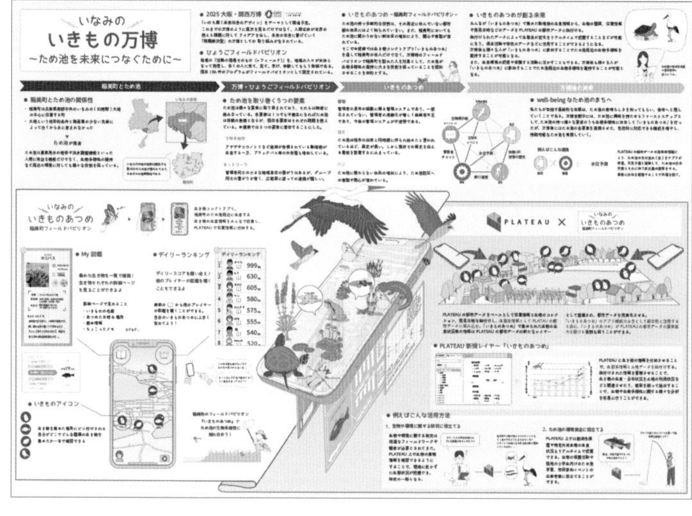

審査講評

地域資源として注目されたため池は、管理者の高齢化や、ため池を必要とする農地の減少といった課題を抱え、管理が不十分な場合は災害時のリスク要因にもなり得る。そんなため池が、生物多様性の視点から見ればおもしろいスポット(場所)になり得るという切り口から、2025年の大阪・関西万博という機会を生かして、ため池の持続可能性*3を高めていこうという作品である。

データの集約とPLATEAU(プラトー)の連携という着想はおもしろく、生き物を集めるゲームアプリ「いきものあつめ」の内容も、同じようにキャラクタを集める有名アプリがあり、イメージしやすかった。ともすれば負の遺産ともなりかねないため池に、生物多様性という比較的、新しい価値観で見直す視点を提供したことを高く評価した。

一方で、人が手を加えることで成立していた生態系の保全は、データを集めて終わりではなく、その後のメインテナンスが重要になってくる。ゲームを入口にその後の保全にいかにつなげるか、という道筋まで示すことができれば「持続可能なため池」というゴールが現実味をより帯びただろう。 （塚本 明日香）

註
*3 持続可能性：一過性ではなく、その手法が将来にわたって継続できること。SDGs(Sustainable Development Goals)などの国際的な取組みが参考となる。

失敗を恐れずに挑戦する姿勢

吉村 有司（審査員長）

■大幅な変更で最終審査に挑んだ作品も

今年の最終プレゼンテーションの審査で印象深かったこと、それは初日に行なわれたポスターセッションやワークショップを経て、翌日に提案内容をがらりと変更してきた作品が複数あったことだった。有明高専『有明計画2050』[018]は、海上に都市を浮かべる提案だったが、1日で全く違うものになっていて我々審査員を驚かせた。また、明石高専『マホロバ』[010]に至っては、約半日で実際に体験できる試作バージョンを作り上げ、ぶっつけ本番でデモンストレーションを行なった。

どちらの作品も、前日に審査員がアドバイスした内容を受けての大規模変更だったのだが、安全策を取るならば、それまで自分たちがずっと準備してきたものを洗練させていくという路線を取っただろうし、我々審査員や指導教員を含む大人からして見れば、そちらが正解だっただろうとも思う。しかし、彼ら、彼女らはその方向性を選ばなかった。その結果、明石高専『マホロバ』[010]は、徹夜しながら準備したアプリが、本番では3D都市モデルのデータとうまく同期できなかったために作動せず、プレゼンテーションとしては未完成なものに終わってしまった。

しかし、僕はその姿勢をこそ評価したいと思った。現状に満足せずに、さらなる高みをめざして挑戦する、その気概こそが社会を変える原動力になり得ると思った。

■考え続け、挑戦し続けること

規定時間内に、できるだけ完成度の高いものを提出することは大切だ。特に我々大人の世界では、最終的にでき上がったものの姿、かたちですべてが決まってしまうと言っても過言ではない。だからこそ、大抵の場合は「完成させること」を第一優先として、時間ギリギリまで考え続けること、創造し続けることを諦めてしまう。

完成度を高めることや、技術的に巧みなデザインを描くことは、時間をかければできる。それは大人になってからでもやれる。逆に「できるかどうかわからないもの」や「やってみなければわからないもの」に挑戦することは、さまざまなルールや規制が蔓延(はびこ)る社会や会社において、なかなかできるものではない。

完成していなくてもいい、誰も見たことがない地平をめざして、できるかどうかもわからないものに時間ギリギリまで挑戦する、そういう試みがあっても良いと思う。

だから、今回の審査では、完成度の高いプレゼンテーション（説明や表現）をした作品だけではなく、恐れずに勇気を持って時間ギリギリまで挑戦した作品とその姿勢も評価した。これこそ、デザコンの本質であり醍醐味だと思ったからだ。1人の研究者として、そして1人の人間として、とても大切な経験をした時間だった。

ユーザではなくプロバイダの視点で考える

内山 裕弥

■デジタル技術を使うという視点

今年の創造デザイン部門の課題テーマは、昨年に引き続き、2回めとなる、3D都市モデル「PLATEAU（プラトー）」の活用。創造デザイン部門としては異例のデジタル技術にフォーカスした（焦点を当てた）課題テーマであったことから、昨年は参加者に多少の戸惑いもあったようだが、今年はどの作品もPLATEAUをよく研究していた。

多くの人にとって、デジタル技術とは、その技術によって生まれた「プロダクト（製品）」や「サービス」という形態で便益を「享受」するものである。それは建築物の利用者が設計の工夫や建設技術の成果を享受することと同じだ。

そういう意味では、多くが建築分野の学生であるデザコン参加者にとって、情報処理や地理空間情報といった領域の技術をユーザではなくプロバイダ（提供者）として扱う経験ははじめてだったと思う。この「専門外」の領域に対して、プロバイダとしてどれだけ深くアプローチできたかが、作品のクオリティ（完成度の高さ）に大きく影響していたように思う。

■討議の初日、成長の2日め

審査員として2年めとなる今回、昨年に引き続き、私のひそかな楽しみは参加者の「成長」を間近で見守ることであった。デザコンは、初日の審査員からの質問と講評を受けて、2日めの最終審査に向けて学生たちが作品をブラッシュアップ（改良）する、という2日間の合宿形式で行なわれるが、この間に参加学生と作品は顕著に成長する。説明内容の熟度が上がることはもちろんだが、プレゼンテーション（作品の表現）の手法や、審査員に訴求するポイント（要点）へのフォーカスの当て方など、各作品はさまざまな工夫を凝らしてくる。学生ならではの柔軟性のなせる業なのか、たった1晩でドラスティック（急激）な変貌を見せてくれるのが、デザコンの醍醐味だと思う。

特に2年めとなる今回は、おそらく前回の参加者が残したナレッジ（知識）や過去の作品に関するレポート（記録）の研究があったのだろう。どの作品も、初日に審査員から得たフィードバックをどのように作品に反映させていくのか、最初から熱心だった。いきおい、その後のワークショップにも熱が入り、昨年以上の盛

＊文中の作品名は、サブタイトルを省略。高専名（キャンパス名）『作品名』[作品番号]で表示。

上がりを見せていたように思う。学校や作品の垣根を越えて、審査員と参加者という壁すらなくなり、その場にいる全員で同じ主題について真剣に議論を重ねる。この体験は、私たち審査員にとっても大変意義のあるものとなった。

■一晩明けて……

そのような「熱狂」の初日が終わり、2日めの朝、会場は只ならぬ緊張感に包まれていた。一晩中作業をしていた作品も少なくなかったようだ。

創造デザイン部門は、本来、施策やサービスのアイディアを競う「アイディア・コンペティション」的な側面が強いが、デジタル技術を用いた企画を資料だけで説明するのは、なかなか難しい。このため、イメージ映像を制作する作品があるかと思えば、プレゼンテーション審査の中で「寸劇」を演じる作品も現れるなど、提案内容を伝えるための表現方法は多彩となっていく。中でも、実際にシステムやアプリのモックアップ(イメージを忠実に伝える模型)やデモ(実演動画)を制作してきた作品があったことには驚いた。デジタル技術全盛のこの時代とは言え、システム・エンジニアリングを専門としていない人にとっての情報処理技術のハードルは依然として高く、「自分には無理」と思いがちだ。もちろん、世の中には多くのリファレンス(参考資料)があるので、調べればできると言えばそのとおりだ。しかし、そこに至る心理的ハードルは高く、実際にシステムを開発することは容易ではない。デジタル技術の普及を任とする私にとって、学生がそのように高いハードルを乗り越えて、デジタルの世界に足を踏み出してくれたことを実感できたのは、大変喜ばしい経験だった。

受賞作品の多くは、単なるアイディアだけと言うよりは、具体的な技術や参考事例などを十分にリサーチ(調査)し、現実性をアピールする「プロダクト」を提案したものが多かった。多くの作品が、デジタル技術を自分たちの道具として「使う」という視点を持つことができたのだと思う。

課題テーマのハードルは高かったが、新しい領域の技術に触れ、その技術を自分たちで「何かを実現するための道具」として扱うという経験は、きっと今後の人生でも、随所で役立つだろう。

夢を追いながら、地域の課題を解決

塚本 明日香

■他者とのsessionで自分の立ち位置を確認

デザコン2023のメインテーマは「session――新しい協働の形」。創造デザイン部門はさらに「デジタル技術を用いたwell-being」「都市と地方の融合」という言葉を盛り込んだ。少し応募者に要求し過ぎではないかという危惧もあったが、杞憂に終わったと言ってよい。

作品のブラッシュアップに向けた初日のワークショップは、正にsessionの場であった。ライバルでもある他校の学生ばかりか、審査員まで交じった意見交換が、すべての作品にとって良い糧になったことは、初日の提案から最終提案への飛躍ぶりからも明らかだ。こうしたワークショップでの話合いでは、場づくりがうまくいっていると本当にいろいろな意見が出る。すべてを取り入れることはできないので、取捨選択のために自分たちが何をめざしたかったのか、改めて自問することになる。そうして土台を明確化できた作品は、より具体的で創造性の高いものになり、進化していた。

■挑戦を大切に

予選を突破した、もともとの提案内容を大きく変更するには度胸がいる。その意味で最も大胆な変更を加えてきたのは、有明高専『有明計画2050』[018]だった。もともと、有明湾内の海上都市という極めて大胆な提案で、だからこそ粗も多かったのだが、2日めには人が集住するという要素を完全に外してしまうことで、部門の課題テーマに対する提案内容の精度を格段に上げてきた。

また、明石高専『マホロバ』[010]は、デモンストレーションのためにプログラムを一晩で構築し、2日めのプレゼンテーション審査に臨んできた。残念ながら、プログラムが途中で停止してしまい、時間を空費する場面もあったが、やりたいことがどういうものなのかは、審査員にも存分に伝わった。

こうした大胆な飛躍や挑戦を積極的に評価したい、というのが審査員間で一致した。プレゼンテーション(説明や表現)の巧拙という視点ではミスとしてカウントせざるを得ない部分もあるが、ミスを恐れて小さくまとめるよりも、大きく夢を提案したほうを評価したい。

■現実との兼ね合い

どんな提案であっても実現するには現実の壁が立ちはだかる。デザコンという場ではそのハードルを一旦、脇へ置いておこうと考えていたが、説得力のある頼もしい提案に出合えた。最優秀賞(文部科学大臣賞)となった石川高専『たかが「雪かき」されど「雪かき」』[019]は、生活に直結した社会課題と、高専の学生という立場から見える解決策をつないだものとして「このまま行政に提案しても良いのではないか」と思わせる内容になった。ていねいに足元を確認した上での提案は、「なるほど、これで地域が良くなるな」と思わせてくれた。

夢ばかり追うのではなく、実際の暮らしから拾った社会課題をいかに解決するか。各地域の特徴に注目した提案が目白押しで、大いに楽しませてもらうことができた。

舞鶴の歴史薫る赤レンガ倉庫で参加者が一堂に会す

初日オリエンテーション

歴史ある赤レンガ倉庫が会場に

今年の創造デザイン部門は、「舞鶴赤れんがパーク」の4号棟で開催された。この建物は1902年(明治35年)に海軍の兵器庫として建設されたものであり、審査員や本選参加学生から「このように味わいや趣のある場所で開催できることはすばらしいですね」という声が多く寄せられた。本選参加8作品の学生は9:30頃から会場入りし、各作品の展示ブースで、展示用パネルに予選からブラッシュアップされたプレゼンテーションポスター(以下、ポスター)を掲示し、テーブルに模型やタブレットなどを設置した。予選未通過作品についても、部門の受付近くにモニタを設置し、スライドショーでポスターを閲覧できるようにした。舞鶴高専の学生2人(建設システム工学科5年生の東伊織と貫井かんな)が司会進行役を務め、10:15から初日のオリエンテーションを開始した。オリエンテーションでは、会場内の施設やスケジュールの説明の後、吉村審査員長、内山審査員、塚本審査員、ワークショップの山口ファシリテータ、古賀アシスタントが順に、各作品に期待することなどを含めて自己紹介した。

ポスターセッション

学生らしく、元気に堂々と作品を説明

審査員3人が一緒に、各作品の展示ブースを作品番号順に巡回し、質疑応答を通して審査するポスターセッションが、10:30から始まった。この過程から、続くワークショップ1、ワークショップ2(意見まとめ、ブラッシュアップ)までを山口ワークショップ・ファシリテータが進行した。各展示ブースでは、学生がポスターの前で自作を3分間説明した後、続く3分間で審査員からの質問に応答。他作品の学生や来場者も各ブースの周辺に集まって、学生たちの説明や審査員との質疑応答を聴講した。いずれの作品も、学生たちの作品説明からは十分に練習を積んできた様子が窺われた。堂々とした態度で学生らしく元気に説明し、審査員の質問に対して、ていねいにわかりやすく回答していた。以下に審査員との主な質疑応答を巡回順に紹介する。

註(本書97〜103ページ)　＊000、[000]:作品番号。

001
005
007
010
011
014
018
019

[001]は、「大阪の梅田を選んだ理由は？」(吉村)に、学生は「現地調査をして決めた。PLATEAUのデータが揃っていたことも大きい」と説明。「PLATEAUをよく勉強していてすごい」(内山)などのコメントもあった。

[005]では、「空き家の持ち主へのサポートは？」(塚本)に、学生は「アプリ画面をシンプルにしたり、物件を登録する人と検索する人の両者がマッチングしやすくなるよう工夫している」と回答した。

[007]では、「このサービスを受けるメリットは誰にあるのか？」(内山)に、学生は「ユーザは農産物についての知識が増え、いろいろな食べ方を知ることもできる」と回答。「動画作成はうまいアプローチだ」(吉村)と評価された。

[010]では、「作品名にある『次元を超えた』の意味は？」(吉村)に、学生は「まちづくりは仮想空間『マホロバ』上でも行なえるという意味」と回答。「ゲームの要素をまちづくりに取り入れる、という最先端の題材に取り組んだことがすばらしい」(吉村)と高く評価された。

[011]では、「生き物の種類をたくさん集めたほうがいいのか？」(吉村)に、学生は「得られるポイント数は、レアな生き物のほうが多いので、それを狙う戦略もある」と回答。「この作品はインフラ管理にも使える。PLATEAUをうまく使うと提案内容を深掘りできる」(内山)との好評価があった。

[014]には、「下水の熱利用を考える視点もある」(内山)、「下水中の腸内フローラを調べることが、その地域の人のwell-being(充実した生)につながるのでは？」(吉村)などの提案も。

[018]では、「浮島は環境破壊につながるのでは？」(内山)に、学生は「その逆で、この提案は環境への負荷を軽減し、サステイナブル(持続可能)な社会をつくる」と自信をもって反論。「夢があってとてもおもしろい」(塚本)との好評価もあった。

[019]では、「PLATEAUの活用方法は？」(内山)に、学生は「雪かきの人員推定に活用する」と明確に回答。「雪かきに学生の

表1　本選——ワークショップ1のテーブル分け

	ワークショップ1-1			ワークショップ1-2			ワークショップ1-3		
ブース(作品番号)	作品番号	高専名(キャンパス名)	氏名	作品番号	高専名(キャンパス名)	氏名	作品番号	高専名(キャンパス名)	氏名
001	001	舞鶴高専	◎鮫島 皓介*1	001	舞鶴高専	◎鮫島 皓介*1	001	舞鶴高専	◎鮫島 皓介*1
	014	明石高専	前田 愛侑	011	明石高専	掛下 心晴	010	明石高専	谷塚 朱莉
	019	石川高専	本馬 颯太	010	明石高専	合田 快成	007	明石高専	高柳 蒼良
	010	明石高専	三木 佑介						
			古賀 千絵(アシスタント)						
005	005	都城高専	◎勝田 悠日*1	005	都城高専	◎勝田 悠日*1	005	都城高専	◎勝田 悠日*1
	007	明石高専	藤井 遥帆	014	明石高専	前田 愛侑	011	明石高専	掛下 心晴
	019	石川高専	北川 真	011	明石高専	◎宮本 真実	019	石川高専	本馬 颯太
						古賀 千絵(アシスタント)			
007	007	明石高専	◎川路 優祐*1	007	明石高専	◎川路 優祐*1	007	明石高専	松本 太樹*1
	001	舞鶴高専	和田 亮	019	石川高専	宮城 豪	018	有明高専	船原 拓朗
	014	明石高専	増本 祥太	018	有明高専	鐘ケ江 彩那	011	明石高専	◎宮本 真実
						内山 裕弥(審査員)			吉村 有司(審査員長)
010	010	明石高専	◎谷口 碧*1	010	明石高専	◎谷口 碧*1	010	明石高専	◎谷口 碧*1
	005	都城高専	前田 真明	001	舞鶴高専	和田 亮	019	石川高専	宮城 豪
	007	明石高専	高柳 蒼良	019	石川高専	本馬 颯太	014	明石高専	増本 祥太
			内山 裕弥(審査員)	007	明石高専	松本 太樹			
011	011	明石高専	◎宮本 真実*1	011	明石高専	桜井 冬羽*1	011	明石高専	桜井 冬羽*1
	018	有明高専	船原 拓朗	005	都城高専	前田 真明	007	明石高専	◎川路 優祐
	010	明石高専	合田 快成	019	石川高専	北川 真	018	有明高専	鐘ケ江 彩那
			塚本 明日香(審査員)			吉村 有司(審査員長)			
014	014	明石高専	◎正岡 紗季*1	014	明石高専	◎正岡 紗季*1	014	明石高専	◎正岡 紗季*1
	019	石川高専	宮城 豪	018	有明高専	船原 拓朗	005	都城高専	前田 真明
	018	有明高専	鐘ケ江 彩那	010	明石高専	三木 佑介	010	明石高専	合田 快成
			吉村 有司(審査員長)				001	舞鶴高専	和田 亮
									内山 裕弥(審査員)
018	018	有明高専	◎木本 翔太*1	018	有明高専	◎木本 翔太*1	018	有明高専	◎木本 翔太*1
	010	明石高専	谷塚 朱莉	007	明石高専	藤井 遥帆	014	明石高専	前田 愛侑
	011	明石高専	桜井 冬羽	014	明石高専	増本 祥太	019	石川高専	北川 真
									塚本 明日香(審査員)
019	019	石川高専	◎岩田 英華*1	019	石川高専	◎岩田 英華*1	019	石川高専	◎岩田 英華*1
	011	明石高専	掛下 心晴	010	明石高専	谷塚 朱莉	007	明石高専	藤井 遥帆
	007	明石高専	松本 太樹	007	明石高専	高柳 蒼良	010	明石高専	三木 佑介
						塚本 明日香(審査員)			古賀 千絵(アシスタント)

表註
＊1：作品を説明する各テーブルのリーダー。
＊ワークショップ1では、各作品の説明者が作品展示前のテーブルに残り、他のメンバーは他の作品の学生たちが混在するようにシャッフルした。
シャッフルは3回行ない、3種類のメンバー構成(1-1、1-2、1-3)で実施した。
＊作品番号[018]の1人は本選不参加。　＊氏名の前にある◎は各作品の学生代表。

力を活用する発想はいい。住んでみて楽しく感じる点と雪かきとをうまく掛け合わせられれば、さらに良い」(塚本)と高い評価もあった。

ワークショップ1

混成メンバーで3回組替え、多様な意見が噴出

13:15から、参加者全員がステージに上がって記念写真を撮影した後、ワークショップを開始した。最初に山口ファシリテータがグループワークの方法を説明し、参加者をランダムに混成した8つの組分け(テーブル分け)を示した(本書99ページ表1参照)。山口ファシリテータの声がけで、組分けに従って参加学生たちは移動。各作品の展示ブース前に置かれた5〜6人掛けテーブルには、作品を説明する当該作品の学生1人がテーブルのリーダーとして残り(本書99ページ表1参照)、他の作品の学生2〜3人が着席した。また、審査員3人と古賀アシスタントが空いている席に座り、オブザーバとして意見交換に加わった。

どのテーブルでも、リーダーの学生が自作の内容をわかりやすく説明し、他作品の学生たちは、その作品への理解をより

深めようと、積極的に質問を投げかけていた。その後、30分間ごとに2回め、3回めの組替え(テーブル分け)を実施し(本書99ページ表1参照)、各作品は多くの人から、さまざまな視点による意見を聞くことができた。参加学生にとって、ワークショップ1は、とても有意義な時間となったのではないだろうか。

ワークショップ2(「意見まとめ」「ブラッシュアップ」)

寄せられた意見の取捨選択が重要。方向性を絞って作品を修正

15:00から、学生たちは作品ごとに作品展示ブース前のテーブルへと戻り、作品の説明を担った学生を中心に、他作品の学生や審査員たちからの意見をまとめた。どの作品も、自作をどう修正するかについて、学生たちが熱心に意見を出し合っていた。

続いて、作品をさらに良い内容に改善する「ブラッシュアップ」の作業に移り、熱心に修正作業に取り組む学生たちの姿が見られた。なお、会場は17:00までしか使用できなかったが、翌日に聞いた話では、ホテルに戻った後、朝まで作業をした作品もあったそうである。

この「ブラッシュアップ」の時間中に、翌日のプレゼンテーション審査の順番を決めるくじ引きを行なった。決定した順番はスクリーン上に映され、その順番に従ってノートパソコンの接続確認やスライドの動作確認が行なわれた。また、パネルに掲示したポスターや展示物は、2日めの公開審査が終わるまで、来場者が閲覧できるように設置しておくことを指示した。

プレゼンテーション

ブラッシュアップした作品で、堂々と審査に臨む学生たち

2日めは4号棟の奥にスクリーンを設置したステージを作り、ステージの左右には審査員席と登壇者席が設けられた。スクリーンに向かって96脚(横8脚×12列)の椅子を並べ、参加学生たちは作品ごとに分かれて着席した。

前述した学生の司会進行により、9:00からのオリエンテーションの後、9:10から、前日に決まった作品順で、登壇した学生によるスライドをスクリーンに投影しての作品説明と質疑応答を通して審査するプレゼンテーション審査が開始した。1作品につきプレゼンテーション6分間、質疑応答7分間。どの作品も前日のポスターセッションから提案内容が大幅に改善されていて、高い向上心、柔軟な発想力、短時間で仕上げる能力など、高専の学生の気力、知力、体力の高さを改めて実感することができた。また、審査員との質疑応答も、前日より各段に適切で明解な内容になっていた。以下に審査員との主な質疑応答を登壇順に紹介する。

[014]には、「トイレ情報を整理することで安心感が生まれ、well-beingにつながる良い提案」(吉村)との好評価があり、「高齢者や障害者の介助者の負担が減る理由は?」(内山)に、学生は「トイレの混雑状況を事前に確認できることが負担減につながる」と回答した。

[005]では、「従来の空き家マッチング・サービスとの違いは?」(内山)に、学生は「トータルで管理できるサービスを提供でき、学生と地域住民がDIY(手作り)で地域の魅力を発信できる点に独自性がある」と、自信をもって回答した。「最近はAI(Artificial Intelligence=人工知能)が簡単に使えるのだから、ぜひ活用してほしい」(吉村)との助言もあった。

[007]では、「利用者に感謝を強制する理由は?」(内山)に、学生は「感想を伝えることで生産者の意識が向上し、作物の品質を高め、生産性の向上につながる。生産者と利用者、両者のつながりを『いただきます』と表現している」と回答。「生産者の声を流せる場所を選べるようにしては?」(塚本)との提案もあった。

[001]には、「とても楽しいプレゼンテーション。この企画により農業経験のない高専の学生に多角的な視点が備わっていく、という観点に感銘を受けた」(吉村)、「新しい都市生活を提案した点が良かった」(塚本)などの好評価が。「都市の中に農地を増やす必要性とは?」(内山)に、学生は「都市部でいかに食料自給率を上げるかが、今後の農業にとって重要」と自信をもって回答した。

[010]は、「新しいコミュニティの形をつくる、というコンセプトがいい」(内山)、「ゲームの要素を入れて、楽しくまちづくりができる最先端の内容」(吉村)、「行きたい時に行ける仮想空間、というのがいい」(塚本)など、高い評価を受けた。

[018]では、「前日のポスターセッションか

014

005

007

001

010

018

011

019

ら内容が大きく変わり、よくまとまっていた」(吉村)に、学生は「海上だけでなく海中でのPLATEAUの活用も考えたい」と意欲を見せた。「さらに技術的な実証を検討してほしい」(内山)との助言もあった。

[019]には、「街への愛着が高まるすばらしい提案。雪かきのお礼にコーヒーをご馳走してもらえた、というエピソードもほっこりできてよかった」(吉村)、「プレゼンテーションのレベルが高い。実現可能な提案なので、資金を出す企業や自治体はあると思う」(内山)、「雪かき制度の種類をもっと増やすといい」(塚本)などの評価や助言があった。

[011]では、「生物多様性の何を学ぶのか?」(塚本)に、学生は「生物の多様性に気づき、体系的に理解することが目的。生物の多様性にとって、ため池は重要な場所」と回答。「生き物たちのwell-beingまで考えた良い提案。動画もすばらしい」(吉村)との好評価もあった。

最終審査(公開審査)

PLATEAUの活用方法、継続性、論理性

11:10から吉村審査員長が進行役となり、各賞を決める前に最終審査(公開審査)を開始した。

まず、審査員から「昨年より高いレベルの作品が多く、PLATEAUへの理解が深まっていた。PLATEAUをいかに活用しているかが評価のポイント」(内山)、「一晩で提案内容がかなり良くなった。地域での活動をうまく継続していけるかが評価のポイント」(塚本)と、評価の審査軸が示された。

また、「いずれの作品もレベルが高く、PLATEAU活用の傾向と対策をしっかりできていて、プレゼンテーションの手法も良かった。ただし、プレゼンテーションの効果を上げるために寸劇や動画を入れる場合でも、スライドで提案内容の論理性や、PLATEAUの使い方と提案への活かし方などをしっかり説明することが大切」(吉村)とのアドバイスに加え、各作品の提案内容へのコメント、将来の事業のスタートアップに向けた期待などへの言及があった。

ワークショップ3(「振り返り」)/最終審査(非公開審査)

審査員は最終審議、参加学生は今大会を振り返る

続いて、11:30から審査員3人は別室に移動し、非公開審査に入った。審査員は6つの評価指標をもとに、それぞれの意見を交換した後、本選8作品を採点。各審査員の採点結果を部門長がノートパソコンに入力して、得点集計結果をモニタに表示し、審査員はその結果を確認しながら審議を進め、30分ほどでスムーズに各受賞作品が決定した。

非公開審査の間、会場では、山口ファシリテータの進行によるワークショップ3「振り返り」を実施。参加学生たちは、良かった点、良くなかった点、やれば良かったと思う点について、作品ごとに学生たちでサークルを作り、10分間ほど話し合った。その後、他の作品の学生を混成した3〜4人の組に分かれて、再び「振り返り」を10分間ほど行ない、デザコンへの参加や本選への出場について感想を述べ合った。最後に、全力で頑張ったことを讃え合う参加学生全員の拍手をもって、ワークショップ3を終了した。

審査結果発表、審査員総評

審査員個人賞も出て、全作品が受賞という結果に

昼休憩後の13:00から、参加学生たちは作品ごとにステージ前の椅子に座り、審査の発表を今か今かと待ち受けていた。そして、司会進行の学生から審査員特別賞、優秀賞、最優秀賞(文部科学大臣賞)が順に発表されると、受賞した作品の学生からは大きな歓声が上がった。

2022年有明大会に引き続き、今回も創造デザイン部門独自の審査員個人賞として、吉村有司賞、内山裕弥賞、塚本明日香賞が発表され、これにより本選出場作品はすべて受賞という結果になった(表2参照)。なお、結果発表後に、各作品の代表学生から受賞の感想が述べられた。

最後に、審査員から各賞についての講評と総評があり(本書95ページ〜「本選審査総評」参照)、すべてのプログラムが終了した。

(山崎 慎一　舞鶴高専)

表2　本選――得点集計結果

作品番号	作品名	高専名	吉村 [4点満点]×6指標						内山 [4点満点]×6指標						塚本 [4点満点]×6指標						各評価指標の合計 [12点満点]×6指標						総合点 [72点満点]	受賞
			1	2	3	4	5	6	1	2	3	4	5	6	1	2	3	4	5	6	1	2	3	4	5	6		
019	たかが「雪かき」されど「雪かき」	石川高専	4	4	4	3	4	4	4	3	3	3	4	3	4	4	3	3	4	3	12	11	10	9	12	10	64	最優秀賞(文部科学大臣賞)
001	PLA っと農業	舞鶴高専	4	4	3	3	4	4	3	3	3	4	3	3	3	3	4	4	4	4	10	10	10	11	11	11	63	優秀賞
010	マホロバ	明石高専	4	3	4	3	4	2	3	3	3	3	3	4	4	3	3	4	4	3	11	9	10	10	11	9	60	優秀賞
007	いただきま〜す!	明石高専	4	3	2	4	3	3	3	2	3	3	2	4	3	3	4	3	3	4	10	8	9	10	8	11	56	審査員特別賞
018	有明計画2050	有明高専	3	3	4	4	2	2	3	2	3	3	2	4	3	3	4	4	2	3	9	8	11	11	6	9	54	審査員特別賞
014	水鞠(みずまり)	明石高専	3	2	3	2	3	3	2	2	3	3	2	2	3	3	3	4	3	3	8	7	9	9	8	8	49	吉村有司賞
011	いなみのいきもの万博	明石高専	3	2	3	2	2	3	3	2	2	3	3	3	3	2	2	3	3	2	9	6	7	8	8	8	46	塚本明日香賞
005	ぷらっと〜　RINOBUる	都城高専	2	2	2	2	2	2	3	2	2	2	2	2	2	3	2	3	3	2	7	7	6	7	7	6	40	内山裕弥賞

凡例　本選評価指標　1:地域性　2:自立性　3:創造性　4:影響力　5:実現可能性　6:プレゼンテーション
表註　*作品名はサブタイトルを省略。　*本選評価指標の各評価指標と評価点数の詳細は、本書105ページ「開催概要」参照。

各作品の内容を数段階、練り上げる

山口 覚(ワークショップ・ファシリテータ)

他者の声を聞き、
自分たちだけでは到達できない高みへ

2022年に引き続き、今年も吉村有司審査員長の下、2日間にわたるワークショップ形式の過程が取り入れられた。具体的には、互いの作品に込めたアイディアを混ぜ合わせ、各作品は自分たちだけでは到達できない、自作の意味や意義を再構築する。初日から2日めの最終プレゼンテーションに挑むまでに、各作品の提案内容の変容を期待して、このワークショップをデザインした。

●ワークショップ1：

まずはポスターセッションで、作品ごとの提案説明を1つずつ順に、参加者全員で聴く。その後、各作品の展示ブースで、プレゼンテーションポスター(以下、ポスター)の前に設けられた5~6人掛けのテーブル席に該当作品の説明を担当する学生(各テーブルのリーダーとなる)だけを残し、他の学生をシャッフルした混成メンバーが残りの席に座る。席を移動した学生たちは、ポスター前の席に残った学生に質問をぶつける。質問へ素直に答えられた部分は綿密に考えられていて、答えに窮したり、強弁したりした部分は詰めが甘いと理解できる。そして、各テーブルに着いた全員で、作品の詰めが甘い部分についてアイディアを出し合う。各テーブルのメンバーを替えて、これを数回繰り返すと、各作品の提案内容を充実させるための材料が出揃ってくる。

●ワークショップ2

(「意見まとめ」「ブラッシュアップ」)：

次に、学生たちは全員、自作のテーブルに戻り、テーブルに残っていた説明担当の学生から、自分たちの作品に対して他作品の学生や審査員からどんな意見やアイディアが出されたか、について説明を受ける。そして、2日めの午前中に行なわれる最終プレゼンテーションまでの時間は、学生たちの自主性に任せて、作品ごとに、提案内容のブラッシュアップを進めてもらった。

●プレゼンテーション：

朝から眠い目を擦りながらのプレゼンテーション審査が始まる。狙いどおり、すべての作品について、提案内容が数段階、練り上げられている印象を受けた。さらにコンセプトの根幹すら変更する作品まで現れ、その変容ぶりに審査員らも驚きを隠せなかった。

●ワークショップ3(「振り返り」)：

審査員による非公開審査の間、「振り返り」として「デザコンに参加してどうだったか」について話し合った。疲労と安堵とが混ざった充実感の中、競い合った学生同士でありながら、参加した全員が一体感を持てる場になっていた。

こうして2日間のワークショップは幕を閉じた。「共創」することの意義や楽しさ、そして、生涯の友と言える仲間らと「良き時間」を過ごせただろうことを信じたい。

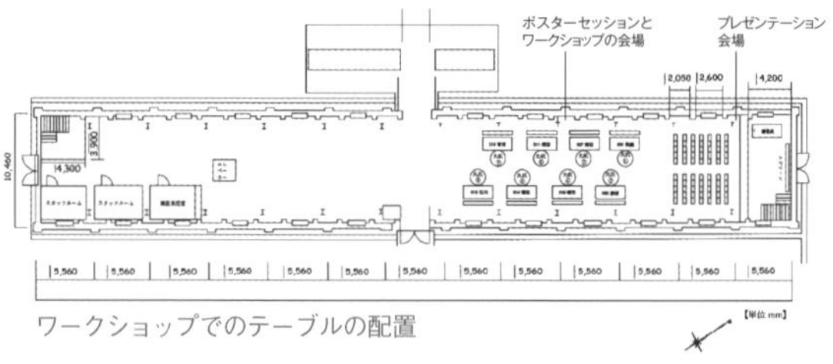

ワークショップでのテーブルの配置

各作品に込められた熱い思い

古賀 千絵(ワークショップ・アシスタント)

今回、はじめてワークショップのアシスタントとしてデザコンに参加した。審査員と一緒に予選審査からの参加であったが、初日のはじめに、会場で参加学生たちから各作品の説明を直接聞くことができ、プレゼンテーションポスターから伝わる以上の提案へ込めた大きな熱量を感じられた。そして、ワークショップの中で、各作品の提案内容を学生たちと一緒に改良していきたいと思った。

ワークショップでは、作品をより良くするためであれば「何でもあり」ということで、参加学生や審査員と一緒に頭をフル回転させ、どのようにしたら各作品の提案内容が良くなるのかを考えた。コンセプトの見せ方、提案そのものの意義や社会への波及性、実現可能性などについて、プレゼンテーション(説明や表現)の方法をはじめ、さまざまな角度から改善できることを提案した。

2日めの最終プレゼンテーションでは、各作品いずれも得意なところを前面に出し、強みを活かした提案内容や説明方法に改良されていた。初日のプレゼンテーションとは全く違う印象を受け、学生たちの成長ぶりに驚かされた。今大会は、私自身、多くのことを学んだ2日間となった。

創造デザイン部門概要

■ **課題テーマ**
デジタル技術を用いたwell-beingに向けての都市と地方の融合

■ **課題概要**
都市と地方の融合（session）をテーマに、3D都市モデル*1のオープンデータ「Project PLATEAU*2（プラトー）」を用いた、「都市と地方を融合（session）」させるアイディアを募集する。
日本では都市の過密化と地方の過疎化が年々進行し、私たちのwell-being（充実した生）が損なわれている。たとえば、都市ではコロナ禍（COVID-19）でも「密」な通勤ラッシュが続く一方、地方では商店街が「疎」になり、シャッター街化が進んでいる。このような生き辛さや風景をこれからも受け入れるしかないのか？
「都市と地方を融合（session）」させることで、私たちのwell-beingを高めるアイディアを期待する。

■ **審査員**
吉村 有司（審査員長）、内山 裕弥、塚本 明日香
ワークショップ・ファシリテータ：山口 覚
ワークショップ・アシスタント：古賀 千絵

■ **応募条件**
❶高等専門学校に在籍する学生
❷2～4人のチームによるもの。1人1作品。
❸空間デザイン部門、AMデザイン部門への応募不可。予選未通過の場合、構造デザイン部門への応募可
❹他のコンテスト、コンペティションに応募していない作品

■ **応募数**
22作品（77人、12高専）

■ **応募期間**
2023年7月26日（水）～8月30日（水）

■ **提案条件**
❶持続可能*3な社会や地域創生につながる「創造性*4のあるサービス（こと）」の「プロセスデザイン（どのようなストーリーで地域の人々を支援するか）」を提案すること。「創造性のある製品（もの）」を提案する場合には、その「製品（もの）」がどのような仕掛けで地域振興に関与していくのかという「プロセスデザイン（ストーリー）」も併せて提案すること。本部門では特に「こと」興しを重視していることから、「こと」興しの仕掛けのみに特化する「プロセスデザイン」も含まれる。「もの」のみの提案は不可
❷地域（人、企業、自治体、NPO、住民組織など）が抱えている課題を解決するための「こと」を興すプロセスを提案すること。地域課題をとらえるには「現場の情報に当たる」ことが必要。その方法として、まず仮説を立て、その仮説を検証できるフィールドワーク（観察）、インタビュー調査、得られたデータの分析などが考えられる。ただし、必ず当事者（問題を抱えている人）の声を直接聞き、共感（empathy）して問題の本質を探り当てること
❸プロセスデザインとは、人（当事者）のニーズから出発し、目標とする地域像を実現するためのプロセスである。そのプロセスには、地域資源と既存技術、実現可能と思われる技術や知識をどう融合させるか、地域内外の人々がどうコミュニケート（意思疎通）するか、などを含む。こうしたプロセスに高専がいかに関わるか、その役割を示すこと
❹提案には、3D都市モデルのオープンデータである「PLATEAU（プラトー）」を活用すること。活用とは、PLATEAUのデータの何を、どのように活用するかに留まらず、PLATEAUのデータにこのようなものを追加すれば、このようなことができるようになるでも可

本選審査

■ **日時**
2023年11月11日（土）～12日（日）

■ **会場**
舞鶴赤れんがパーク　4号棟1階フリースペース1

■ **本選提出物**
❶プレゼンテーションポスター：A1サイズ（横向き）1枚
❷プレゼンテーションポスターの電子データ：PDF形式
❸2日めの「プレゼンテーション」審査で用いる電子データ：PDF形式、パワーポイント形式など
❹その他、作品説明に必要な展示物や資料など（任意）

■ **展示スペース**
各作品ごとに展示ブースを用意し、1作品につき展示用パネル（幅1,800mm×高さ2,000mm）1枚、テーブル（幅700／1,400mm×奥行600mm×高さ700mm）1台を設置

■ **審査過程**
参加数：8作品（25人*5、5高専）
日時：11月11日（土）
❶ポスターセッション　10:30～11:30
❷ワークショップ1　13:15～15:00
❸ワークショップ2：「意見まとめ」「ブラッシュアップ」
15:05～17:00
日時：11月12日（日）
❶プレゼンテーション　9:10～10:55
❷最終審査（公開審査）　11:10～11:30
❸ワークショップ3：「振り返り」／最終審査（非公開審査）
11:30～12:00
❹審査結果発表、審査員総評　13:00～13:20
❺学生交流会　13:20～13:40

■ **本選評価指標**
下記の6つの評価指標で審査する。
1 **地域性**（地域の実情を踏まえた施策）
客観的なデータにより各地域の事情や将来性を十分に踏まえた持続可能な提案であること
2 **自立性**（自立を支援する施策）
地域、企業、個人の自立に資するものであること。「ひと」「しごと」の移転や創造を含み、特に外部人材の活用も含め「ひと」づくりにつながる提案であること
3 **創造性**（多様な人々により熟考されていること）
「創造性*4」を意識した提案であること。創生事業は、1つの分野だけで解決できるものではない。関係するさまざまな人々を巻き込んで生まれた創造性のあるアイディアを提案すること
4 **影響力**（課題解決に対する影響力）
応募する原動力となった、独自に発見した課題の解決として、パワフルで影響力のある提案であること。一過性ではないアイディアであること
5 **実現可能性**（10年後までの実現可能性が1%でも見出せればよい）
万人が納得できる論理的根拠に基づく提案であること
6 **プレゼンテーション**
ワークショップを実施した上で、プレゼンテーションでの説明と質疑応答を総合的に評価

■ **評価点数**（各評価指標を4段階で評価）
4点：特にすぐれている／3点：すぐれている／2点：普通／1点：劣っている

■ **審査方法**
「本選評価指標」に基づき各審査員が全作品を採点。
各作品72点満点＝4点満点×6指標×審査員3人＝24点満点×審査員3人
合計得点をもとに、審査員3人による協議の上、各賞を決定

註
＊1　3D都市モデル：本書87ページ註1参照。
＊2　PLATEAU：本書87ページ註2参照。
＊3　持続可能：本書94ページ註3参照。
＊4　創造性：多様な人々によるさまざまな視点からアイディアを何度も再構築することにより生まれる。
＊5　25人：作品番号[018]の1人は本選不参加。

舞鶴の鼓動

吉村 有司（審査員長）

2023年9月5日（火）、デザコン2023の予選審査が東京大学先端科学技術研究センター2階にある大講堂で行なわれた。昨年に引き続き、全国から集まった応募作品が講堂いっぱいに並べられた風景は圧巻の一言だった。それに触発されたかのように、我々審査員の側もまた、コロナ禍（COVID-19）で制限されていた集まって議論できることの喜び、一堂に会して対面で意見をぶつけ合う楽しさと大切さを教えられた、そんな予選審査だったかと思う。

デザコンの審査に当たるのも、課題テーマも今年で2年めということもあり、応募作品の中にある種のパタンや類型化が見えてきた。それらが見えてきたからこそ、高専の学生にとって提案しやすいもの、提案しにくい方向性、そして全く予想だにしない、斜め上の方向から飛んでくる提案などが存在することもわかってきた。そして、もう1つわかっていることもある。それは、1次審査の予選と2次審査の本選との作品の差、つまり、本選でその作品がどう化けるかという楽しみがあるということだ。これこそデザイン・コンペティションの醍醐味であり、かつ本質だと思う。

その作品の持つポテンシャル（潜在力）は何か、その作品自体が持っている伸び代、核となる考え方とは一体何なのか。それらのことをプレゼンテーションポスターに書かれている文章やグラフィック（図像）のみから読み取り、その裏にある思想を探っていく。そうすると、「この提案は、今はこの形をとっているけれども、本当にやりたいことはこの方向なのではないか、このように跳躍するのではないか？」と、考えさせられる。

そして、たぶん、我々はその読みさえも裏切られる。そんなことを期待していたりもする。

もしかしたら、応募作品の読み合いを通して審査されているのは、我々審査員の側ではないのか、そう思えるほど議論は白熱した。

予選審査は終わった。できる限りのコメントも残した。決戦は2カ月後、京都の舞鶴にて。高専の学生と我々審査員の真剣勝負が、今、始まろうとしている。

募集に際しての審査員長からのメッセージ

「well-beingを考慮した都市と地方の融合」に寄せて

吉村 有司（審査員長）

3D都市モデルやシミュレーションといった都市におけるデータ活用の王道は「最適化」である。大量のデータを集めてきて目的を設定する。それに向かって最も効率的な解を求めていくという方向性である。たとえば、街路ネットワークや属性情報の付いた建物の形状をデジタルツイン*1上で再現することによって、今後起こり得ることをある程度予測して回避することが可能になりつつある。

一方で、今後の我々の社会が直面する課題「人々の幸せやwell-being（ウェルビーイング）を考慮した都市空間や都市生活、地域創生」といった問題はデータの最適化だけで解けるものではない。人間の想像力を働かせながら創造していく力と、「都市にデータを用いるセンス」とが重要になってくる。

学生たちは何気ない日常生活において、「あの子は服のセンスが良い」とか、「デザインのセンスが良い」「音楽のセンスが良い」と話し合っていることだろうと思う。同じ意味において、都市にデータを用いる時にも「センスの良さ」がキーとなってくるのである。

今回のデザコン2023を通してそのようなセンスを磨いてほしい。そして最も重要なことは、デザコン2023をぜひ楽しんでもらいたい、ということだ。well-beingとは「私」の幸せだけではなく、私のまわりにいる人々誰もが良好な状態でいるためには、どんな空間が必要なのかを考えていくことである。そのためにはまず、当事者のwell-beingを高める必要があると考える。well-beingを提唱している当事者がつまらなそうにしていたり、苦しんでいたりする中で、well-beingの必要性を訴えても説得力はないのだから。

僕も楽しみながら、応募された提案を審査したいと思っている。思ってもみないようなデータの使い方、全く予想もしていない、我々の想像力を掻き立てるような提案を待っている。

註
*1　デジタルツイン：現実世界の情報を用いて、仮想空間上に同じようなリアルな空間を再現する技術、および再現された空間のこと。

予選

2023年8月30日の締切りまでに、今回は12の高専から22作品の応募があった。中でも、明石高専からは5作品、有明高専からは4作品と、特に多数の応募があった。

昨年に引き続き、予選審査は吉村審査員長が所属する東京大学先端科学技術研究センター内の大講堂で行なうことを決め、全作品のプレゼンテーションポスター(以下、ポスター)をA1判サイズでカラー出力して予選審査前日に会場へ届くように送付した。また、高専名と氏名がわからないように伏せた全作品のポスター(電子データ)、応募時に学生が予選エントリーフォームに入力した提案概要、予選評価指標、採点表をクラウド・サービス「Googleドライブ」にアップロードして3人の審査員と共有し、事前に提案内容や審査方法を確認してもらった。

9月5日の予選審査では3人の審査員と2人の事務担当者(部門長と副部門長)が集合した。最初に全員で予選審査の方法と評価の基準を確認。その後、審査員はテーブル上に作品番号順に並べられた作品(ポスター)を順番に閲覧し、それぞれ感想や意見を述べていった。1つ1つの作品は良い点や疑問点などがていねいに議論され、評価指標に基づいて各審査員により採点された。

全作品の審査終了後、事務担当者が採点表を集計した。スクリーンに映した採点の集計結果を全員で確認しながら、予選通過作品の選定プロセスに進んだ。

まず、総合評価40点以上の3作品[007][011][019]の予選通過が決まり、続いて39点の2作品[014][018]と38点の3作品[001][005][010]が加えられ、合計8作品の予選通過が決定した(表3参照)。

最後に、予選を通過した8作品を再度テーブル上に並べて、予選審査の最初と同様に順番に閲覧しながら、本選に向けて今後ブラッシュアップしてほしい内容を3人の審査員で出し合い、審査員長がその要望をまとめ(本書109ページ～「本選に向けたブラッシュアップの要望」参照)、予選審査はすべて終了した。

10月2日、「デザコン2023 in 舞鶴」公式ホームページに予選通過作品の一覧と本選出場要項を掲載した。また、予選通過作品の指導教員には本選出場の決定と「本選に向けたブラッシュアップの要望」を通知するとともに、インターネット回線を利用したクラウド・サービスを通じて、他の予選通過作品のプレゼンテーションポスターを閲覧できるようにした。

予選未通過作品については、本選会期中に来訪者が閲覧できるよう、部門会場に大型モニタを設置して紹介した。

(山崎 慎一　舞鶴高専)

＊文中の[000]は、作品番号。

表3　予選——得点集計結果

作品番号	作品名	高専名（キャンパス名）	吉村［4点満点×5指標］					内山［4点満点×5指標］					塚本［4点満点×5指標］					合計［12点満点×5指標］					総合評価［60点満点］
			1 地域性	2 自立性	3 創造性	4 影響力	5 実現可能性	1 地域性	2 自立性	3 創造性	4 影響力	5 実現可能性	1 地域性	2 自立性	3 創造性	4 影響力	5 実現可能性	1 地域性	2 自立性	3 創造性	4 影響力	5 実現可能性	
007	いただきま～す！	明石高専	4	4	4	4	3	2	3	3	3	3	3	3	3	3	3	9	10	10	10	9	48
011	いなみのいきもの万博	明石高専	4	4	4	3	4	2	2	3	2	2	3	2	3	3	3	9	8	10	8	9	44
019	たかが「雪かき」されど「雪かき」	石川高専	3	3	2	2	2	2	2	3	2	3	4	3	3	3	3	9	8	8	7	8	40
014	水鞠(みずまり)	明石高専	4	4	3	3	4	3	2	2	3	2	2	2	1	2	2	9	8	6	8	8	39
018	有明計画2050	有明高専	3	3	3	2	2	3	2	3	3	2	4	3	2	3	1	10	8	8	8	5	39
001	PLAっと農業	舞鶴高専	3	2	3	2	2	3	2	2	3	3	2	2	3	3	3	8	6	8	8	8	38
005	ぶらっと～　RINOBUる	都城高専	3	2	2	2	2	3	3	2	2	3	3	3	2	3	3	9	8	6	7	8	38
010	マホロバ	明石高専	3	3	3	3	3	2	3	2	3	3	2	2	2	2	2	7	8	7	8	8	38
006	市町村ゲーム化計画	有明高専	2	2	2	2	2	3	1	3	2	2	4	3	3	3	3	9	6	8	7	7	37
009	14日間の都市計画!!	福井高専	2	2	2	2	2	3	2	2	2	2	4	3	3	3	3	9	7	7	7	7	37
015	鳴子が現れる	仙台高専(名取)	2	2	2	2	2	3	2	3	2	2	4	3	3	3	2	9	7	8	7	6	37
016	記憶からよみがえるBENESSERE	石川高専	3	3	3	2	2	2	2	2	2	3	3	2	3	2	3	8	7	8	6	8	37
023	来てクレ、知ってクレ。	呉高専	3	3	2	2	2	2	2	1	3	2	4	3	2	3	3	9	8	5	8	7	37
020	×PLATEAU	徳山高専	2	2	2	2	2	2	2	2	3	3	3	2	3	3	3	7	6	7	8	8	36
013	寺の居場所を紡ぐ	仙台高専(名取)	3	3	3	3	3	2	2	2	2	2	2	2	2	1	2	7	7	7	6	7	34
017	未来の田園都市	有明高専	2	2	2	2	2	3	2	2	2	2	3	2	3	2	2	8	6	7	6	6	33
021	ここいべ(co co i be)	高知高専	2	2	2	2	1	3	2	3	2	2	3	2	2	2	3	8	6	7	6	6	33
022	PLATEAU PARK	有明高専	2	2	2	2	2	2	2	3	2	2	2	2	3	3	2	6	6	8	7	6	33
003	旅する助(たす)け人(にん)	明石高専	2	3	2	2	2	2	2	2	2	3	2	2	2	2	2	6	7	6	6	7	32
004	鉄道廃路線からみる新たな地域輸送特化型交通ネットワークの提案	岐阜高専	2	2	2	3	3	2	2	2	2	1	3	3	2	1	2	7	7	6	6	6	32
008	心に描くStarting a Business	釧路高専	2	2	2	2	2	2	3	2	3	3	1	2	2	2	2	5	7	6	7	7	32
012	複合災害とボランティア	仙台高専(名取)	2	2	2	2	2	2	2	2	2	2	2	2	2	2	2	6	6	6	6	6	30

表註　＊■は予選通過8作品を示す。　＊作品番号[002]は登録時の不備により欠番。　＊作品名はサブタイトルを省略。
＊各評価指標の詳細は、本書108ページ「予選開催概要」参照。

予選審査

■**日時**
2023年9月5日(火)14:00～18:00
■**会場**
東京大学先端科学技術研究センター　4号館2階大講堂
■**事務担当**
山崎 慎一、牧野 雅司(舞鶴高専)
■**予選提出物**
❶提案概要：予選エントリーフォームに入力
❷プレゼンテーションポスター(高専名と氏名の記載不可)の電子データ：A1判サイズ(横向き)、PDF形式
■**予選通過数**
8作品(26人、5高専)
■**審査方法**
各審査員は「予選評価指標」に基づいて全作品を採点。審査員の採点を合算した総合評価をもとに審査員3人による協議の上、予選通過作品を決定
■**予選評価指標**
①**地域性**(地域の事情を踏まえた施策)
客観的なデータにより各地域の事情や将来性を十分に踏まえた持続可能な提案であること
②**自立性**(自立を支援する施策)
地域、企業、個人の自立に資するものであること。「ひと」「しごと」の移転や創造を含み、特に外部人材の活用も含め「ひと」づくりにつながる提案であること
③**創造性**(多様な人々により熟考されていること)
創造性を意識した提案であること。創生事業は、1つの分野だけで解決できるものではない。関係するさまざまな人々を巻き込んで生まれた創造性のあるアイディアを提案すること
④**影響力**(課題解決に対する影響力)
応募する原動力となった、独自に発見した課題の解決として、パワフルで影響力のある提案であること。一過性ではないアイディアであること
⑤**実現可能性**(10年後までの実現可能性が1%でも見出せればよい)
万人が納得できる論理的根拠に基づく提案であること
■**評価点数**
(各評価指標を4段階で評価)
4点：特にすぐれている
3点：すぐれている
2点：普通
1点：劣っている
各作品の総合評価　60点満点＝(4点満点×5指標)×審査員3人
＝20点満点×審査員3人

予選審査準備

2023年7月中旬～8月上旬：PLATEAUについての説明動画を公開
2023年7月26日(水)～8月30日(水)：応募期間
(「デザコン2023 in 舞鶴」公式ホームページより応募登録)
2023年8月31日(木)：高専名と氏名を伏せた応募全22作品(プレゼンテーションポスター)の電子データ(PDF形式)、提案概要、予選評価指標(予選作品の評価基準)、採点表(各審査員1作品につき20点満点＝4点満点×5指標)を審査員に配付
2023年9月1日(金)：応募全22作品のプレゼンテーションポスターをA1判サイズで出力し、予選審査会場に送付

PLAっと農業

001

舞鶴高専

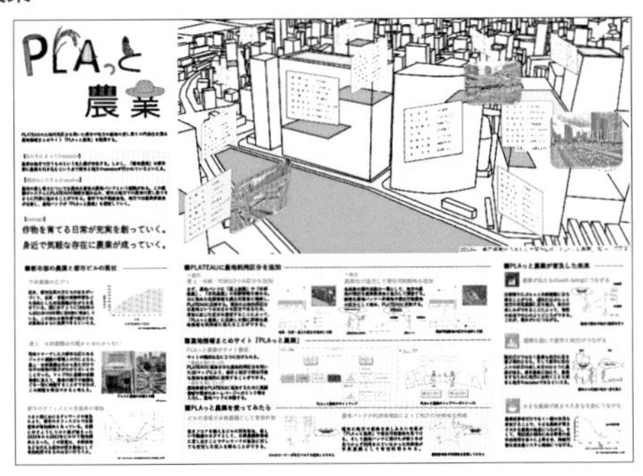

都市と地方の融合(session)として、PLATEAU(プラトー)の土地利用区分情報を使って、都市や地方の農地の貸し借りを円滑化しようとする提案は興味深い。さらに、農地を借りたい人や貸したい人がどのような目的やニーズを持っているのか、小規模農業としての採算性はどうか、なども考えてほしい。既存システムの活用に留まらず、屋上農園など、どうやって農地を増やしていくかという観点があってもいい。

いただきま～す！

007

明石高専

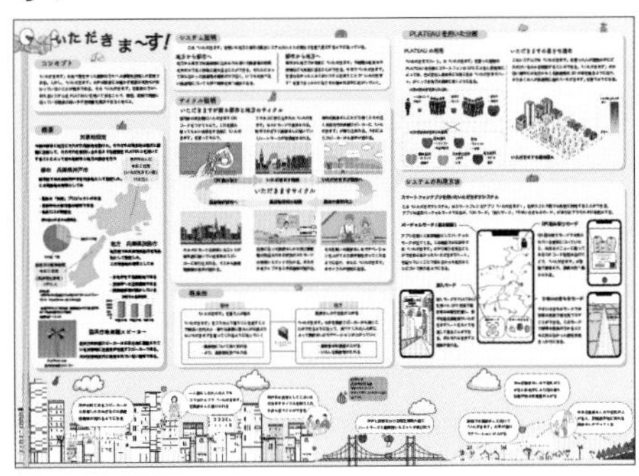

農産物を食べる前に「いただきます」を言った人が全国の建物の中にどれだけいるのかをPLATEAU(プラトー)を使って可視化するアイディアはすばらしい。「いただきます」をどういうタイミングや場所で言ってもらうかをもっと具体化したほうがわかりやすい。神戸市独自の食育プロジェクトがあるとしているが、それとこの取組みがどう結び付くのかを明示できると良い。実際に使った時のサービスやアプリの機能をより具体化すると良い。

本選に向けたブラッシュアップの要望

BRUSHUP

審査員：
吉村 有司（審査員長）、
内山 裕弥、塚本 明日香

ぷらっと～ RINOBUる——デジタル融合が生む日南の未来

005

都城高専

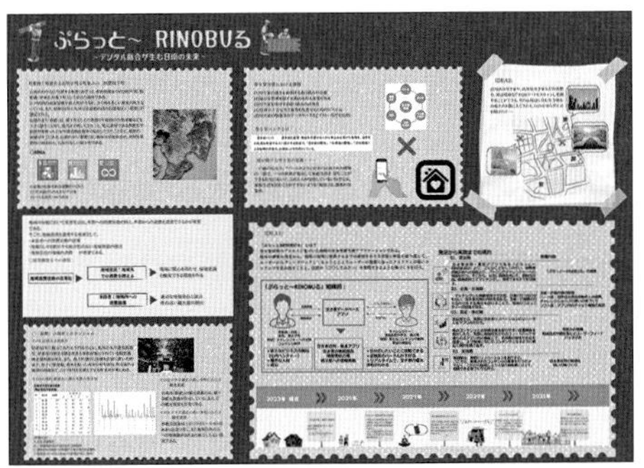

空き家活用のプロセスに基づいたクオリティの高い社会実装支援アプリを作成することはとても有益である。すでにある「空き家データバンク」などと何が違うのか、PLATEAU(プラトー)を活用するとどういう利点があるのか、などの面から独自性をもっと出せると良い。

マホロバ——次元を超えたまちづくり

010

明石高専

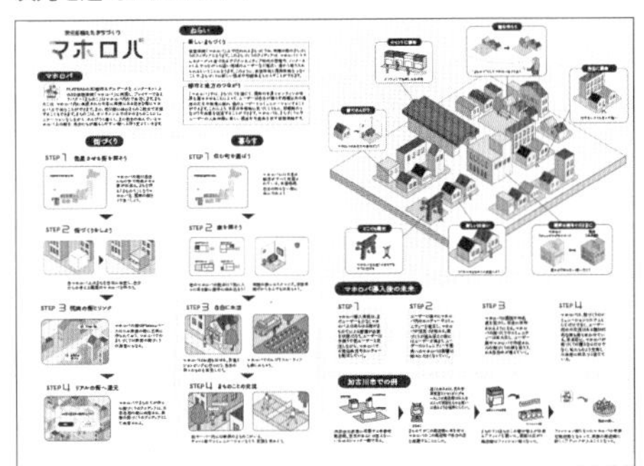

PLATEAU(プラトー)の3D都市モデルデータを使ったメタバース空間(インターネット上の仮想空間)でシミュレートして実際のまちづくりに活かす、という視点はおもしろい。このシミュレーションや実際のまちづくりに活かすことについて、技術的な説明がもっとあったほうがいい。ビルや公園の配置、形を変えるとどうなるか、などはワークショップで検討する時の有効な手段になり得るので、実際に都市計画を手がける自治体とのつながりについても説明があると良い。

註 ＊000：作品番号。
＊2023年9月5日 予選審査で3人の審査員が述べたコメントを合体。

いなみのいきもの万博——ため池を未来につなぐために

011

明石高専

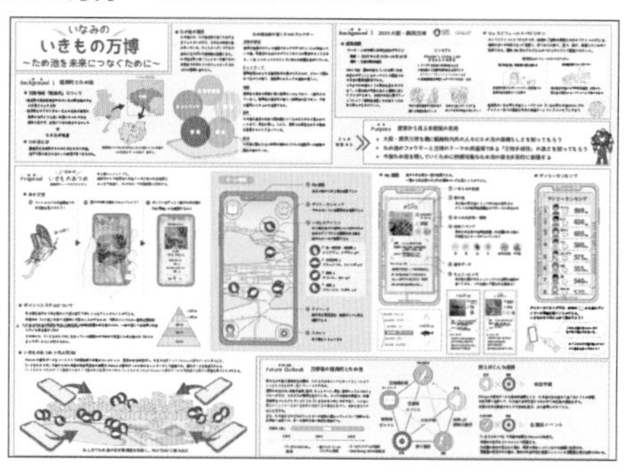

ため池の生物多様性をPLATEAU(プラトー)の都市データに組み込み、リアルタイムで確認できるアプリというのは良いアイディアである。「なぜ、ため池を残したいのか」という提案の前提について、その地域の活動やまちづくりと関連づけた説明ができると良い。データ収集の仕組み、作成したアプリを誰に使ってもらうのか、などを含めてもっと検討が必要ではないか。

有明計画2050——Ariake Utopia

018

有明高専

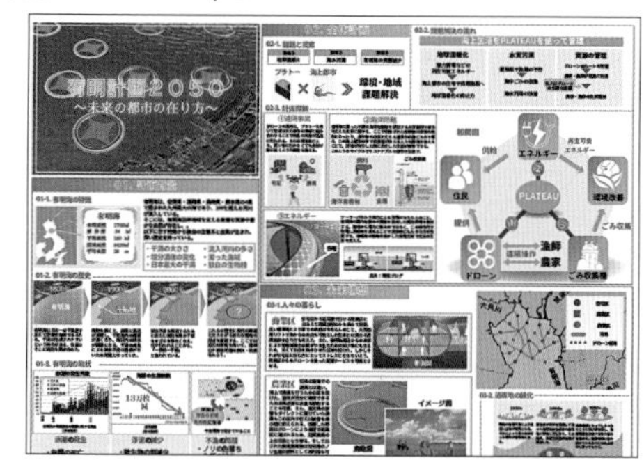

海上都市を作ることによって、地域環境、地域社会、エネルギーの課題を解決しようとする未来都市の提案は、とても壮大で夢がある。ただし、海上生活をPLATEAU(プラトー)を使って管理することで、どのように問題解決へとつながるのかがわかりにくく(たとえば、赤潮の発生がどのようにして減るのか)、エビデンス(実証)を加えてロジカル(論理的)な説明があると良い。また、排水処理や防災の観点もあると良い。

水鞠(みずまり)

014

明石高専

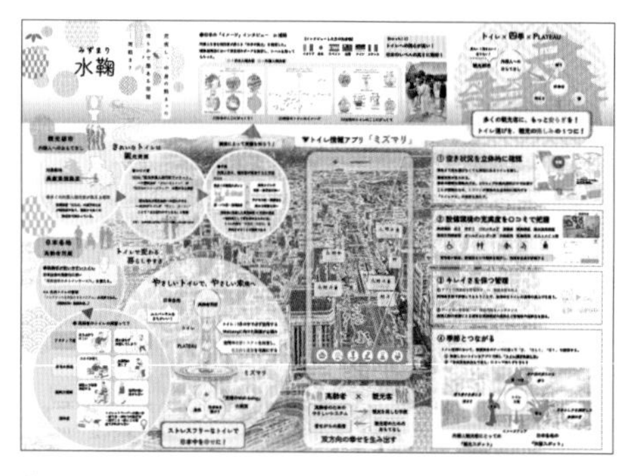

外国人を含む観光客にストレスフリーなトイレ空間を提供するため、実際に観光客に質問ボードへ回答シールを貼ってもらうシール・インタビューを行なって調査している点が高く評価できる。ポスターはとてもわかりやすく作成できていて、すばらしい。改善してほしいのは以下の2点。観光都市のトイレ情報をどうやって集めるのか、などについていろいろと考えてほしい。「水鞠」と「中身の詰まった」との関係がわかりにくいので、説明が必要である。

たかが「雪かき」されど「雪かき」——よそ者が担う地域文化の継承

019

石川高専

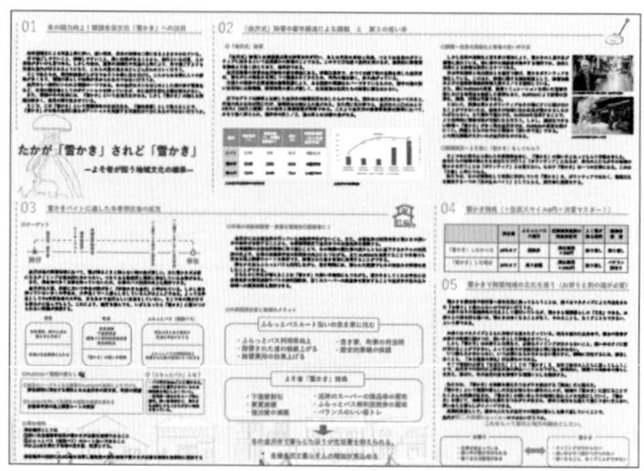

「雪かき」という切実な地方都市の課題について、旅行客に仕事として担ってもらうことで、少子高齢化や空き家問題まで含めた改善をめざす提案は興味深い。ただし、PLATEAU(プラトー)の活用方法についての説明が少なく、除雪の効率化、推測、対策についてもう少し具体的に説明する必要がある。どこにどれくらい雪かきが必要なのか、などのデータが使えるのではないか。ポスターはビジュアル面でのアピールの強さを考えて、文字数は少ないほうがいい。

旅する助け人（たすけにん）——旅人と被災地をつなぐ

003　明石高専

◎横田 有香、青木 乃保、長手 美澪、野村 憲輔[建築学科4年]

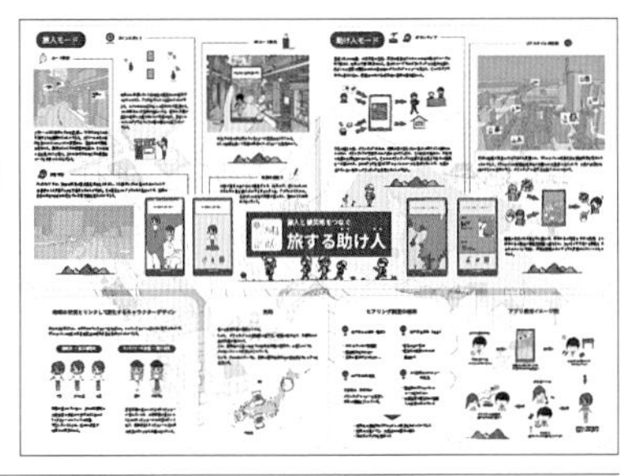

14日間の都市計画!!——PLATEAU×仮設ピースで繋がる地方と都市のVV(ダブルピース)

009　福井高専

◎窪田 多久見、佐々木 飛翔[環境都市工学科5年]／並河 壮真、泉 秀哉[電子情報工学科5年]

鉄道廃路線からみる新たな地域輸送特化型交通ネットワークの提案

004　岐阜高専

◎向田 有社、飯塚 温都、西尾 友佑、土屋 有志[環境都市工学科5年]

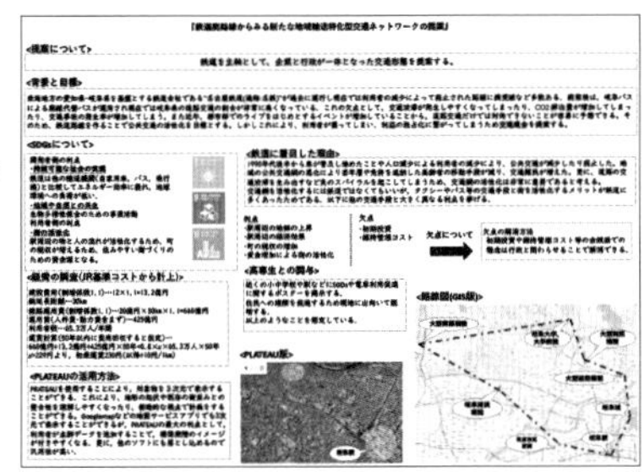

複合災害とボランティア

012　仙台高専(名取)

◎霜山 詩織、堀 瑠采(5年)、松森 英香(2年)[総合工学科Ⅲ類建築デザインコース]

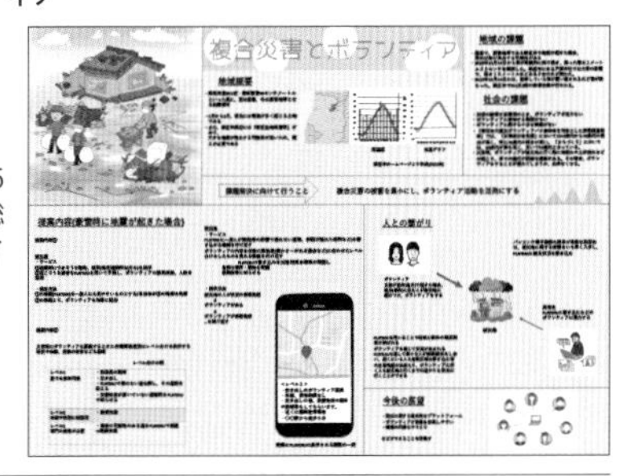

市町村ゲーム化計画

006　有明高専

◎矢野 結実子、高村 果歩(4年)、坂本 樹花、加藤 輝笑(3年)[創造工学科建築コース]

寺の居場所を紡ぐ——temple×PLATEAU

013　仙台高専(名取)

◎日塔 晴菜(5年)、齋藤 花楠子(3年)[総合工学科Ⅲ類建築デザインコース]／山田 千陽[総合工学科Ⅲ類1年]

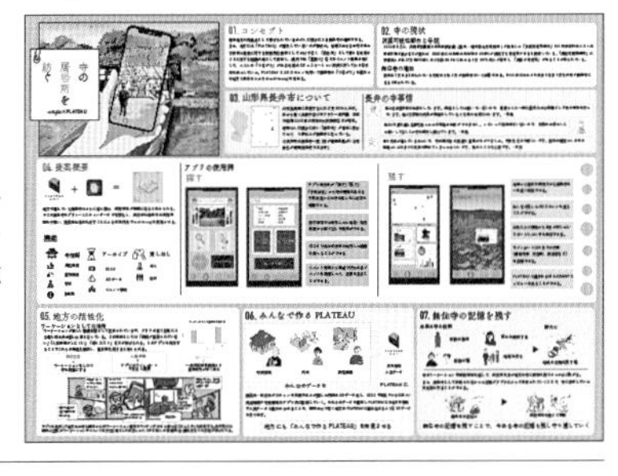

心に描くStarting a Business

008　釧路高専

◎中川 真緒、野村 日菜子[創造工学科建築デザインコース建築学分野4年]／大和 由珠、白幡 真千[創造工学科エレクトロニクスコース電気工学分野4年]

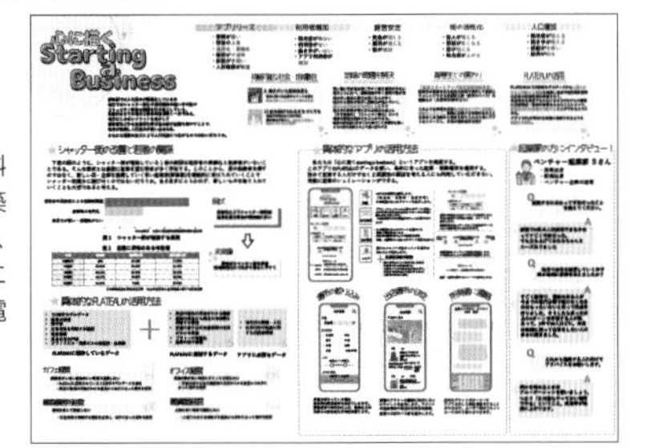

鳴子が現れる

015　仙台高専(名取)

◎西嶋 琉衣(5年)、鈴木 おりん(4年)、佐々木 愛(3年)[総合工学科Ⅲ類建築デザインコース]／福士 明日香[総合工学科Ⅲ類1年]

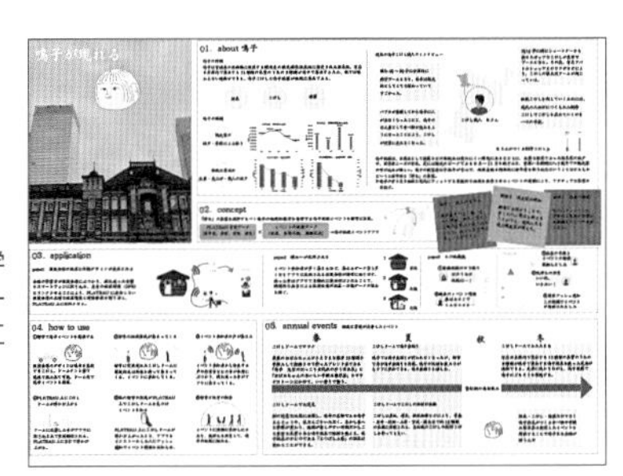

註　＊000：作品番号。　＊氏名の前にある◎は学生代表。
＊作品番号[002]は登録時の不備により欠番。

記憶からよみがえるBENESSERE──プロセスデザインのまちづくり支援

016 石川高専

◎澤田 慶太(5年)、森田 はるか、室岡 姫奈(4年)[建築学科]

ここいべ──ここでイベントやってます。

021 高知高専

堅田 望夢(5年)、◎森 悠夏、石本 一真、竹村 紗也香(3年)[ソーシャルデザイン工学科まちづくり・防災コース]

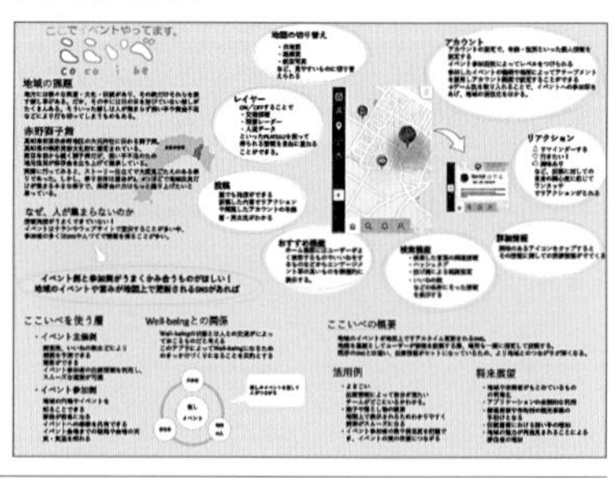

未来の田園都市──PLATEAUで田んぼと共存する暮らし

017 有明高専

◎盤若 日向、古賀 夕貴、西村 遙華(3年)、西村 優希(2年)[創造工学科建築コース]

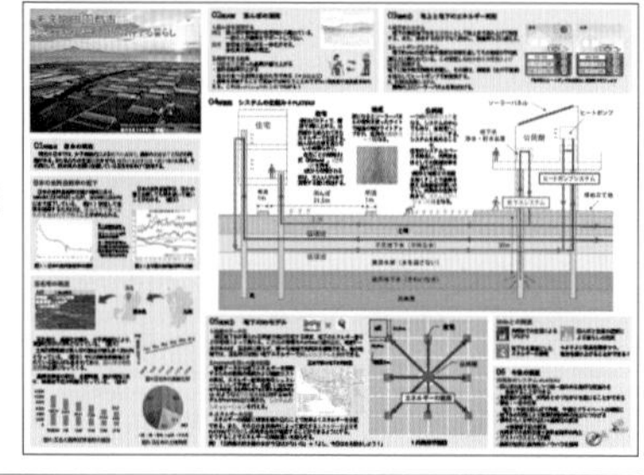

PLATEAU PARK──新しい公園の在り方

022 有明高専

◎宇佐 仁徳、田中 碧、竹下 翔琉[創造工学科建築コース3年]

×PLATEAU

020 徳山高専

◎池田 琴音、有馬 佑月希、内山 七美、川元 花菜[土木建築工学科3年]

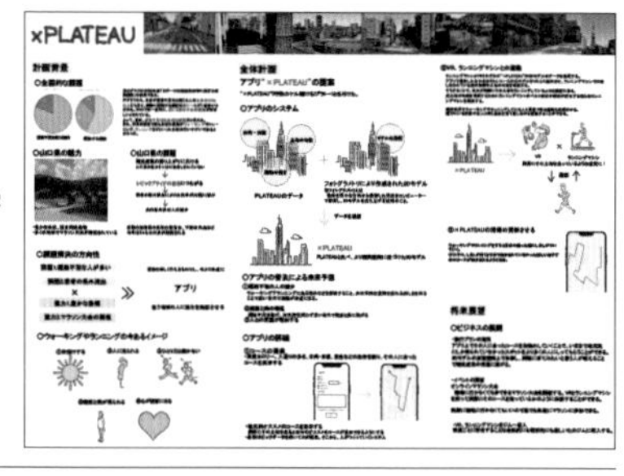

来てクレ、知ってクレ。

023 呉高専

◎縄田 大空、濱村 綾音、吉田 咲葉[建築学科4年]

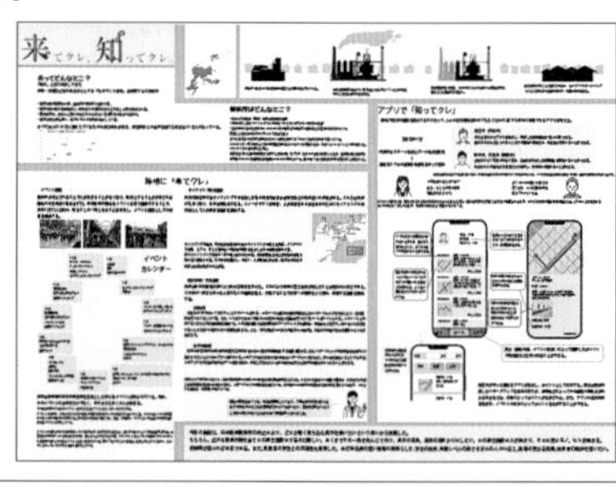

VONTEN
山口 覚
塚本明日香

審査員／ワークショップ・ファシリテータ
Jury & Warkshop Facilitator

審査員長
吉村 有司
よしむら ゆうじ

建築家、東京大学先端科学技術研究センター特任准教授、ルーヴル美術館 アドバイザー、バルセロナ市役所情報局 アドバイザー

愛知県生まれ
2001年－スペインに渡る
2003年－バルセロナ現代文化センター(CCCB／スペイン)
2005年－バルセロナ都市生態学庁(スペイン)
2009年－カタルーニャ先進交通センター(スペイン)
2016年 ポンペウ・ファブラ大学情報通信工学部博士課程修了(スペイン)
博士号(Ph.D. in Computer Science)
2017年－マサチューセッツ工科大学(アメリカ合衆国)
2019年－東京大学先端科学技術研究センター特任准教授
ルーヴル美術館アドバイザー(フランス)、バルセロナ市役所情報局アドバイザー(スペイン)、国土交通省「まちづくりのデジタル・トランスフォーメーション実現会議」委員、東京都「東京都における『都市のデジタルツイン』社会実装に向けた検討会」委員などを歴任

主な活動
情報ネットワークとその周辺技術を活用したアーバン・サイエンス(Urban Science)という新しい領域の可能性と限界を探りつつ、市民生活の質の向上をテーマに研究を進めている

主なプロジェクト
『バルセロナ市グラシア地区歩行者空間計画』(2005-07年)、『ICING(欧州プロジェクト(FP7))』(2005-08年)、『バルセロナ市バス路線変更計画』(2007-11年)、『ルーヴル美術館来館者分析の技術開発』(2010年-)、『クレジットカード情報を用いた歩行者回遊分析手法の開発』(2011-16年)など

主な論文
「Bluetoothセンサーを用いたルーヴル美術館の来館者分析」(2014年)、「機械の眼から見た建築デザインの分類手法の提案」(2019年)、「街路の歩行者空間化は小売店・飲食店の売上を上げるのか、下げるのか？──ビッグデータを用いた経済効果の検証」(2021年)、「ビッグデータを用いた都市多様性の定量分析手法の提案──デジタルテクノロジーでジェイン・ジェイコブズを読み替える」(2021年)、「ビッグデータと機械学習を用いた『感性的なもの』の自動抽出手法の提案──デジタルテクノロジーで『街並みの美学』を読み替える」(2022年)など

審査員
内山 裕弥
うちやま ゆうや

国土交通省 IT戦略企画調整官

1989年 東京都生まれ
2012年 首都大学東京(現・東京都立大学)都市教養学部都市教養学科卒業
2013年 国土交通省入省
2014年 東京大学公共政策大学院専門職学位課程(公共政策学専攻)法政策コース修了
2015-17年 同省水管理・国土保全局水政課法規係長
2017-19年 同省航空局総務課 法規課長
2019-20年 同省大臣官房 大臣秘書官補
2020年 同省都市局都市政策課 課長補佐
2023年 同省総合政策局情報政策課 IT戦略企画調整官

主な活動
国家公務員として、防災、航空、都市など国土交通省の幅広い分野の政策に携わる。また、法律職事務官として、法案の企画立案に長く従事する一方、大臣秘書官補時代は政務も経験。2020年からは『Project PLATEAU』のディレクターとして、新規政策の立ち上げから実装まで深くコミット(関与)する

審査員
塚本 明日香
つかもと あすか

岐阜大学地域協学センター 准教授

1984年 京都府生まれ、香川県育ち
2006年 京都大学総合人間学部国際文化学科卒業
2010年－京都大学大学院人間・環境学研究科共生文明学専攻修士課程修了
関西教育考学 勤務
2011-15年 同社 代表取締役
2015年 京都大学大学院人間・環境学研究科共生文明学専攻博士課程修了
2015-23年 岐阜大学地域協学センター 特任助教
2023年 同センター 准教授

主な活動
専門は歴史時代中国の技術史、科学史。研究活動と同時に、関西教育考学では修学旅行生向けの体験プログラムの企画、運営に従事。岐阜大学地域協学センターに着任後は岐阜県内各地の大学連携事業に取り組む。岐阜県産業人材課と連携した若者の地元定着支援のための、学生向けプロジェクトの企画運営を担当。特に中山間地域の活性化に向けた里山保全活動や、地域コミュニティと学生教育との連携による実践活動を中心に、より良い連携のあり方を模索している

地域連携に関する主な報告
「学生の地域での学習活動と地域の選定に関する試論──学生に期待する学習内容と地域における取組状況との関係」(2020年)、「オータムスクール2021in瑞浪──複数大学による地域との協働プログラムの実施」(2022年)、「国指定重要文化財『早川家住宅』の活用に関する実践」(2023年)［以上、地域協学センター機関誌『地域志向学研究』］など

ワークショップ・ファシリテータ

山口 覚

やまぐち　さとる

まちづくりファシリテータ、建築家、LOCAL&DESIGN株式会社　代表取締役、津屋崎ブランチLLP　代表

1969年　福岡県北九州市生まれ
1993年　九州芸術工科大学(現・九州大学)芸術工学部環境設計学科卒業
1993-2002年　鹿島建設　勤務
1999-2002年　国土技術研究センター(国土交通省所管)出向
1999年　一級建築士取得
2002-05年　NPO法人地域交流センター　勤務
2005年-同センター　理事
2009年-津屋崎ブランチLLP設立　代表
2010年-LOCAL&DESIGN設立　代表取締役
2018年-慶應義塾大学大学院　特任教授
2019年-一般社団法人まち家族　代表理事

主な活動

仕事を通じて関係者同士、あるいは開発者と住民との間に「話し合いの技術」、すなわち「対話」の重要性を感じ学び始める。2009年に福岡県福津市津屋崎に移住し、創造的交流拠点「津屋崎ブランチ」を開設。対話をベースに「本物の生き方、働き方、つながり」を実現するプロジェクトを開始。古民家再生や起業支援などを手がけている。一般社団法人まち家族では地域全員が家族のように生きていくことを理念とし、毎週日曜日の朝ごはん会、月に一度の弁当支援、2軒のゲストハウスの運営などに携わる。福祉、教育、観光などの分野を横断した地域づくりの実践中

ワークショップ・アシスタント

古賀 千絵

こが　ちえ

社会疫学研究者、東京大学先端科学技術研究センター　特任助教、千葉大学　客員研究員

千葉県生まれ
2013年　千葉大学教育学部生涯教育課程卒業
千葉大学予防医学センター　勤務
2016年　千葉大学大学院医学薬学府医科学専攻修士課程修了
2018年　シャリテ医科大学研究員(ドイツ)
2019年　千葉大学予防医学センター　特任研究員
2020年-千葉大学大学院医学薬学府先進予防医学共同専攻博士課程修了
2021年-千葉大学予防医学センター　特任研究員
東京大学先端科学技術研究センター
特任助教

主な活動

専門は社会疫学で、暴力の社会的決定要因の解明に取り組んでいる。現在は「まちは暴力を予防できるか？」というテーマの下、都市とwell-being(ウェルビーイング)、暴力、ストレスとの関連について研究を展開している

主なプロジェクト

「日本老年学的評価研究」(2014年-、JAGES研究)、「日本におけるCOVID-19問題による社会・健康格差評価研究」(2020年-、JACSIS研究)など

主な論文

「Elder abuse and social capital in older adults: The Japan Gerontological Evaluation Study」(2020年)、「高齢者のインターネット利用と健康: JAGES 縦断研究の結果より」(2021年)、「Elder abuse and depressive symptoms: Which is cause and effect? Bidirectional longitudinal studies from the JAGES」(2022年)など

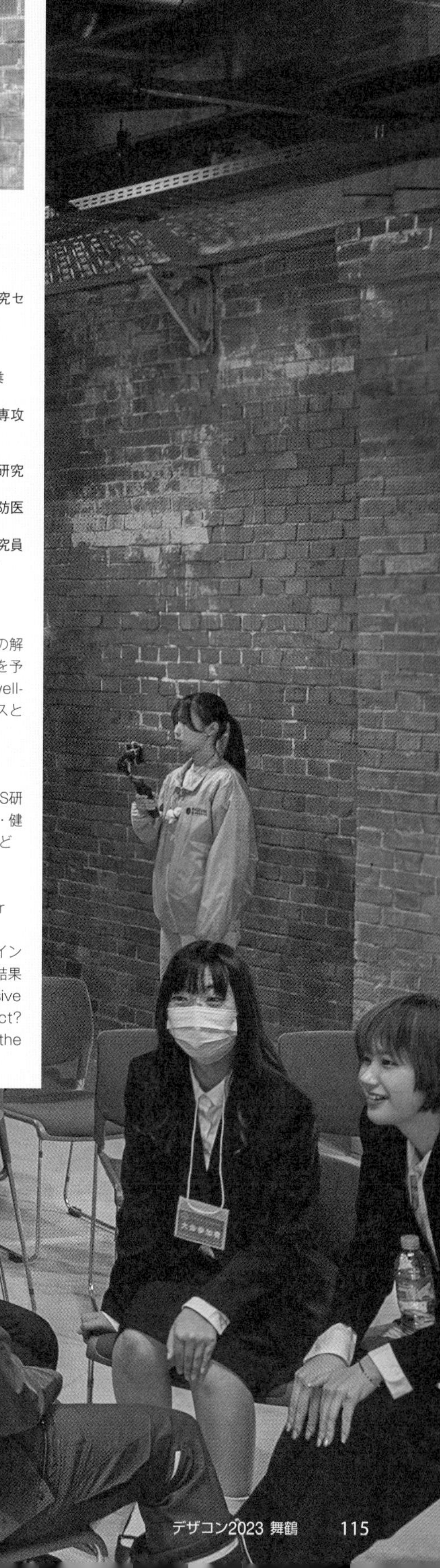

Additive Manufacturing

AMデザイン部門

課題テーマ 新しい生活様式を豊かにしよう！ Part2

予選(オンライン方式)▼

2023.7.26-8.9
予選応募
2023.8.29
予選審査

18作品

本選▼

2023.11.11
プレゼンテーション
学生交流会
2023.11.12
ディスカッション(ポスターセッション)
学生相互投票
最終審査(非公開審査)
審査結果発表、審査員総評

9作品

受賞▼

■最優秀賞(経済産業大臣賞)
該当なし
■優秀賞
神戸市立高専『META MET
──3Dプリンタを活用した次世代ヘルメット』[001]
弓削商船高専『ディスポ持針器』[007]
■審査員特別賞
仙台高専(名取)『Crash・Marble
──拡張型ボードゲーム』[002]
弓削商船高専『トップナー』[009]

4作品

近年、世界では感染症をはじめ、絶えることのない紛争、気候変動、水問題などのさまざまな出来事や問題により、新しい生活様式を送ることを求められている。そこで、いろいろな問題を抱え、混迷を深める現代において、「新しい協働の形(session)」を模索し、新しい生活様式を豊かにするアイテムのアイディアを募集する。新しい生活様式は、すでに提唱されているものにとどまらず、見方によっては無限に広がる。3Dプリンタの特性を活用して実動する試作品(「作品」=実機=3Dプリンタによる製作物)を製作し、新しい未来を提案してほしい。

001 神戸市立高専

有馬 朋希(5年)、一色 潤(4年)、◎坂本 晴臣(3年)[機械工学科]／
奥村 翔太[応用化学科2年]
担当教員：三宅 修吾[機械工学科]

自転車用ヘルメット

META MET——3Dプリンタを活用した次世代ヘルメット

審査講評

社会的な課題をしっかりととらえた、非常にすばらしいアイディア。耐衝撃性能も高く評価できる。実動する試作品(実機)を使った説明は明確でわかりやすく、説得力があった。（浜野 慶一）

全体的にとてもまとまっていて、わかりやすい説明だった。完成度は高い。一体成形、個別最適化、メタマテリアル*1、コスト、安全性試験など3Dプリンタの良さを上手に利用している。ただし、頭部を保護するための検証方法については、医学的根拠がやや甘い。また、「新規性」の観点では、付加価値などが物足りない。（伊藤 惠）

個人に合う装着性を追求したヘルメットの提案。3Dプリンタでヘルメットを作る過程に、コンセプトを巧みに盛り込めると良い。（尾畑 英格）

註 ＊1 メタマテリアル：自然界の物質にはない反応をする、物質の電磁気学(光)的な特性を人工的に操作した疑似物質。

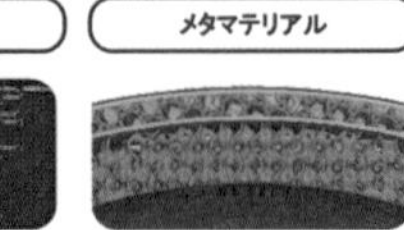
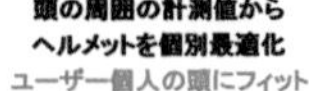

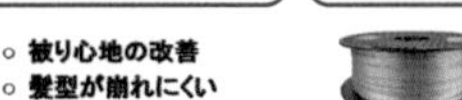

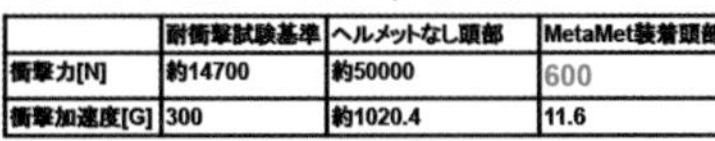

	耐衝撃試験基準	ヘルメットなし頭部	MetaMet装着頭部
衝撃力[N]	約14700	約50000	600
衝撃加速度[G]	300	約1020.4	11.6

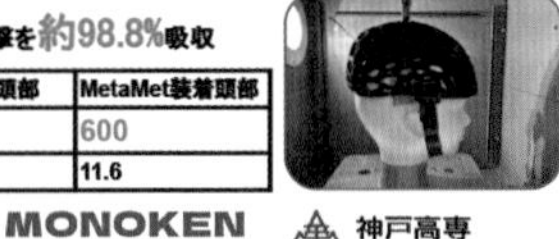

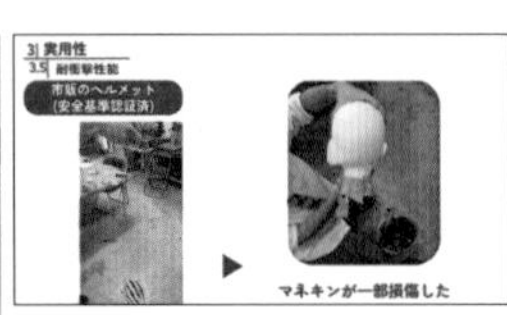

註(本書116～122ページ) ＊000、[000]：作品番号。 ＊氏名の前にある◎印は学生代表。 ＊＊1：本選不参加。

007 弓削商船高専

福本 航右**1[生産システム工学専攻専攻科1年]／
◎細矢 寧々、柴崎 彩香**1、野上 竜希[電子機械工学科5年]
担当教員：瀬濤 喜信[電子機械工学科]

医療器具

ディスポ持針器

審査講評

持針器(皮膚や筋肉の縫合の際、針を把持する医療器具)を選んだきっかけがすばらしい。費用も安全性もしっかりと検証している。検証と実証、トライアル&エラーを重ね、医師からの協力も得て良いものに仕上がった。予選からの改良点も評価した。(浜野 慶一)

作品説明はとてもきっちりと作成されていてすばらしい。強度、精密性、再現性、カスタマイズ(個別対応)の想定も現実的。設定した課題を解決するために修正を繰り返す丹念さ、予選で出した医療の質に関する疑問への適切な回答を評価した。阪神・淡路大震災を思うと、このチャレンジ精神は心強い。試用の動画も良い。たとえ1人でも医師の協力を得られ、困難な映像を撮れたことはすごい。学生としてできることはすべてやっている。今後への期待は大きい。(伊藤 恵)

医療器具を3Dプリンタで製作するチャレンジング(挑戦的)な作品。医師から得た試作品についての意見を反映して改善するなど、取組みへの積極性が感じられた。(尾畑 英格)

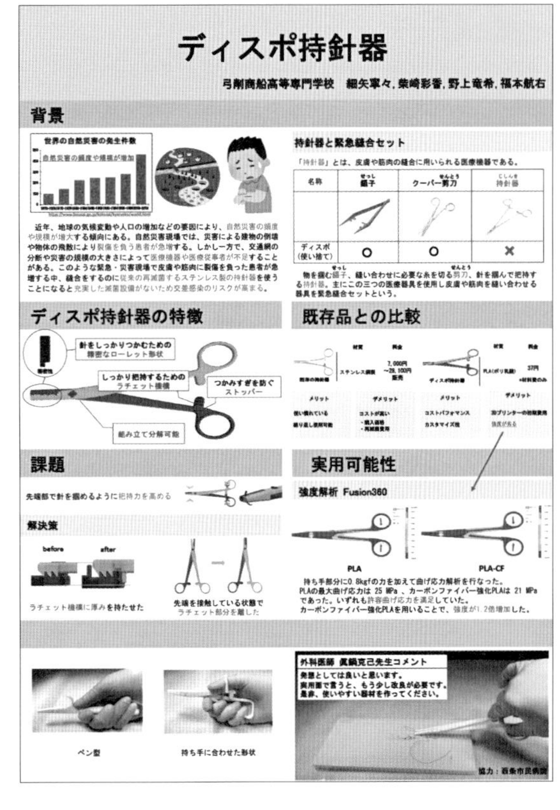

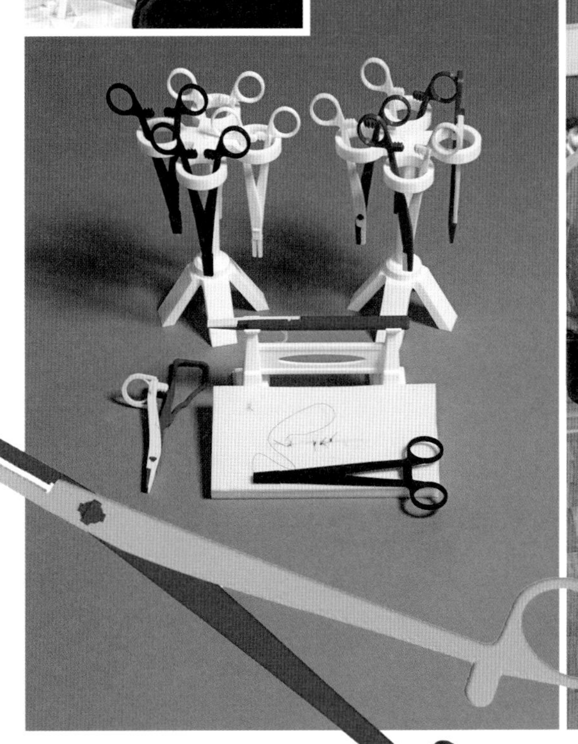

審査員特別賞

002 仙台高専(名取)

◎白田 陽彩人[生産システムデザイン工学専攻専攻科2年]/猪股 暖生[総合工学科Ⅱ類ロボティクスコース5年]/渡邊 尚育[総合工学科Ⅱ類マテリアル環境コース3年]/佐々 優華[総合工学科Ⅲ類建築デザインコース3年]
担当教員:野呂 秀太[総合工学科Ⅱ類機械・エネルギーコース]

ボードゲーム

Crash・Marble——拡張型ボードゲーム

審査講評

アイディアは良いが、ボードゲームを開発した理由が明確ではない。3Dプリンタを大いに活用してもらうことと、社会的な課題との直接的な関係性がやや薄い。(浜野 慶一)

3DCAD(3Dプリンタ用の設計支援ツール)を習得するための手段としてのゲーム作成という観点はおもしろい。ギミック(仕掛け)を改良できる製作見本をいくつかを提示してほしい。ゲームを進める中でプレイヤー同士のコミュニケーションが生まれる、という点では、広い意味で課題テーマ「新しい生活様式を豊かにしよう」にも合致する。(伊藤 惠)

課題テーマ「新しい生活様式を豊かにしよう」に沿った作品。ゲームのワクワク感が伝わる。これをとっかかりに、3Dプリンタの活用が広がることを期待。(尾畑 英格)

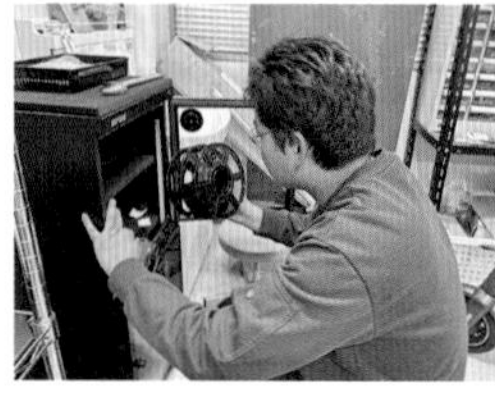

審査員特別賞

009 弓削商船高専

◎菅野 琴路、萩原 聖大、鴨川 隼(4年)、Heang Seakthong(3年)
[電子機械工学科]
担当教員:福田 英次[電子機械工学科]

蓋はがし自助具

トップナー

審査講評

とても現実的で、利便性の高い製品。いわゆる「100円均一ショップ」で売れるのではないか。ただし、実用化するには、製品として仰々し過ぎる。(浜野 慶一)

「老老介護」が増えている現状で、このような便利グッズはタイムリー。3Dプリンタの特性をうまく利用しており、改良や工夫はよくできている。しかし、高齢者の利用を想定しているのに、高齢者の特性を考慮していないため、火傷などの不安が残る。使用者の特性を十分に調べ、それに合うものを完成させるべき。(伊藤 惠)

高齢者のみならず、多くの人が感じている社会の課題を取り上げ、その解消につなげる作品。試作を繰り返して、使用感の向上が図られ、生活の豊かさに資する製品になると感じる。今後は、さらにスムーズな操作性の実現を期待する。(尾畑 英格)

008 苫小牧高専

◎松本 昇磨、今 優花、林 孝太朗、吉田 陽稀[創造工学科機械系5年]
担当教員：高澤 幸治[創造工学科機械系]

携帯型防犯カメラ

ラビットガード——みんなを見守る防犯機能付き360°カメラ

審査講評

実働する試作品(実機)の完成に至っていないのが残念。3Dプリンタで作成する必要性はあまり感じられない。バッテリーの持続時間と充電が問題。（浜野 慶一）

作品の説明には説得力があり、とても良かった。予選で出した審査員からの疑問に応じ、発展と工夫が見られた。3Dプリンタで外形デザインをユーザ自身が作れる、などの楽しみ方もいい。犯罪抑止力、プライバシー、肖像権、性善説など、監視撮影に関して、社会の全員が一致する考え方はまだない。技術と社会哲学、両方の深化が必要で、本選までに学生たちが検討したであろうことは評価したい。ただし、実働する携帯型の試作品を完成できなかったことが残念。（伊藤 恵）

キャッチーな(目を引く)コンセプトで提案している。多機能であることは魅力的だが、3Dプリンタ技術の使用ならではの利点を、もっと強調できると良かった。（尾畑 英格）

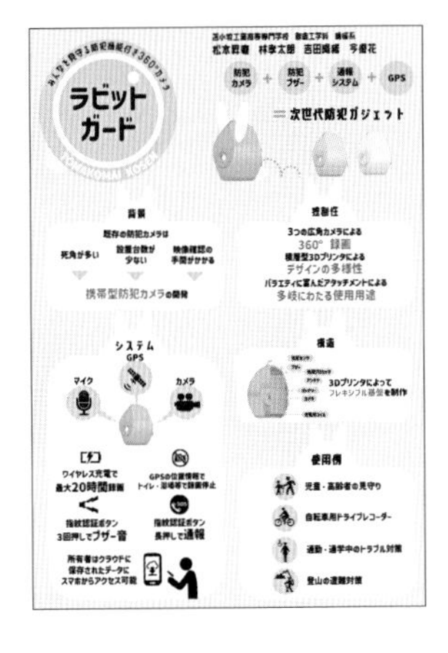

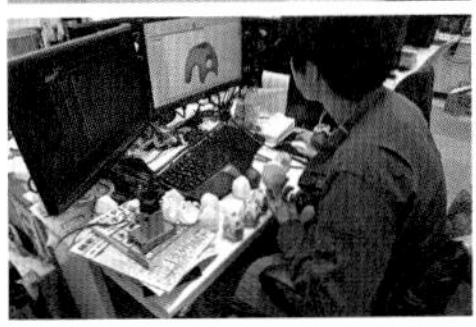

010 呉高専

◎眞鍋 昂大、黒崎 翔駿、田中 悠翔、澤岡 由人[機械工学科4年]
担当教員：上寺 哲也[機械工学科]

ヘルメット取付式雨具

レインぼう

審査講評

ビジネスモデル化、製作コストの削減には努めているものの、まだまだ改良の余地がある。実働する試作品(実機)の完成度が低い。（浜野 慶一）

日常生活から思いつくアイディアという点で、学生らしい。自転車での傘さし運転禁止のルールを遵守できるため、通学やインバウンド(外国人観光客)向けのレンタサイクルなど、需要はかなり見込める。巻き込み収納の失敗、レインコート着用時の不具合、視界不良、事故時の頭部や首筋の安全性などの検証が不十分か。単なるアイディアから、もう一歩進んで考案してほしい。（伊藤 恵）

生活の中で人々が不便に感じている課題に着目した作品で、雨の日の負担感を軽減できる。操作性などをさらに改善すれば、実用性が高いものとなるだろう。（尾畑 英格）

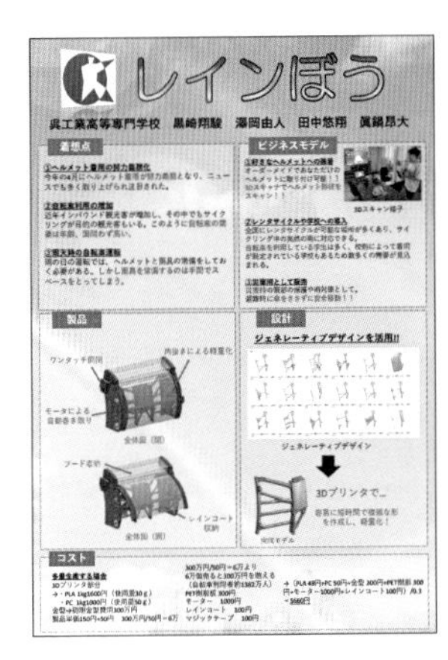

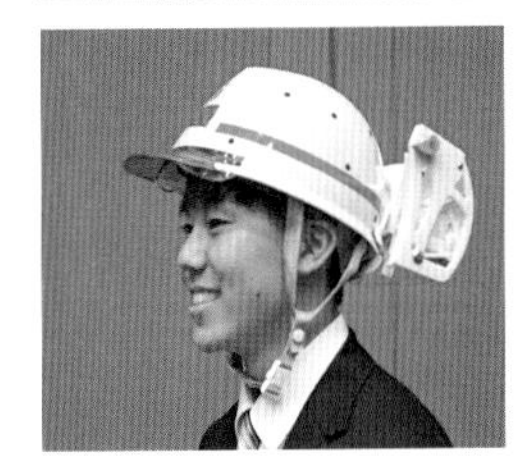

011 岐阜高専

◎臼井 遼太郎、櫻井 晴生、エドバト・エリエゼル、大柿 潤成[機械工学科5年]
担当教員：山田 実[機械工学科]

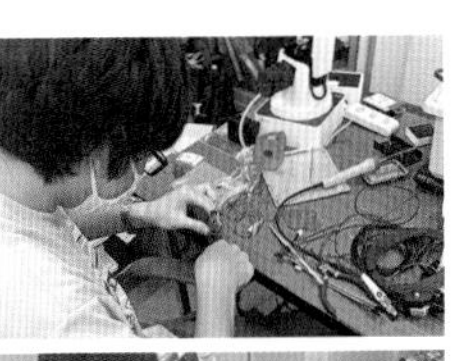

自動演奏装置

MACHIAI★SESSION

審査講評

技術的には良く考えられているが、課題設定やコンセプトが弱い。実働する試作品(実機)の完成度が低かったのは残念。（浜野 慶一）

効率や進化ばかりが優先されがちな社会において、「待つを楽しむ」「音で会話する」という発想はとてもいい。スマートフォンのアプリで簡単に作曲でき、それを「スフィア」の螺旋成形にすぐ反映できるという、3Dプリンタの特性を利用した点も良い。ただし、実働する実寸の試作品がなかったのはかなり残念。（伊藤 恵）

発想そのものはおもしろいし、周りの人たちと豊かな時間を創出する試みとしては良かった。使用する場所、用途にもっと工夫があると、人々から使われるものになりそうなので、さらなる検討を期待する。（尾畑 英格）

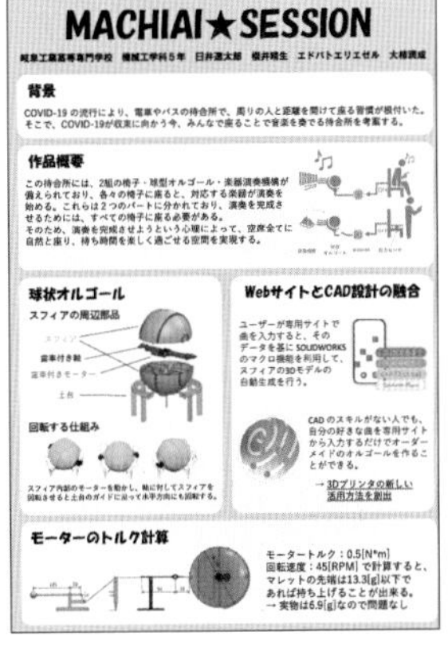

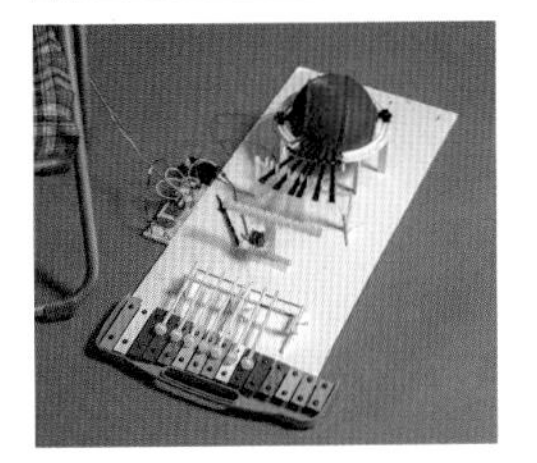

017　函館高専

大澤 泰輔**1(5年)、◎中村 涼、木保 心音、
竹田 花月(3年)[生産システム工学科機械コース]
担当教員：山田 誠[生産システム工学科]

傘ホルダー

Aquarium Circle

審査講評

実働する試作品(実機)を実際に稼働したら、思った以上に良くできていた。アイディアは良く、実用性も高い。傘の種類によらず、十分な水切りをどこまでできるようにするかが今後の課題。（浜野 慶一）

傘の雨水処理という、生活の中で必要となるアイディアが良い。3Dプリンタの特性を上手に利用し、螺旋状に傘を絞るための角度を検討するなど、技術的な細かい工夫を評価したい。傘との一体化の可能性や嵩張らない方法など、まだ課題も多いが、解決できる時を待つ。（伊藤 惠）

傘の水滴を取りつつ、機能性を加えた作品。コンパクトで使い勝手もいい。ディスカッションの審査で、多様な工夫があることを理解できた。（尾畑 英格）

019　鶴岡高専

◎國井 蘭[創造工学科化学・生物コース4年]／
秋浜 正太朗、阿部 嵐(4年)、佐藤 心吾(2年)[創造工学科情報コース]
担当教員：和田 真人[創造工学科機械コースデザイン工学分野]

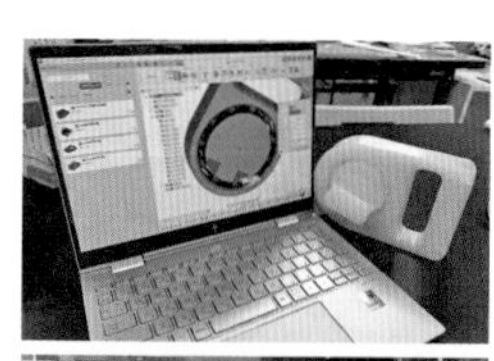

買い物袋の把手

LOADLE——買い物を楽に！

審査講評

試行錯誤を重ねて製作した良いデザインの製品であり、実用性は高い。実働する試作品(実機)が完成している点は強味だが、3Dプリンタで製作しなければならない理由が弱い。（浜野 慶一）

素材の改良、耐久性、耐荷重、組立ての容易さなど、細かい目配りと検証に加え、3Dプリンタの特性も活用しており、最初の目標は達成している。実働する試作品も完成している。実用の場面では、多方向の揺れが必ず起こるので、その検討も事前にしてほしい。最終的に、小さくまとめた感じで終わってしまったのが残念。（伊藤 惠）

普段から不便に感じている買い物袋の課題の改善に取り組んだ作品。試作品は実用レベルと言えるぐらいの完成度なので、さらなる改善によって実用化されることを期待する。（尾畑 英格）

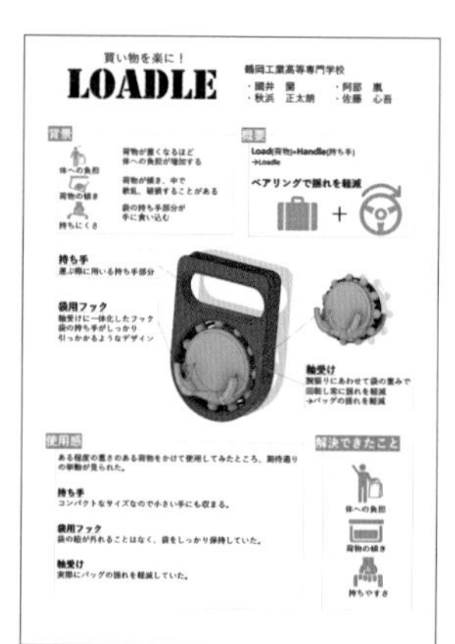

舞鶴の地から新たな価値が生まれる

浜野 慶一（審査員長）

今回の課題テーマ「新しい生活様式を豊かにする」（大きな社会課題から学生たちの日々の生活に身近な問題までを含め）に、いずれの作品も真摯に向き合ってくれた。いずれの作品も、本選に至るまでには侃侃諤諤、さまざまな議論があったことと思う。その過程を経て、本選では本当にすばらしいプレゼンテーション（作品の展示、表現、説明）、すばらしい試作品（実機）を見せてもらうことができた。まだ完成には至ってない、改良が必要、完成までもう一歩のところまで来ていたけれど、もっと創意工夫ができたら良かった……。それぞれの思いがあると思うが、予選を勝ち抜き、本選に至った学生たちの努力を評価したい。また、舞鶴の地に全国の高専の学生たちが集まり、参加作品を通して学生それぞれの思いを発信し、学生相互が交流することにより、ここから新たな価値が生まれると感じている。

デザコンは審査会であるため、結果として各作品には得点も順位も付いてしまう。しかし、本選参加作品はどれも、世の中にとって必要なものであったり、生活が楽しくなったり、心が豊かになったり、使う人が笑顔になったり、というものばかりであった。今回のデバイス（装置）を、さらに完成度の高いものに改良し、ぜひ、社会に実装してほしいと願っている。

我々審査員は、デザコン2023で審査する立場になっているが、この2日間を通して、参加した学生たちから大きな学びと大きな刺激を受け、さまざまな面で勉強させてもらうことができた。ここに、改めて感謝を伝え、総評としたい。

007　009　001　011　008

その技術は、社会の幸せに資するか？

伊藤 恵

学生たちの3Dプリンタ利用の技術に関する知識や行動力はすばらしい。これからも人間への信頼と尊敬を持って技術に関わってほしい。

大切なのは、社会や他者との関わりを持つこと。観念的な「高齢者は」などではなく、具体的な視点を持つこと。常にどんな社会になってほしいかを考え、その中で自分たちの技術は、社会の幸せに資するかを自問し、認識してほしい。

高専の学生たちは、非常に恵まれた環境にある。その恵まれた環境の中で、素質を十分に開花させてほしい。今年、悔しいと思った学生は、また、来年チャレンジを。

そして、「社会に役立つ」ためではなくて、「楽しく幸せな社会を自分がつくる」ために、がんばってほしい。

取組みの中で培われた技術を糧に

尾畑 英格

この2日間、デザコン2023に参加し、学生たちの真摯な取組みや熱意を感じることができた。結果として、作品1つ1つに順位をつけることは、非常に難しいことであった。学生たちは、これまでに議論を重ね、設計と試作を経て、本選の日を迎えたことと思う。日頃からの努力に対して敬意を表したい。

学生たちの発想力、作品として仕上げていく力、そして技術力の高さに感心した。こうした力を今後、さらに伸ばしてもらいたい。作品に取り組む中で培われた技術を活かして、次の段階、新たな展開を期待している。学生たちには、これからも研鑽に励んでほしいと思う。

＊000：作品番号。

002　010　009　001　017　008　011　007　019

ニーズや実用性に加え、AM技術活用の必然性と試作品での作動がカギ

作品の展示設営、オリエンテーション

作品の魅力を展示でもアピール

AMデザイン部門では、AM(Additive Manufacturing＝付加製造)技術、つまり3Dプリンタによる造形技術の特性を活用して製作した「作品」(実働する試作品＝3Dプリンタによる製作物＝実機)を、実用化を見据えた製品という視点から審査する。現在、3Dプリンタで加工できる材料はまだ限定的で、従来の加工技術と比べて精度は低く、速度も遅い。また、製造コストも高い場合が多い。その反面、❶従来の加工法では難しかった複雑な形状に加工できる、❷樹脂材料を使った成形加工は、品物を1つだけ製造するなら従来の加工法より安価で済むため、試作を重ねる際に有利、❸生産の立ち上がりが速い、という利点がある。AMデザイン部門では、これらの特性を生かして、いかにユーザの「喜び」「幸せ」「便利」につなげるかが問われる。

本選は、京都府舞鶴市の舞鶴市総合文化会館小ホールを会場として開催された。

初日は8:30に運営スタッフが集合し、カメラ配置や役割分担を確認。参加する学生たちは受付開始の9:30より少し前から会場に到着し始め、受付で審査の順番と作品展示ブースの位置を決めるくじを引くと、それぞれくじ引きで決まった作品展示ブースに、製作した実働する試作品(「作品」＝実機＝3Dプリンタによる製作物)やポスターを展示するなど、審査へ向けての準備を進めた。10:00に参加学生と指導教員向けのオリエンテーションが開始。部門長の挨拶に続いて、2日間の大会の流れを説明した。オリエンテーションの後も、学生たちは作品をアピールするよう工夫を凝らした展示設営を進めるとともに、午後からのプレゼンテーション審査に向けて、パソコンとプロジェクタとの接続テストをそれぞれ行なった。

13:10からの部門参加者全員でのオリエンテーションでは、まず、浜野慶一(審査員長)、伊藤恵、尾畑英格の審査員3人を紹介。続いて、1作品につき説明(口頭発表)9分間、質疑応答6分間であることを確認した。

002

プレゼンテーション

工夫を凝らした作品説明に続き、動機から技術詳細に至る活発なやり取りが展開

13:15に、仙台高専(名取)『Crash・Marble』[002]からプレゼンテーションの審査が始まった。[002]は、3Dプリンタとボードゲームを組み合わせた作品で、CAD(設計支援ツール)のモデリングから3Dプリンタによる造形までを楽しく学べる。

「ボードゲーム以外を考えなかったのか?」(浜野)に、学生は「課題概要にある『新しい協働の形(session)』に対し、まず、ゲームだと考えた。そして、カードゲームなどよりボードゲームのような立体物のほうが3Dプリンタに適していると考え

註(本書124～129ページ)　＊000、[000]：作品番号。　＊文中の作品名は、サブタイトルを省略。高専名(キャンパス名)『作品名』[作品番号]で表示。

た」と回答。「ゲームの対象年齢は？　高齢者の利用も想定しているのか？」（伊藤）に、学生は「対象は小学校低学年から高齢者。高齢者の『脳トレ』にも使える」と回答。「このゲームをとっかかりに、3Dプリンタ技術の活用拡大につながることを期待」（尾畑）との応援もあった。

神戸市立高専『META MET』[001]は、3Dプリンタを活用した単一材料による一体成形で、外側は強固に、内側は柔軟に製造できるヘルメット。学生は「個人個人の頭部に合わせて設計でき、リサイクル性も向上する」と説明。

「使用者の頭部をどのように測定するのか？」（浜野）に、学生は「一般モデルは頭部の写真撮影や頭部周囲の測定により設計可能だが、密着度の高いモデルでは頭部の3D測定が必要」と即答。「製作時間は？」（尾畑）に、学生は「造形時間は2日間。設計過程の時間短縮を試みている」と回答。「子供の成長に合わせて、どれぐらいの頻度で買替えが必要？　頭全体を覆う必要はないのか？」（伊藤）に、学生は「伸縮性があるので、子供が成長しても通常のヘルメットの耐用年数3年は使えるはず。頭全体を覆う設計も可能」と堂々と回答した。

岐阜高専『MACHIAI★SESSION』[011]は球状オルゴールで、待合所の椅子に座ると演奏を始め、待ち時間を楽しく過ごせる。CADの知識がなくても、インターネット上の専用ウエブサイトで音階を入力すれば、3Dプリンタを使って球状オルゴールの3Dモデルをすぐに自動生成できる。学生は「従来のオルゴールより見た目が斬新。簡単に作れるので利用者も親しみやすい」と説明。

「専用ウエブサイトでデータを入力するだけで3Dモデルを自動生成できる、というシステムは多様なものに応用できそう」（浜野）、「『待つ』というマイナス要素を『楽しむ』という考え方がすばらしい。ただし、オルゴールを自作して待合所に設置する時には、作曲者の著作権に考慮が必要」（伊藤）などの助言が。「オルゴールの軸の消耗やメンテナンス性は？」（尾畑）に、学生は「本体（スフィア）の中に軸を載せただけの単純な構造なので、誰でも容易に交換可能」と回答した。

呉高専『レインぼう』[010]は、雨が降ってきた時に、ボタンを押すとレインコートが出てくる自転車用ヘルメット。学生は「突然の雨に即応できる」「傘やレインコートを鞄に常備する必要がなくなる」「傘を差すより安全に運転できる」「ヘルメットの形状に合わせて設計できるので、好みのヘルメットに取付け可能」などの利点をアピールした。

「走行中に外れないか？　実際、雨の日に走ってみたか？」（浜野）に、学生は「まだテストしていない」と残念そうに回答。「雨天での自転車走行という、日常生活におけるストレスを解決する作品ですばらしい。使用後に、レインコートの巻取りでストレスを感じるのでは？」（尾畑）に、学生は「計算によると約10秒で巻き取り可能」と自信を持って回答。「どのようなレインコートなのか？　ポンチョのような形は想定しているのか？」（伊藤）に、学生は「『100円均一ショップ』で買えるようなレインコートを想定。ポンチョは考えていなかった」と回答した。

函館高専『Aquarium Circle』[017]は円筒形の留め具で、濡れた傘をたたむ時に装着すれば、傘に付いた水滴を集めてタンクへ溜めることができる。学生は「傘がきちんとまとまる」「水滴を回収できるので、屋内用の傘入れ袋を使わずに済み、エコにつながる」「水族館をイメージしたデザインでワクワクする」など、高機能性をアピールした。

「タンクに水滴が収まり切らないことは？」（浜野）に、学生は「傘の水滴の量はそれほど多くないのでタンクに収まる。また、タンクの水を捨てることもできる」と回答。「持ち歩くなら、装置の重さを知りたい」（尾畑）に、学生は「素材が樹脂な

ので、150g程度と軽い」と回答した。
弓削商船高専『ディスポ持針器』[007]は、使い捨て可能な持針器(皮膚や筋肉の縫合の際、針を把持する医療器具)。学生は「3Dプリンタの活用により、持針器の形状をカスタマイズ(特別あつらえ)でき、医師の手に合う持針器を作製できる」「分解できるので、破棄する際に医療ゴミの容量が減る」などの利点を力説した。
「ディスポーザル(使い捨て)持針器にしたきっかけは?」(浜野)に、学生は「幼少期から医師に助けられることが多く、学生生活の残りの時間で、人の役に立つものを作りたかった。使い捨ての持針器がないことを知り、作ろうと思った」と回答。「医療現場で使用する場合、法律が関わるのではないか?」(浜野)に、学生は「医療機器にはガス滅菌が必要だが、滅菌しても持針器の強度に問題はなかった」と回答。「3Dプリンタの特徴をうまく活用していて、1個あたり材料費37円という低コストも魅力的。使用する医師に合わせて使い勝手をカスタマイズできるという工夫がすばらしい」(尾畑)と高評価も。「強度は検討しているが、精度は?」(伊藤)に、学生は「使用した3Dプリンタでは0.1mm間隔の高精度で製造できる。明日の展示で見てください」と自信を持って回答した。
弓削商船高専『トップナー』[009]は、容器の蓋として付着しているトップシール包装フィルムを、高齢者や指先の不自由な人でも簡単に開けられる自助具。学生は「3Dプリンタの『アイディアを簡単に具現化できる』『複雑な形状を短時間で作成できる』という特徴を活かし、個々のニーズや手の形状に合わせてカスタマイズできる」「『トップナー』の使用は、指先の不自由な人や高齢者の自立した生活の実現と介護の負担軽減につながる」などの利点を説明した。
「手の形状によって、力の入れ具合が変わるのか? 誰でも使えるものなのか?」(尾畑)、「握力が弱くても使えるのか?」(伊藤)に、学生は「手の甲で押すことができれば誰でも使用できる」と回答。「類似品を調査したのは良い。こういう装置が世の中に出回れば、高齢者などの生活を豊かにできる。課題テーマに合致したすばらしいアイディア」(浜野)と評価された。
苫小牧高専『ラビットガード』[008]は、鞄などの携行品に付けられる、携帯型の防犯機能付き360°カメラ。作品名はウサギの視野がほぼ360°であることに由来する。学生は「人間用ドライブレコーダーとして機能する防犯システムで、3つの広角カメラによる360°録画、防犯ブザー、通報機能、GPS機能を有する」と特徴を説明。
「実働する試作品(実機)は完成しているのか? 360°録画、防犯ブザーなど4つの機能が1つのデバイス(装置)で実現できているのか?」(浜野)に、学生は「360°録画が最も技術的に難しいと考えたので、まずそれに取り組んだ。試作品は明日、楽しみに」と自信を持って答えた。「この作品が世間に知られたら犯罪の抑止力になるのではないか?」(伊藤)に、学生は「これを見た人が罪を犯すのを止めようと思うのが一番」と回答。「取付け位置によって360°見えないのでは? 振動や雑音の対策は?」(尾畑)に、学生は「今回の試作品では対策できていないが、カメラの手ぶれ補正機能については近年、目覚ましい発展があり、評価指標にある『10年後までの実現可能性』は担保されている」と回答した。
鶴岡高専『LOADLE』[019]は、持ち手が付いた袋用フック。レジ袋などの荷物を引っ掛けると、軸受(ベアリング)の作用で荷物の揺れを軽減する。学生は「作品名はload(荷物)とhandle(持ち手)から成る造語で、文字どおり、荷物の新しい持ち手となる。荷物を運ぶ際に手首や肘など身体への負担を軽減し、荷物が傾くことによる内容物の散乱や液漏れ、レジ袋が手に食い込む痛み、などを防止できる」と有効性を説明。
「装置自体の重量と、耐荷重はどれぐらいか?」(浜野)に、学生は「重さは150gと軽い。耐荷重は、平均的な週末の買物量である5〜6kgに合わせて設計した」と回答。「変形する持ち手とは?」(尾畑)に、学生は「握った際に荷重のかかる部分が内側に曲がるよう設計しているので、手への反動が小さく、握りやすい」と回答。「進行方向だけでなく、左右の揺れも軽減されるか?」(伊藤)に、学生は「荷物を移動する際の一般的な動きには対応しているが、左右の動きには対応していない」と残念そうに回答した。

学生交流会

初日を終えた安堵感で、各所で和やかなやり取りが

全9作品のプレゼンテーション審査は15:55に終了。5分間の休憩を挟み、学生交流会へと進んだ。学生たちは、他の作品の展示ブースを回ってポスターを見たり、質問したりと、それぞれ交流を深めていった。

ディスカッション(ポスターセッション)

実機(試作品)を動かしながら、実用性と完成度をチェック

2日めの9:00から、ディスカッション(ポスターセッション)の審査に先立つオリエンテーションを開始。ディスカッションでは、部門長と審査員3人が一緒に各作品の展示ブースを巡回し、学生による作品の説明と質疑応答を通して、1作品あたり10分間で審査することを確認した。また、ディスカッションの後、学生相互投票(本書129ページ表1、130ページ「開催概要」参照)を実施することが伝えられた。
9:10、ディスカッションがスタート。仙台高専(名取)『Crash・Marble』[002]は、前日のプレゼンテーションで不十分だったギミック(仕掛け)の機構などについて、実働する試作品(実機)を使って説明した。「さまざまな年齢や性別の人にゲームを試してもらい、ギミックが正常に動作するかを確認しているとのことだが、駒が当たったのにギミックが動作しないパタンがあってもおもしろいのでは? また、デザコン来場者にも試してもらった?」(浜野)に、学生は「実は偽のギミックもあ

019

る。昨日の休憩中や学生交流会でいろいろな人に試してもらい、我々の想像していたコミュニケーションの形ができたのではないか、と感じた」と回答。「3Dプリンタで作る時間はどれぐらいかかるか?」(尾畑)に、学生は「1つのギミックで7時間半、製作費は320円」と即答。「ギミックやゲーム内容を考案するおもしろさはあるが、主目的はゲームのプレイなので、コミュニケーション・ツールとしては不十分ではないか?」(伊藤)、「いろいろなギミックが用意されていて、どれを選ぼうか悩んで楽しめるボードゲームだ」(尾畑)など、指摘や好評価があった。

神戸市立高専『META MET』[001]では、ヘルメットの試作品を審査員に触らせて、クッション性などをアピール。前日に不十分だった従来品との比較、外装を含めて3Dプリンタで一体成形する利点について説明した。

「類似品の調査はしたか?」(浜野)に、学生は「ヘルメットの内装部分を3Dプリンタで造形する製品はあったが、外装を含めて一体成形する製品は見当たらなかった」と回答。「1つ作るのに2日もかかるが、改善の余地はあるのか?」(浜野)に、学生は「5万円前後の家庭用3Dプリンタではなく、高性能な機種を使えば短縮が見込める」と回答した。「使っていく内に劣化することはないのか?」(尾畑)に、学生は「TPU(熱可塑性ポリウレタンエラストマー)は耐摩耗性が高いので劣化しにくい。TPUの種類によっては、雨や日光に強い性能を発揮する」と自信を持って回答。「想定しているカスタマイズの範囲は?」(伊藤)に、学生は「細かい単位で設計変更できるので、ユーザの求める精度に応じて対応可能」と回答した。

岐阜高専『MACHIAI★SESSION』[011]は、3Dプリンタで製作したオルゴールなどを展示。実際に専用ウエブサイトで音階を入力し、球状オルゴールの3Dモデルを自動生成して見せた。また、センサとなる椅子に浜野審査員長を座らせ、どのように演奏されるのかを披露。突起と鍵盤を叩く棒の噛み合わせがうまくいかず、手こずったものの、オルゴールからは実際に音楽が流れた。

「まだ改善の余地はあるが、実用化が楽しみだ。専用ウエブサイトはとてもよく考えられている」(浜野)、「CADの知識がない一般の人が作れる点が素敵。社会を幸せにするという目的の明確なところが良い。これが実現化したら楽し過ぎて、電車を待っているはずが電車に乗れないことになってしまう」(伊藤)、「発想はおもしろい。この先の展開が楽しみ」(尾畑)と好評価が続いた。

呉高専『レインぼう』[010]は、レインコートを巻き取る過程を実演した。初の巻取り実演で手間取ったが、学生は今後、改善すると説明。また、強度を保ちつつ軽量化するために採用したジェネレーティブ・デザイン(デザインの自動生成)により、結果として複雑な形状となるので、3Dプリンタの有効的な活用につながるとアピールした。

「使用後のレインコートを巻き取る時の水対策は?」(浜野)に、学生は「まだ試作品なので対策できていないが、水切り機能を付けたい」と回答。「フードはどう被るのか？　被った状態でレインコートの前を閉められるのか?」(伊藤)に、学生は「フードを被ったり、前を閉めたりはできない」と率直に説明した。「レインコートのサイズによって、巻き取り機構部分の

011
002
010
007
001
017
009
008
019

幅は変わるのか？　また、レインコートはどう取り外すのか？」（尾畑）に、学生は「すべての大きさに対応できる軸の距離で設計しているため、幅は変わらない。レインコートはマジックテープで軸に付いているので、取外しは簡単」と回答。「生活に密着した装置なので、使ってみたい」（尾畑）と、高い評価を受けた。

函館高専『Aquarium Circle』[017]は、本体の内輪に傘を通して外輪をスライドさせると、傘地に沿って傘がまとまる様子をデモンストレーションした。また、前日に説明できなかった類似品について、傘の水気を取る布地の製品や、設置型の大型機械はあるが、持ち運び可能な樹脂性の製品はないことを補足。審査員たちは、試作品を実際に動かしながら、構造について質疑応答した。

「プレゼンテーションではわからなかったが、試作品を見るといろいろ工夫している」（浜野）、「試作品を見て、便利なものだとわかった」（尾畑）と、好意的な評価を受けた。「他の荷物を持ちながら、装置を動かすのは大変なので、傘と一体型にするほうが良いのでは？」（伊藤）に、学生は「内輪の部分を折り畳み式にして、傘と一緒に広げていくような形に改良したい」と回答した。

弓削商船高専『ディスポ持針器』[007]では、試作品を審査員1人1人に渡し、構造や強度について確認してもらった。既存の持針器の形を真似ただけでは強度不足だが、ラチェット機構*1に厚みを持たせるなど、独自の工夫で保持力を高めた点をアピール。前日の法律に関する質問について、すでに調査し、印刷資料を用意するなど周到に準備していた。

「3Dプリンタを活用する意味は？」（浜野）に、学生は「3Dプリンタの強みはカスタマイズ性。各医師の手に馴染む形状にできる」と回答。「試作品の旧モデルと新モデルはどこが違うのか？」（尾畑）に、学生は「旧モデルは動かしやすいが力が加わりにくい。新モデルはラチェット機構の保持力を強めた」と、新モデル試作品に針を保持させて説明した。「緊急時に使用する場合、予め作ったものをストックしておくのか？　現場で3Dプリンタを使って作るのか？」（伊藤）に、学生は「災害現場での使用を想定しているので、大量生産してストックしておきたい。1個あたり10gと軽量なので、大量に持って行ける」と力説した。

弓削商船高専『トップナー』[009]は、数々の試作品を展示し、試行錯誤の過程をアピール。また、前日に質問された「100円均一ショップ」の商品について調べ、ジャムの瓶やペットボトル用のオープナーはあるが、トップシール用のオープナーはないことを報告した。

「最後の試作品は実際に使える完成品なのか？」（浜野）に、学生は「レバーを押し上げた時に、ロック機構でシールを掴み、前にスライドさせるという2段階動作が最終目標。試作品にはまだ課題が残っている」と回答。「熱いものの蓋を開ける時の検討をしているのか？」（伊藤）に、学生は「未検討だが、素手で開けた時と『トップナー』を使用した時とでは、中身の飛び散り具合に差はない」と回答した。「不自由に感じていることは障害者それぞれなので、カスタマイズできる点で3Dプリンタをうまく活用できている」（浜野）、「使い方に慣れれば、使い勝手のよい装置になる」（尾畑）との応援もあった。

苫小牧高専『ラビットガード』[008]は、携帯しても邪魔にならない流線型のデザインにしたこと、目立たせて犯罪の抑止に役立てたい人や、ファッションとして楽しみたい人など、要望に応じて使い分けられることについて、試作品を見せながら説明。3Dプリンタ用の設計データを公開することで、ユーザ自身でカスタマイズできることをアピールした。

「複数の機能を1つのデバイス（装置）に取り込んだ場合、部品の交換はどうなる？」（尾畑）に、学生は「一体成形の場合は、一式交換する必要がある」と回答。「カメラによる監視社会にはなってほしくない。たとえば、子供がどこに寄っていたのかを話し合うようなコミュニケーション・ツールとして開発してほしい」（伊藤）に、学生は「監視より、付き添いの手間を減らせる点がアピールポイント」と回答。「まだ完成に至っていないが、非常に役に立つ装置だと感じた」（浜野）、「このような装置は生活の中で重要性が増してくると思うので、自然に身に着けられるサイズ感に仕上げてほしい。これから先の開発を楽しみにしている」（尾畑）とのエールもあった。

鶴岡高専『LOADLE』[019]は、試作を重

017

007

ねて改良してきた点などについて実働する試作品を見せながら説明。前日に指摘された欠点「左右の動きに未対応」について、「CADと3Dプリンタの活用により容易に設計変更できるので、左右の動きに対応したベアリングを組み込めば対応できる」とアピールした。

「充填率(造形物の内側の密度)を60%から45%に削減したというが、何が利点なのか?」(浜野)に、学生は「試作品は仮に60%として作ったが、45%に削減しても機能を損なっていなかったので、コストと重量を削減できた」と回答。その後、審査員たちは試作品を使って実際にレジ袋を持ってみた。

「荷物は傾かずに安定感があって持ちやすい。日常的に使ってみたい」(尾畑)、「荷物がたくさんある場合、腕にかけたりできるとさらに便利になる。また、進行方向の揺れを抑えるだけではなく、球形にして全方向に対応できるようにしたら、ベビーカーに付けるなど用途が増える」(伊藤)との評価や助言があった。

全9作品のディスカッションは10:55に終了。部門長から学生相互投票について案内があり、本選参加学生(各作品1票)は、自作以外で最もすぐれていると感じた1作品を投票用紙に記入し、部門長に渡した。投票を終えた作品から展示物の片付けを始め、休憩を挟んで審査の結果待ちとなった。

註
*1 ラチェット機構:歯車などの回転を一方向に限定し、反対側には回らないようにする機構。

審査結果発表、審査員総評

審議を重ね、最優秀賞は該当なしの厳しい裁定

ディスカッションの審査終了後、審査員は別室で各作品の評価に入り、「1新規性・独創性・活用性」「2技術的課題の解決・実用性」をそれぞれ1人15点満点、「3プレゼンテーション力」を1人10点満点で採点(表1参照)。受賞候補は、審査員の採点を集計した点数に、「学生相互投票」(8点満点)の点数を合計した総合点に基づいて審議することとなった。

総合点は、弓削商船高専『ディスポ持針器』[007]が101点でトップとなり、神戸市立高専『META MET』[001]が97点の高得点で続いた。そして、仙台高専(名取)『Crash・Marble』[002]と、弓削商船高専『トップナー』[009]が87点で同順位に。この結果をもとに審査員間での審議を経て、最終的には得点順に優秀賞と審査員特別賞を受賞することが決定した(表1参照)。

浜野審査員長からは、「最優秀賞(経済産業大臣賞)については、社会的課題、完成度、実用性、ニーズ、すべてが網羅されているかを細かく審査した結果、『該当なし』となった。ただし、予選を勝ち抜き、本選に出場するに至った学生たちの努力を評価したい。今回、提案した装置(デバイス)をさらに完成度の高いものに改良し、ぜひ、社会に実装(実用化)してほしいと願っている」と労いの言葉が贈られた。いずれの参加者も互いの健闘を讃え合いながら、拍手でAMデザイン部門の幕が閉じられた。

(谷川 博哉 舞鶴高専)

表1 本選——得点集計結果

作品番号	作品名	高専名(キャンパス名)	浜野[40点満点]			伊藤[40点満点]			尾畑[40点満点]			合計[120点満点]			学生相互投票[8点満点]	総合点[128点満点]	順位	受賞
			1	2	3	1	2	3	1	2	3	1[45点満点]	2[45点満点]	2[30点満点]				
007	ディスポ持針器	弓削商船高専	14	13	8	12	14	10	10	11	8	36	38	26	1	101	1	優秀賞
001	META MET	神戸市立高専	14	14	9	8	12	9	10	10	8	32	36	26	3	97	2	優秀賞
002	Crash·Marble	仙台高専(名取)	12	12	7	12	10	7	10	10	7	34	32	21		87	3	審査員特別賞
009	トップナー	弓削商船高専	14	13	8	8	8	7	10	10	8	32	31	23	1	87	3	審査員特別賞
019	LOADLE	鶴岡高専	13	13	8	8	8	6	10	12	7	31	33	21	1	86	5	
010	レインぼう	呉高専	11	11	7	8	7	7	12	12	8	31	30	22	2	85	6	
008	ラビットガード	苫小牧高専	14	9	8	8	10	8	10	10	7	32	29	23		84	7	
017	Aquarium Circle	函館高専	12	12	6	8	10	5	12	10	7	32	32	18	1	83	8	
011	MACHIAI★SESSION	岐阜高専	10	11	7	14	8	8	10	5	7	34	24	22		80	9	

表註
*作品名はサブタイトルを省略。 *最優秀賞(経済産業大臣賞)は、該当なし。
*学生相互投票は、本選参加学生(各作品1票)が、自作以外で最もすぐれていると感じた1作品に投票したもの。11月12日のディスカッション(ポスターセッション)終了後にAMデザイン部門長が投票用紙を回収。1票=1点(8点満点)として、各作品の得点に加算された。
*各審査基準と評価点数、学生相互投票の得点の詳細は、本書130ページ「開催概要」を参照。

凡例
本選審査基準
1:新規性・独創性・活用性[15点満点]×審査員3人=合計[45点満点]
2:技術的課題の解決・実用性[15点満点]×審査員3人=合計[45点満点]
3:プレゼンテーション力[10点満点]×審査員3人=合計[30点満点]

AMデザイン部門概要

■課題テーマ
新しい生活様式を豊かにしよう！　Part2

■課題概要
近年、世界では感染症をはじめ、絶えることのない紛争、気候変動、水問題などのさまざまな出来事、問題により、新しい生活様式を送ることが求められている。そこで、いろいろな問題を抱え、混迷を深める現代において、「新しい協働の形（session）」を模索し、新しい生活様式を豊かにする、新アイテム開発のアイディアを募集する。
新しい生活様式とは、現在、すでに謳われているものに限らず、見方によっては無限に広がるものだと考える。3Dプリンタの特性を活用しながら、新しい未来を提案してほしい。

■審査員
浜野 慶一（審査員長）、伊藤 惠、尾畑 英格

■応募条件
❶高等専門学校に在籍する学生
❷1～4人のチームによるもの。1人1作品
❸空間デザイン部門、創造デザイン部門への応募不可。ただし、予選未通過の場合、構造デザイン部門への応募は可
❹他のコンテスト、コンペティションに応募していない作品

■応募数
18作品（72人、12高専）

■応募期間
2023年7月26日（水）～8月9日（水）

■提案条件
❶提案は「新しい生活様式を豊かにするアイテム」とする
❷「作品」（試作品＝3Dプリンタを活用した製作物＝実機）の主要部品を3Dプリンタにより作成すること。実際に稼働するか、稼働状態を模擬できる実物の機器や模型を製作し、作動状況を示すこと。実物のスケール（実寸）である必要はない
❸可能な限り、本選会場にて実演すること。会場で実演できない場合は、ビデオ撮影での対応や、動作の代替物（たとえば、水の動作をビーズの動作に置き換えるなど）を用いた実演でも可
❹3Dプリンタで用いる原材料の種類は不問。また、提案で想定される装具や器具の原材料と、「作品」に用いる原材料を一致させる必要はない
❺強度を計算し、製品として実現する可能性を示すこと。実際に市販する製品を想定する際には、一般的な金属（鉄、アルミ、ステンレスなど）の使用の想定も可
❻「作品」の部品の内、ボルトなどのネジ類、バネ類、ゴム類は、市販品の使用可。主アイディアの補助的な使用に限り、電池ボックスを含めた電装品類も市販品の使用可
❼提案内容が特許などの知的財産権に関係する場合は、本選までに必ず特許の申請を開始しておくこと。また、提案内容に既存特許への抵触がある場合は、提案者と指導教員が事前に特許検索などで責任をもって確認し、提案書（エントリーシート）に提示すること
❽現状の法令などとの適合度は不問

本選審査

■日時
2023年11月11日（土）～12日（日）

■会場
舞鶴市総合文化会館　小ホール

■本選提出物
❶「作品」（試作品＝3Dプリンタを活用した製作物=実機）：3Dプリンタを活用した、実働（または実働を模擬すること）が可能な造形物
❷ポスター：A1判サイズ（縦向き）1枚
❸補助ポスター：A1判サイズ（縦向き）1枚［任意］
❹CD ／ DVD-ROM：プレゼンテーション資料（PowerPoint形式）、ポスターの電子データ（PDF形式）を格納したもの

■展示スペース
作品ごとに展示ブースを用意し、1作品につき展示用テーブル（幅1,800mm×奥行600mm）1台を設置。展示範囲は、テーブル上：幅1,800mm×奥行600mm×高さ1,500mm

■審査過程
参加数：9作品（33人*1、8高専）
2023年11月11日（土）
❶プレゼンテーション
13:15～14:35（前半）
14:50～15:55（後半）
❷学生交流会
16:00～17:00

2023年11月12日（日）
❶ディスカッション（ポスターセッション）
9:10～10:55
❷学生相互投票
10:55～11:00
❸最終審査（非公開審査）
11:00～12:00
❹審査結果発表、審査員総評
13:30～13:50

■評価指標
以下の4つの視点で評価
①3Dプリンタの特性および必然性
3Dプリンタは従来の切削加工や射出成形と異なる、切削工具や金型が不要な成型、加工技術であり、ホビー（一品生産）から宇宙開発（軽量化、複雑な一体成形）まで使用用途は幅広く、さまざまな成形機がある。単に造形できるだけでなく、切削加工や射出成形と差別化されていること
②実現可能性（10年後までの実現可能性が1％でも見出せれば良い）
今すぐ実現、実行できなくてよいが、このアイディアが必要であることを、論理的に説明すること
③独自性
アイディアは応募者のオリジナルであること。既存製品の改善案や改良案でも可だが、オリジナル性は低いと評価する場合もある。どの点に独自性があるかをアピールすること
④社会への影響力
このアイディアを採用することで、現在の何が、どのように変わるのかを、論理的に説明すること。多数派を対象とせず、少数派の視点での説明も可

■本選審査基準
1新規性・独創性・活用性（評価指標①②③）
現状の社会問題を解決する、または生活の利便性が向上するアイディアであるか、さらに新規性・独創性があるかを審査し、評価する。新しさ、驚き、ときめき、感動、楽しさを感じさせるアイディアを提示すること
2技術的課題の解決・実用性（評価指標①②④）
技術的な課題の解決と「作品」（試作品＝3Dプリンタによる製作物＝実機）の作動状況について審査し、評価する。技術的な課題の解決については、可能な限り定量的に評価した結果を提示すること。また、「作品」の動作状況を確認しつつ、アイディアを実現できているかを審査し、評価
3プレゼンテーション力（評価指標④）
プレゼンテーション（口頭による作品説明）とディスカッション（ポスターを使った説明／ポスターセッション）について、その内容と構成がすぐれているか、スライドやポスターの見やすさ、説明者の声や態度などが適切か、審査員との質疑応答の内容、理解力を審査し、評価

■評価点数
1～2は各15点満点、3は10点満点
各作品120点満点＝（15点満点×2審査基準＋10点満点×1審査基準）
×審査員3人
＝40点満点×審査員3人

■学生相互投票と得点
本選に参加した各作品が、プレゼンテーションやディスカッションの内容をもとに、自作以外で最もすぐれていると感じた1作品に投票（各作品の持ち票は1票〈1点〉）。各作品の審査員による評価点数に加算
各作品8点満点＝1点×自作以外の本選8作品

■審査方法
審査員による評価点数と学生相互投票の得点を合計した総合点をもとに、審査員3人による協議の上、各賞を決定
各作品の総合点　128点満点＝審査員による評価点数（120点満点）
＋学生相互投票による得点（8点満点）

註
＊1　33人：作品番号[007]の2人、[017]の1人は本選不参加。

予選 審査総評

アイディアを出し、社会に実装させる機会

浜野 慶一（審査員長）

予選審査では、各審査員から貴重かつ多くの意見が出され、とても参考になった。
現実的か否かは別として、高専の学生はおもしろいアイディアをたくさん持っている。デザコンは、コンペティション（設計競技）という性質もあり、本選では、各作品について何かしらの評価や採点をしなければならないが、これは、学生たちのアイディアや思考、実務能力をより役立つものへと向上させていくための機会、チャンスであり、本コンペティションの根底となるものではないか、と感じている。
本選では、各作品の足りない部分は足りない部分としながらも、良い点を少しでも評価できるコンペティションにしたい、と願っている。

予選 開催概要

予選審査準備

2023年7月26日（水）～8月9日（水）：応募期間
（「デザコン2023 in 舞鶴」公式ホームページより応募登録）
2023年8月9日（水）：応募全18作品のエントリーシートを審査員に配付

予選審査

■日時
2023年8月29日（火）16:00～17:30
■会場
運営本部のスタッフ、審査員は各所在地
■審査方式
ビデオ会議アプリ「Microsoft Teams」を利用したオンライン方式
■事務担当
谷川 博哉、石川 一平（舞鶴高専）
■予選提出物
エントリーシートの電子データ：A4判サイズ、PDF形式
❶高専名、作品名、メンバー氏名など
❷概要：何を提案しているのかがわかるように、図や表、写真、図面などを用いて1ページ以内にまとめる
❸詳細：提案の詳細がわかるように、下記の3項目について、図や表、写真、図面などを用いて、それぞれ1ページ以内にまとめる（合計3ページ）
⑴「提案の新規性・独創性」
⑵「提案するアイテムの実現における課題解決方法と有効性」
⑶「提案する生活様式とアイテムが社会に与える影響力」
■予選通過数
9作品（36人、8高専）
■審査方法
各審査員は「評価指標」「予選審査基準」に基づいて全作品を採点。総合点をもとに「5本選への期待度」を加味し、審査員3人による協議の上、予選通過作品を決定
■評価指標（本書130ページ「開催概要」参照）
①3Dプリンタの特性および必然性
②実現可能性（10年後までの実現可能性が1%でも見出せれば良い）
③独自性
④社会への影響力
■予選審査基準
1新規性・独創性
2活用性
3技術的課題の解決
4実用性
5本選への期待度
■評価点数
予選審査基準1～4は各5点満点、5は評価の高い順にA（ぜひ参加させたい）、B（参加させたい）、C（来年再チャレンジ）
各作品の総合点　60点満点＝（5点満点×4審査基準）×審査員3人
＝20点満点×審査員3人

予選

予選審査に先立ち、各審査員には、全応募作品のエントリーシートを配付し、事前に、今年の課題テーマ「新しい生活様式を豊かにしよう！　Part 2」に即し、参加学生が作成した各作品のエントリーシートを対象として、評価指標①「3Dプリンターの特性および必然性」、②「実現可能性」、③「独自性」、④「社会への影響力」に基づき、5つの予選審査基準「❶新規性・独創性」「❷活用性」「❸技術的課題の解決」「❹実用性」「❺本選への期待度」を審査し、採点してもらっていた（表2参照）。

2023年8月29日（火）16:00より、ビデオ会議アプリ「Microsoft Teams」を利用したオンライン方式で、予選審査を実施した。予選審査には審査員3人に加え、AMデザイン部門の部門長と副部門長が参加。3人の審査員は、事前に採点した点数の集計結果をもとに審議し、予選通過作品の選出に入った。

審査員が4つの評価指標に基づき、各作品について評価の理由を互いに述べ合いながら、審議を重ねた結果、まず、総合点で上位7作品[001][002][007][008][009][010][019]を予選通過作品として選出した。

続いて、審査員は本選でのプレゼンテーションやディスカッションの時間などを考慮し、適切な作品数を視野に入れながら議論。その結果、次の2作品を追加選出した。

1作品めは、他の作品がエントリーシートで主に技術的な側面を説明しているのに対し、社会課題やデザイン、アートにも言及し、どういうものを作ってくるのか審査員の興味を引いた[011]、2作品めは、総合点で上位7作品に次ぐ点数を獲得し、本選で実物を見てみたいという[017]である。

最終的に、この2作品を加えた9作品を予選通過作品として選出した（表2参照）。

予選通過作品には、審査員からの「本選に向けたブラッシュアップの要望」（本書131ページ〜参照）を審査結果の通知に添えた。　（谷川 博哉　舞鶴高専）

＊文中の[　]内の3桁数字は、作品番号。

表2　予選──得点集計結果

作品番号	作品名	高専名（キャンパス名）	浜野 [5点満点×4項目]*1					伊藤 [5点満点×4項目]*1					尾畑 [5点満点×4項目]*1					合計 [15点満点×4項目]*2					総合点 [60点満点]
			❶	❷	❸	❹	❺*3	❶	❷	❸	❹	❺*3	❶	❷	❸	❹	❺*3	❶	❷	❸	❹	❺*3	
009	トップナー	弓削商船高専	3	4	4	3	B	3	4	4	5	B	4	3	3	3	A	10	11	11	11	BBA	43
010	レインぼう	呉高専	3	4	3	4	A	5	4	4	4	B	3	3	3	3	B	11	11	10	11	ABB	43
019	LOADLE	鶴岡高専	5	5	4	4	A	3	3	5	3	B	3	3	2	3	B	11	11	11	10	ABB	43
008	ラビットガード	苫小牧高専	4	5	4	5	A	3	4	4	4	B	1	3	1	3	C	8	12	9	12	ABC	41
001	META MET	神戸市立高専	3	4	4	4	A	4	5	4	4	B	2	2	2	2	C	9	11	10	10	ABC	40
002	Crash·Marble	仙台高専（名取）	4	4	3	4	A	5	4	4	4	B	1	3	2	2	C	10	11	9	10	ABC	40
007	ディスポ持針器	弓削商船高専	4	3	3	3	B	3	5	4	5	A	3	2	3	2	B	10	10	10	10	BAB	40
017	Aquarium Circle	函館高専	3	4	3	4	A	4	5	4	4	C	2	2	1	2	C	9	11	8	10	ACC	38
018	くいっくくっつくん	鶴岡高専	4	4	3	4	A	4	4	3	5	C	2	2	1	2	C	10	10	7	11	ACC	38
016	TESMO（テスモ）	阿南高専	3	3	3	3	B	4	5	4	5	B	2	2	1	2	C	9	10	8	10	BBC	37
011	MACHIAI★SESSION	岐阜高専	2	2	3	2	C	5	5	4	5	A	2	2	2	2	C	9	9	9	9	CAC	36
005	Chopstraw	福井高専	3	2	3	2	B	4	5	4	5	B	2	2	1	1	C	9	9	8	8	BBC	34
013	魚まねくん貝	鳥羽商船高専	3	3	3	3	B	3	3	3	3	C	2	3	2	2	C	8	9	8	8	BCC	33
014	あまごのみ	石川高専	3	2	3	2	C	4	5	3	4	B	2	2	1	2	C	9	9	7	8	CBC	33
015	ボス燈	鳥羽商船高専	2	2	3	2	B	4	4	4	3	C	2	3	2	2	C	8	9	9	7	BCC	33
003	連結！　ひんやりんぐ	福井高専	1	3	2	3	C	3	4	4	3	C	2	3	2	2	C	6	10	8	8	CCC	32
004	幸せのおすそわけ	福井高専	3	3	3	3	B	3	4	4	3	C	1	2	1	2	C	7	9	8	8	BCC	32
006	Compless Trash	石川高専	3	3	3	3	B	4	3	4	3	C	1	2	1	2	C	8	8	8	8	BCC	32

表註
＊1　[5点満点×4項目]：各審査員は、❶から❹までは各5点満点、❺は参考で、合計20点満点で評価。
＊2　[15点満点×4項目]：❶から❹までは各15点満点、❺は参考。
＊3　本選への期待度：期待度の高い順にABCの3段階で評価。　A：ぜひ参加させたい／B：参加させたい／C：来年再チャレンジ。

＊■は予選通過9作品を示す。
＊作品番号[012]は登録時の不備により欠番。
＊作品名はサブタイトルを省略。
＊予選審査基準は、❶：新規性・独創性、❷：活用性、❸：技術的課題の解決、❹：実用性、❺：本選への期待度。
＊予選通過作品は、総合点に「❺本選への期待度」の評価を加味して審議の上、選出された。
＊各審査基準、評価指標、評価点数の詳細は、本書131ページ「予選開催概要」、本書130ページ「開催概要」参照。

META MET——3Dプリンタを活用した次世代ヘルメット

001

神戸市立高専

＜自転車利用者のヘルメット着用が努力義務化＞
今年の4月から改正道路交通法が施行され、すべての自転車利用者のヘルメットの着用が努力義務となった。警視庁の統計データによると、自転車の死亡事故において、致命傷になった部位の60%は頭部であり、ヘルメットを着用しないことにより致死率は約2.4倍になるため、命を守るうえで、ヘルメットの着用はとても重要な役割を果たす。

＜日本全国のヘルメット着用率の伸び悩み＞
しかし、警視庁の調査によると、法案施行後も全国13の都道府県の着用率は約4%にとどまっている。つまり、9割以上の人が危険な状況で自転車を利用している。
努力義務化の一方で自転車利用者がヘルメットを着用しない理由には「汗で蒸れる」や「重さで髪型が崩れる」などがあげられており、着用呼びかけや義務化の周知だけでは大幅な改善は見受けられない。そこで私たちは、ヘルメットを3Dプリンタで製作することで、これらの課題を解決できるプロダクトを製作することができるのではないかと考えた。

＜提案するシステム＞
私たちが提案する「MetaMet」は、安全感溢れる次世代ヘルメットである。MetaMetは、3Dプリンタと強度解析、プログラミングにより、安心安全かつ個別最適化された形状に自動設計されている。また、着用率を向上するべく着用したくなるスタイル、通気性、軽量化も兼ね備えている。これらは3Dプリンタによる一体成形によって製作されており、組立てを必要としない。
システムとしては、ある程度知識を持ったユーザーであれば設計できるようにウェブサイトでモデルを公開し、頭の周囲の寸法からデータを生成し、プリンターが家庭にあればそれを印刷、無い場合には製作を依頼するという形式での提供を考えている。
MetaMetは、従来のヘルメットにはなかった安全性・機能性・コストの削減を実現することができる。

自転車乗用中死者の人身損傷主部位（致命傷の部位）

ヘルメット着用状況別の致死率
非着用　0.59%
着用　0.25%　約2.36倍上昇！

新規法令に応じる良いアイディアだと感じる。汗で蒸れる、髪型が崩れる……などの理由により自転車用ヘルメットの着用率が上がっていない状況をとらえた着目点は良い。しかしながら、ヘルメットの機能として一番大切な安全と強度についての解析と解説が不足している。本選までに改善を期待したい。本選では、実機（試作品）の完成度と有用性を確認したい。（浜）
学生にとって身近な自転車用ヘルメットを、着用が義務化されたタイミングで考案するという着眼点は良い。デザイン性や快適さ以外に、事故でヘルメットが割れた時、頑丈なだけでなく衝撃吸収、致命的な頭部や頸部の損傷からの保護という医学的な根拠もほしい。（伊）
従来のヘルメットより工夫されているが、すでに3Dプリンタ製のヘルメットが市販されている。現状の技術的課題をどのように解決するのか。その根拠をデータから確認できるよう示してほしい。（尾）

ディスポ持針器

007

弓削商船高専

本提案は、救急・災害医療現場における使い捨て持針器（皮膚や筋肉の縫合に必要な針を持つための医療機器）の導入を推進することを目的としている。本提案の主な目的は以下のとおりである。

1. 感染症予防の強化
感染症は医療現場で重要な問題である。従来の再利用可能な持針器は適切に管理されなければ交差感染（患者さんから患者さんへ、患者さんから医療スタッフへ器物を介して感染すること）の原因となるが、使い捨ての持針器ならば使用後に廃棄することで感染リスクを大幅に低減することができる。

2. 救急・災害医療現場でのタイムパフォーマンス
従来の持針器は、再利用するたびに消毒、滅菌が必要となるため、医療スタッフの時間と手間がかかる。一方、使い捨ての持針器は、それらの手間を省くことができるため、タイムパフォーマンスが要求される救急・災害医療現場では重要な利点となる。

3. 緊急時も迅速に製造可能
災害医療現場では、交通網の分断や災害の規模の大きさによって医療機器が不足することがある。3Dプリンターを活用することで必要な医療機器を、必要な数量、迅速に用意することができる。

図1　従来の持針器

図2　提案する持針器

なぜ、学生に身近な製品ではなく、このデバイス（装置）の提案に至ったのか。開発の前提となった、開発しようと思った理由を聞きたい。持針器の強度について検証しているのかどうか気になるが、非常に興味深い提案である。（浜）
「災害時や途上国で緊急医療のための、滅菌済医療器具」というニッチな（狭い）領域で開発条件がはっきりしていてすばらしい。ディスポーザブル（使い捨て）、一体成形、医療者個人用のカスタマイズ、などのアイディアも良い（ただし、医療ゴミが増える欠点あり）。器具の先端部分は精密性が必須で、その精度が直接、医療の質（手術の結果）に関わるため、十分な精査が必要。（伊）
一体造形は3Dプリンタの特徴を活かした製法だが、それにより今までの持針器とはどう違うのか。従来型製品との比較を示してほしい。（尾）

本選に向けたブラッシュアップの要望

審査員：
浜野 慶一（審査員長）、
伊藤 恵、尾畑 英格

BRUSHUP

Crash・Marble——拡張型ボードゲーム

002

仙台高専（名取）

近年、3Dプリンターの市場は拡大傾向にあります（図1）。また、3Dプリンターの価格も下がってきており誰もが気軽に所有し得るデバイスとなってきました。よって3Dプリンター周辺の市場も拡大していくと考えられます。そこで、それに先駆けて3Dプリンターと玩具を掛け合わせた革新的なアイテム、拡張型ボードゲームの開発を行いました。このアイテムは3DCADを学ぶこともできます。
ボードゲームのルールはシンプルで、相手の駒をすべて場外に落とすことが目標です。しかし、ボード上には仕掛け（ギミック）が配置されており、これらの仕掛けが発動すると、盤面にさまざまな障害物が現れてゲームが変化します。
このデバイスには追加ギミックの作り方が同封されており、3Dプリンターを利用することで、ギミックの種類を増やすことが出来ます。また、ギミックを自在に変更することもできます。つまり、プレイヤーはギミックの種類や配置をカスタマイズし、ゲームプレイをより面白くできます！

図1　樹脂3Dプリンタ市場規模・予測
https://sdb-biz.jmar.co.jp/column/45

ボードゲーム遊戯イメージ↓

盤上の白いマスは取り外し可能
ギミックを最大8個自由に配置できる

近年、ボードゲーム人口が増加しており、高専出身の弊社スタッフも実物を作成して、展示会に出展している。私自身はボードゲームをしたことはないが、デバイス（装置）の工夫とルールの作り方によっては楽しめるだろう。実物を見たい。（浜）
ギミック（仕掛け）を考案する楽しさ、実際にゲームをするおもしろさ、という点でなかなか楽しい（世の中の「役に立つ」だけが正道ではない）。ただし、最終的な展開がやや甘いかもしれない。「遊び」だけでなく、コミュニケーション・ツールや教育にも応用できるなら、本選でその可能性を見たい。（伊）
玩具への3Dプリンタ活用である。AM技術を利用したことによる付加価値、従来のボードゲームに多い欠点を補えること、などについて説明を聞きたい。（尾）

ラビットガード——みんなを見守る防犯機能付き360°カメラ

008

苫小牧高専

▸ 開発背景
昨今、わいせつの認知件数は公然わいせつ・強制わいせつを合わせておよそ8,000件に上る。加えて、迷惑防止条例違反に係る痴漢・盗撮も検挙件数だけで2,200件を超えており、多くの人が痴漢やわいせつ被害の危険に晒されている状況である。しかし、わいせつの検挙率は81.5%で、中でも公然わいせつの検挙率は66.5%と、特に低いのが現状である。
国内の防犯カメラの設置台数は増加しているが、わいせつや痴漢の主な発生場所である路上・公園において、防犯カメラの設置は初期費用やランニングコストの観点から満足に進んでいない。これがわいせつ・痴漢を抑制できない原因であると考えられる。
そこで、私たちは録画・録音・GPS機能を備えた自動車のドライブレコーダーについて、個人が主体的に行う防犯対策として有効だと考察した。人への装着型多機能防犯ガジェット"ラビットガード"を提案する。

▸ 多機能防犯ガジェット"ラビットガード"
本製品は小学生の多くがカバンにつけて携帯している防犯ブザーとドライブレコーダーから着想を得たものである。本製品最大の特徴は、搭載する3つの広角カメラを用いることによって、非常に小型ながら360°映像を記録できる点にある。また本製品の名前"ラビットガード"は、兎（ラビット）の視野角が360°であることに由来している。
ラビットガードで取得した映像や位置情報などのデータは、4G・5G回線、クラウドサーバーなどを介して保護者に送信され、リアルタイムに確認できる。児童以外の使用については、映像をリアルタイムで確認する必要がない為、リアルタイムでの確認機能は停止させ、後から確認できる形式で保存する。マイクは使用しない等、個人で設定を変更できる。防犯ブザー同様に、カバンに装着して使用することを想定し、十分に小型・軽量化している。また、駆動方式として充電式電池を採用し、充電方式はワイヤレスとする。

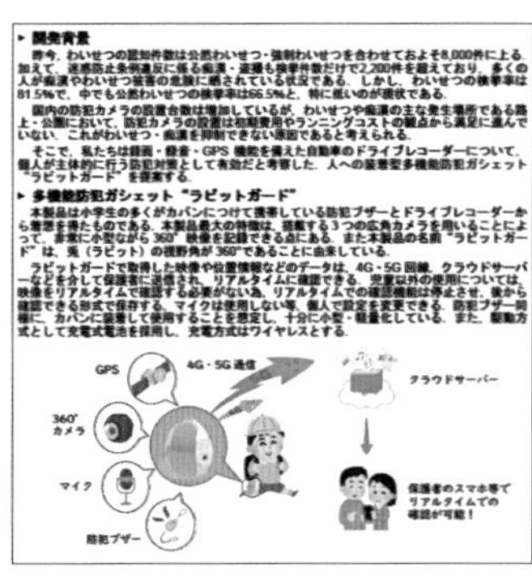

類似品についての知見がないので、「①新規性・独創性」について意見できないが、「④実用性」は多岐に渡り、さまざまな場面での利用が考えられる、非常に有用なデバイス（装置）である。ぜひ、本選で実機（試作品）の有用性を確認したい。（浜）
これを付けられた子供や高齢者は、幸せだろうか？　残念ながら、今の社会は危険防止として監視社会に進んでいるが、若い人は人間不信を前提とせずに、話合いで解決できるような社会を希求し、そのための作品を考案してほしい。話合いの練習カメラにこの技術を利用したり、ペットなどにも応用できると思う。（伊）
映像の送信、記録など、防犯用途のニーズはあると思う。本選では、積層型3Dプリンタで作製する必要性を説明してほしい。（尾）

註　＊000：作品番号。　＊2023年8月29日　予選審査で審査員が執筆。
文中の（浜）＝浜野 慶一（審査員長）、（伊）＝伊藤 恵、（尾）＝尾畑 英格。

トップナー

009

弓削商船高専

近年、容器の天面にフィルムを熱で溶着密閉する包装形態、いわゆる、トップシール包装の需要が増加している。トップシール包装の利点は、液体や気体が漏れない、食品に最適な気体を充填することが可能で賞味期限が延びる、作られてからまだ一度もあけられていないことの証明などがある。したがって、今後もトップシール包装の需要は増加すると考えられる。

しかし、一方で、加齢などが原因で筋力の低下し始める高齢者や疾患等で指先が不自由な人は開け難いという欠点がある。

提案するトップシール包装を開けるための自助具「トップナー」は、トップシール包装の持ち手をオープナーの隙間に挟み、その後、トップナーをスライドさせるだけでトップシール包装を開封できる。

また、3D プリンタを使用することで、利用者の手指のサイズや関節変形を患った場合においてもその形状に合わせてカスタマイズすることができる。

図1　提案するトップシール包装を開けるための自助具「トップナー」

「トップシール（容器のカバーフィルム）を開ける自助具がない」の根拠が不明瞭。類似品の調査による根拠があると、本デバイス（装置）の「①新規性・独創性」についての説得力がより強くなる。私自身も本デバイスの必要性は感じるので、ぜひ、類似品の調査により根拠を示してほしい。（浜）

よく考えられているし、「④実用性」も高い。しかし、他のタイプのパッケージ開封には応用できないので、家中に同じような開封器具が溢れてしまう。用途を限定して、障害者の作業所での同一作業に利用する、などが可能か。現実の高齢者、障害者の手の動きや力などを本当に研究しているか不明。（伊）

身近な生活の中で手間取る作業の負担解消につながる点や、自助具の構造に改善を加えた点が良い。自助具（試作品）の造形方法、材料、大きさ、重量などの基礎情報、試作品のモニタ調査の結果などがあるといい。（尾）

Aquarium Circle

017

函館高専

私たちのチームは「新しい生活様式を豊かにしよう」というテーマをもとに、雨の日に便利かつ、楽しく使えるような作品 Aquarium Circle を考えました。温暖化の影響により梅雨の期間が年々長くなっているので、傘を使う機会が多くなっていることから、雨の日の憂鬱な気分を少しでも晴れやかにしたいと思ったのが大きな理由です。誰もが一度は傘をまとめる時に手に水がついて、不便な思いをしたことがあるのではないでしょうか。その思いを解消するために傘についた水滴を掻き集め、綺麗にまとめることが出来る Aquarium Circle を考案しました。

回転部(内輪)で掻き集められた水滴は、外輪の空洞部に溜まります。中に雨水が溜まると生き物の模型が浮いて、まるで水中を遊泳しているように見えます。また、水が十分に溜まった場合は製品の下面にある蓋を外すと中の水を捨てることができます。

今回は水族館をモチーフに考案しましたが、プラスチック製の模型は 3D プリンターで作成するため、顧客のニーズに答えられるオーダーメイドも可能ではないかと考えています。このデザインがあることで、雨の日に外出することが楽しくなると思います。

まっすぐ引っ張る

Aquarium Circle

掻かれた水が溜まる

Aquarium Circle を使ったばかりの傘に装着し、まっすぐ引っ張ることにより、水を掻き集め、傘の布地をそろえて巻き付けることができる。

前提となる雨の日の憂鬱な気分と、傘に付いた雨水の回収との関連性は薄いように感じたが、傘に溜まった雨水の回収がいつも気になっていたことは確かである。実際に考案した機構で雨水の回収ができるのか？　実機（試作品）を見たい。（浜）

普段の生活で必要なアイディア商品になる可能性はある。ただし、使用方法が今ひとつわかりづらい。問題点の具体的な解決方法がないので、本選では解決案を示してほしい。（伊）

プラスチック製の模型を3Dプリンタで作製することの理由があると良い。（尾）

レインぼう

010

呉高専

コロナ禍で起こった世界的な自転車ブームは図1に示すとおり現在も続いており、通勤や健康・趣味などを目的として利用されています。さらに電動アシスト自転車の低価格化や免許不要キックボードの浸透などもあり、それらも新しい生活様式として取り入れられています。

しかし利用の増加に伴い問題も増加しており、最近では雨が降っているときに傘さし運転を度々見かけます。このような行為は道路交通法に違反し、それは悪天候のなかで安全を欠いた運転でありとても危険です。実際に、図2に示す「晴天時と雨天時の事故件数」を見ると、自転車の事故は雨天時のほうが多く発生しています。レインコートなどの雨具を持ち運べば解決する話ですが、それには雨具の常備や装着など手間がかかります。

そこで私たちはヘルメットとレインコートを掛け合わせた「レインぼう」を考案しました。このアイテムはヘルメットとレインコートの機能を兼ね備え、ワンタッチで取り出し、側面のつまみで巻き上げて収納することが可能です。雨天時にこのアイテムがあれば雨具の常備は必要なく、装着が簡単という利便性、安全性、さらにはヘルメット着用の努力義務を満たすことができ、まさに一石二鳥のアイテムです。

参考資料(1):自転車利用ニーズの増加
URL: http://merkmal-biz.jp/post/34642
参考資料(2):雨の日に増えるのはどんな事故ですか？
URL: https://jaf.or.jp/common/kuruma-qa/category-natural/subcategory-heavy_rain/faq317

感じない 7.0%
あまり感じない 20.6%
感じる 34.2%
やや感じる 38.2%
72.4%

図1：コロナ後の自転車通勤への関心度

1時間当り事故件数
約5倍
1.0
4.9
晴天　雨天

図2：晴天時と雨天時の事故件数

現状の社会問題や社会情勢を鑑みた上でも、非常に興味深い。しかし、全体として、具体的な説明が不足している。本選で実物を見たい。（浜）

アイディアは学生らしくて良い。インバウンド（訪日）観光客へのレンタサイクルとセットに義務付けするのもいいかもしれない。実用化までには、巻き込みや耐久性など、多くの細かい問題を解決することが必要。（伊）

ヘルメットとレインコートの組合せは誰もが容易に思いつくことであるが、ヘルメットにレインコートを収納できる機構には工夫が感じられる。使いやすさなど、実用面での調査があると良い。（尾）

LOADLE——買い物を楽に！

019

鶴岡高専

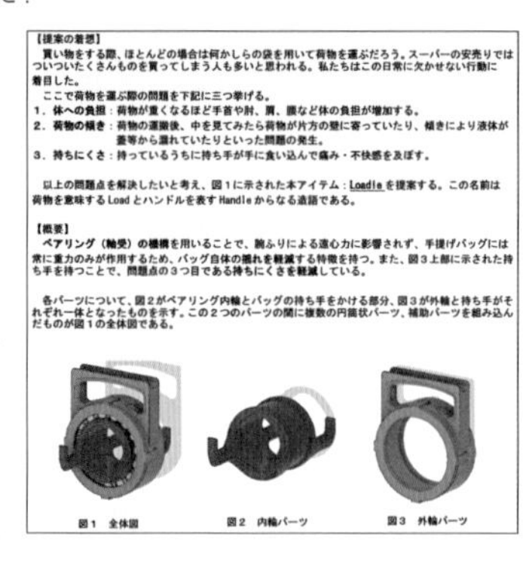

【提案の着想】

買い物をする際、ほとんどの場合は何かしらの袋を用いて荷物を運ぶだろう。スーパーの安売りではついついたくさんものを買ってしまう人も多いと思われる。私たちはこの日常に欠かせない行動に着目した。

ここで荷物を運ぶ際の問題を下記に三つ挙げる。

1. 体への負担：荷物が重くなるほど手首や肘、肩、腰など体の負担が増加する。
2. 荷物の傾き：荷物の運搬後、中を見てみたら荷物が片方の壁に寄っていたり、傾きにより液体が蓋等から漏れていたりといった問題の発生。
3. 持ちにくさ：持っているうちに持ち手が手に食い込んで痛み・不快感を及ぼす。

以上の問題点を解決したいと考え、図1に示された本アイテム：Loadle を提案する。この名前は荷物を意味する Load とハンドルを表す Handle からなる造語である。

【概要】

ベアリング（軸受）の機構を用いることで、腕ふりによる遠心力に影響されず、手提げバッグには常に重力のみが作用するため、バッグ自体の揺れを軽減する特徴を持つ。また、図3上部に示された持ち手を持つことで、問題点の3つ目である持ちにくさを軽減している。

各パーツについて、図2がベアリング内輪とバッグの持ち手をかける部分、図3が外輪と持ち手がそれぞれ一体となったものを示す。この2つのパーツの間に複数の円筒状パーツ、補助パーツを組み込んだものが図1の全体図である。

図1　全体図　　図2　内輪パーツ　　図3　外輪パーツ

身近な課題の解決案で、私自身も欲しいと思う。類似品について考察しており、実用化を願っている。本選でぜひ、実機（試作品）を見たい！（浜）

アイディア商品だと思うが、揺れの回収方法の限界、腕を通せない、など現実生活に即しているか不明。3Dプリンタの長所を含め、具体的に検討してほしい。（伊）

買い物袋を運ぶ際の負担低減につながるとは思う。本選では、AM技術を使う利点を説明できると良い。（尾）

MACHIAI★SESSION

011

岐阜高専

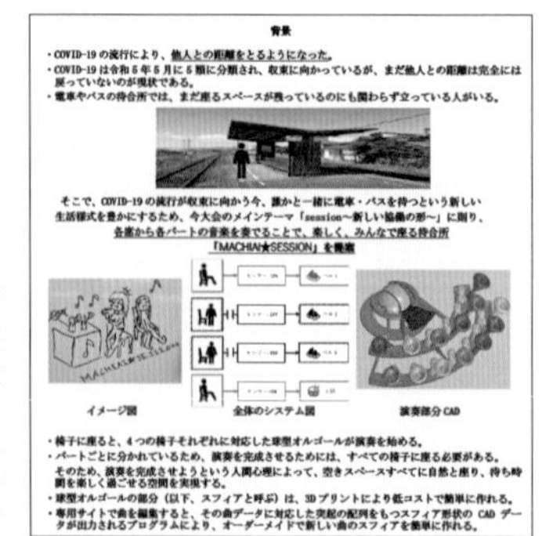

背景

- COVID-19 の流行により、他人との距離をとるようになった。
- COVID-19 は令和5年5月に5類に分類され、収束に向かっているが、まだ他人との距離は完全には戻っていないのが現状である。
- 電車やバスの待合所では、まだ座るスペースが残っているのにも関わらず立っている人がいる。

そこで、COVID-19 の流行が収束に向かう今、誰かと一緒に電車・バスを待つという新しい生活様式を豊かにするため、今大会のメインテーマ「session～新しい協働の形～」に則り、各席から各パートの音楽を奏でることで、楽しく、みんなで座る待合所「MACHIAI★SESSION」を提案

イメージ図　　全体のシステム図　　演奏部分 CAD

- 椅子に座ると、4つの椅子それぞれに対応した球型オルゴールが演奏を始める。
- パートごとに分かれているため、演奏を完成させるためには、すべての椅子に座る必要がある。そのため、演奏を完成させようという人間心理によって、空きスペースすべてに自然と座り、待ち時間を楽しく過ごせる空間を実現する。
- 球型オルゴールの部分（以下、スフィアと呼ぶ）は、3D プリントにより低コストで簡単に作れる。
- 専用サイトで曲を編集すると、その曲データに対応した突起の配列をもつスフィア形状の CAD データが出力されるプログラムにより、オーダーメイドで新しい曲のスフィアを簡単に作れる。

開発背景への考察とデバイス（装置）の必要性との関連性が薄い。技術的な考察より、背景に対する本デバイスの有用性について、もっと深く掘り下げて考察する必要がある。（浜）

アートと社会性を組み合わせる考えは秀逸。3Dプリンタで工業的な商品を製作するのではなく、アート作品（楽器）を製作するのは、他とは一歩違った使用方法だと思う。他人同士が3Dプリンタを使用して作曲し合い、コミュニケーションを楽しむという世界はすばらしい。ぜひ完成を見たい。（伊）

発想そのものはおもしろい。技術的課題がどこにあり、オルゴールの製作に3Dプリンタを使用することで、その課題をどのように解決できるのか、といった説明があるといい。（尾）

連結！　ひんやりんぐ

003　福井高専

◎長田 大成、下川 紗奈[環境システム工学専攻専攻科1年]／川越 瑠々空、木下 颯[生産システム工学専攻専攻科1年]

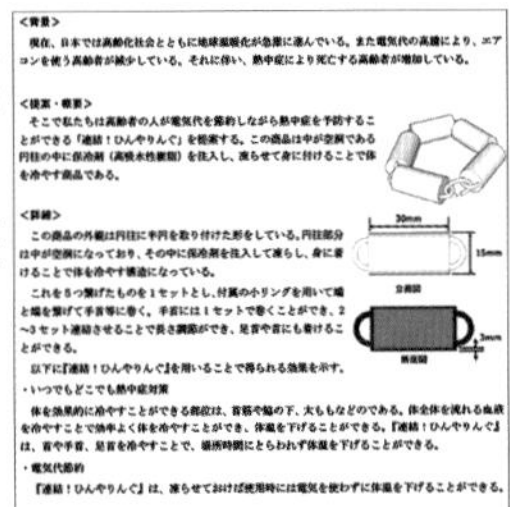

審査講評

類似品について、もっと深掘りする考察が必要。(浜)／熱中症予防の効能を謳うならば、「どこを冷やすと熱中症予防になる」などの根拠がほしい。「高齢者」のとらえ方は観念的過ぎで、QOL(Quality of life=生活の質)の低下など、重い物を使う状況への考慮が不十分。野外スポーツや工事現場などへの応用を考えては？(伊)／猛暑における切実な問題をとらえた点は評価する。短時間だとしても、装着感や行動する中での使用感の調査があると良かった。(尾)

Compless Trash

006　石川高専

◎廣瀬 夢華、鳥井 雪乃、松田 舞優、馬媒 真愛[建築学科4年]

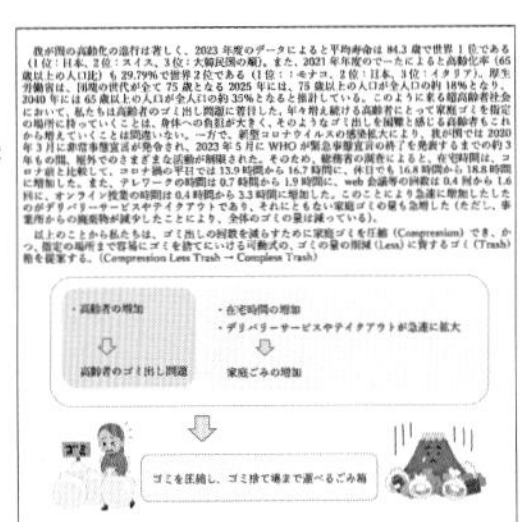

審査講評

圧縮によりゴミの「かさ」は減るが、重量は減らない。「かさ」と重量への考察が不明瞭で、デバイス(装置)の有用性が不明。(浜)／ゴミ問題の解決、高齢者の生活サポートという目的は明瞭で良いが、3Dプリンタの特性を生かせているのかが不明。重量や角度など、高齢者が動かすための現実的な検討が弱い。(伊)／既存のゴミ箱と比較した、可動・連結式ゴミ箱の長所に説明の重点が置かれ、AM技術を使う利点の説明がほしい。(尾)

ポス燈

015　鳥羽商船高専

伊藤 琉聖、中村 魁明(5年)、◎大仲 真三人、平田 弦己(4年)、羽根 圭人(3年)、礒田 姫乃音(2年)[情報機械システム工学科]

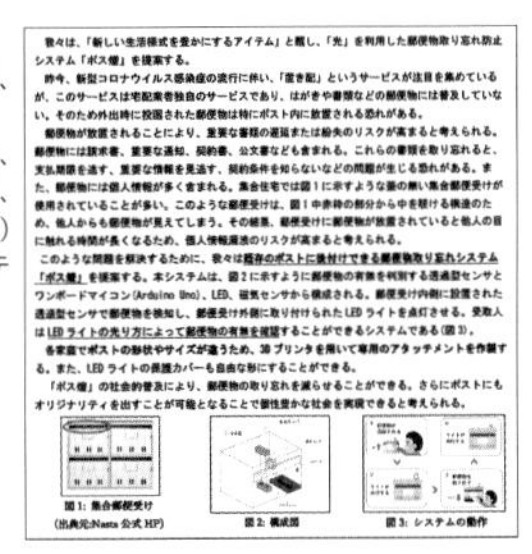

審査講評

現代の郵便事情を踏まえた提案で、良いアイディア。ただし、郵便受けが光ると、投函物のあることを当事者以外にも知られてしまうのは問題では？(浜)／そもそも「郵便物が溜まっている＝不在の証明」なので、防犯上は逆効果では？　郵便受け以外の場面で検討したほうがいい。(伊)／郵便物の取り忘れ防止システムにどのくらいのニーズがあるのか、LEDレンズを3Dプリンタで製作する理由は何か、などの説明がほしかった。(尾)

幸せのおすそわけ――モバイルハピシェアファン

004　福井高専

◎駒野 真琴(4年)、駒野 翔太(1年)[電気電子工学科]　駒野 琴音[機械工学科4年]

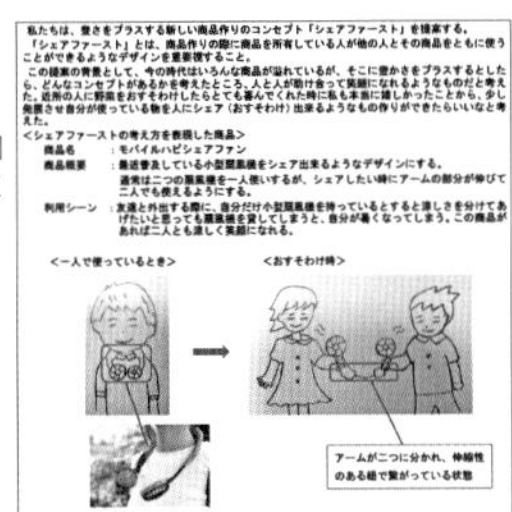

審査講評

シェア(おすそわけ)は、今後の社会活動にとって大切な考え方だが、このデバイス(装置)で涼しさをシェアする必要があるのか？(浜)／「シェアファースト」というコンセプトは明確だが、そこまで同質の友人と一緒がいいのか？　豊かな社会をつくるための技術デザインなら、多様な人と幸せを分け合う「ダイバーシティ」を尊重できる発想、苦手分野を補い合うデザインを期待したい。(伊)／3Dプリンタ活用に説得力がほしい。(尾)

魚まねくん貝

013　鳥羽商船高専

中川 匡、高田 史哉(5年)、◎里中 俊介(4年)、松本 莉奈(3年)、萬 柚月(2年)[情報機械システム工学科]

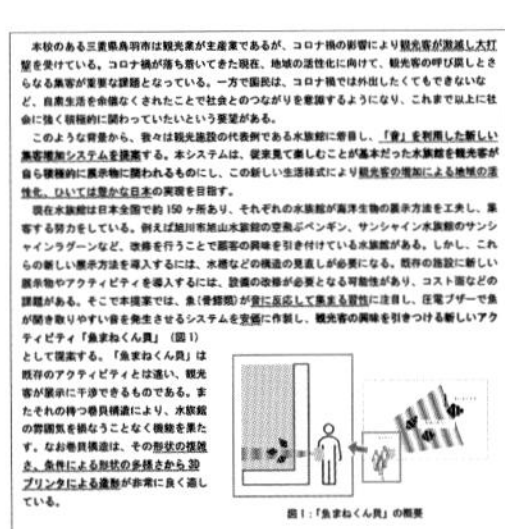

審査講評

背景と開発の関係性に疑問は残るが、鳥羽商船高専らしく興味深い提案。実機(試作品)を製作をして実験、実証に至っているのか、についての考察がなく、残念。(浜)／水族館は、魚などの水族の生態を理解してもらう場所で、「カワイイもの」を見に行く場所ではない。ゲーム感覚で生物(命)を扱うことは間違っている。経済効果を考えずに済む若者なら、命への尊敬を大事にしてほしい。(伊)／音に着目した水族館の新たな方向性は魅力的。複雑な形状を製作する点以外の3Dプリンタの活用について説明がほしい。(尾)

TESMO(テスモ)――テンセグリティ構造を利用した釣用タモ網等多機能収納椅子

016　阿南高専

◎松本 颯、吉川 光、蔦谷 季紀[創造技術工学科機械コース5年]

審査講評

技術的にはよく考えているので、実機(試作品)を見たい気もする。座り心地やゴミのポイ捨て問題、小さな魚のリリースについて、他の製品と差別化した考察がないのが残念。(浜)／形態のおもしろさにひかれ、読んでいて何となく愉快になった。空港や電車内での補助席など、釣り場以外での収納と活用を考えれば差別化できるかもしれない。(伊)／多機能収納椅子の説明がほとんどで、AM技術を使う必然性について説明がほしい。(尾)

Chopstraw

005　福井高専

◎山田 創平、蜂谷 良希[生産システム工学専攻専攻科1年]／下村 成輝、田中 こころ[環境システム工学専攻専攻科1年]

審査講評

世界的な課題を取り上げた点は評価。大手外食産業で自然由来の製品開発が進む中、ストローと箸の兼用は良いアイディアだ。使用後の持ち運び方への考察がほしい。(浜)／ストローと箸の合体はおもしろいが、触感、使用感には検討の余地がある。丸ストロー2本を箸にして、洗浄時に2つ割りしたほうが清潔は保てるのでは？(伊)／ストローと箸の2通りに使えるための工夫や、実用性の調査がほしかった。(尾)

あまごのみ

014　石川高専

◎樋爪 友哉、鵜川 莉颯、沖田 くるみ、鴫嶋 梨葉[建築学科4年]

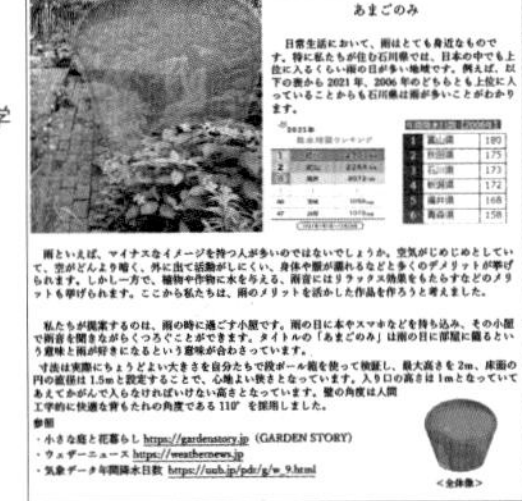

審査講評

雨の多い地域性から考えた提案内容には好感がもてる。しかし、製作性、安全性、実用性には改善の余地がある。(浜)／「雨を楽しむ」というコンセプトがすばらしい。キャンプテントの変形にすると愉しいし、茶室として文化的な企画と組み合わせてもおもしろい。夢としてガラス製もいい。(伊)／くつろぎの空間の創造というコンセプトはおもしろい。3Dプリンタを使う理由、技術的な課題、その解決策、などの説明がほしかった。(尾)

くいっくくっつくん

018　鶴岡高専

◎細谷 希[創造工学科化学・生物コース4年]／工藤 瑛奈[創造工学科情報コース4年]／金内 啓[創造工学科電気電子コース2年]

審査講評

私自身の経験からも欲しい製品。装着する際、梱包状態のシートを1枚ずつ出してデバイス(装置)に乗せなければならない点を改良できると、利便性や「②活用性」が高まる。(浜)／吸着シートを外す方法が不明。「主婦」が使う物、と想定しているが、若い年代にしては不用意な言葉で残念。自分たち10代がよく使うから思いついたアイディアでは？　対象者を十分に考えていない？(伊)／AM技術を使う必然性について説明がほしい。(尾)

註　＊審査講評は、2023年8月29日の予選審査で審査員が執筆した講評の要点を抜粋。文中の(浜)＝浜野 慶一(審査員長)、(伊)＝伊藤 恵、(尾)＝尾畑 英格。　＊作品番号[012]は登録時の不備により欠番。　＊000：作品番号。　＊氏名の前にある◎は学生代表。

大会

審査員
Jury

審査員長
浜野 慶一
はまの　けいいち

株式会社浜野製作所　代表取締役／CEO

1962年　東京都墨田区生まれ
1985年　東海大学政治経済学部経営学科卒業
1993年－浜野製作所　代表取締役
2000年　近隣の火災によるもらい火で本社兼工場が全焼。倒産の危機に追い込まれる
2006年　顧客数100倍、売上高10倍を実現するまでに復活
2018年　天皇陛下(現・上皇陛下)が会社を視察
2019年　「Micro-, Small and Medium-sized Enterprises Day」で活動内容を発表(国連本部、アメリカ合衆国)
西村康稔経済再生担当大臣が会社を視察
2020年　小池百合子東京都知事が会社を視察

主な活動

就任創業者である浜野嘉彦の死去に伴い、浜野製作所代表取締役に就任。「おもてなしの心」を大切に、「お客様、スタッフ、地域」への感謝、還元を経営理念とし、ロボット、装置、機器の設計と開発から多品種少量の精密板金加工、金型の設計と製作、量産プレス加工、装置や機器の組立まで、幅広い業界業種の課題をサポートし、解決に導く。
産学官金が連携したプロジェクトである電気自動車『HOKUSAI』(2009年)、深海探索艇「江戸っ子1号」(2013年／第7回海洋立国推進功労者表彰　内閣総理大臣賞、2014年)などに参画。また、スタートアップや大企業の新規事業部など「新しい価値の創造」をミッションとする人々と、ものづくりを軸に共創する事業「Garage Sumida」(第7回ものづくり日本大賞「ものづくり＋(プラス)企業」部門経済産業大臣賞、2017年)に携わる。
ユニークな経営スタイルは「新たな先端都市型のものづくり」として、国内外から関心が寄せられている。既存の町工場の概念にとらわれない活動はメディアにも注目され、強大なロボットが1対1の大戦を繰り広げるテレビ番組『リアルロボットバトル日本一決定戦！』(2014年、日本テレビ)で準優勝、エンジニアたちがアイディアとテクニックを競う技術開発エンターテインメントのテレビ番組『魔改造の夜』(2020年、NHK)で、大手自動車メーカーや国内最高学府のチームと競い合い、1位の記録を打ち立てた

その他の主な受賞

平成20年度東京都中小企業ものづくり人材育成大賞(奨励賞、2008年)、経済産業大臣表彰(東日本大震災復興・復旧、2011年)、第43回日本産業技術大賞(審査委員会特別賞、2014年)など

審査員
伊藤 恵
いとう　めぐみ

文化プロデューサー、株式会社アクティブケイ代表取締役

1956年　兵庫県神戸市出身
1980年　京都大学薬学部卒業
藤沢薬品工業(現・アステラス製薬)研究所　入社
1987年－アクティブケイ　入社、現・代表取締役

主な活動

大学卒業後、製薬会社研究所に勤務し、のち音楽文化業界に転職。約30年にわたり自治体の文化事業の企画制作やコンサート、アート・イベント、伝統芸能プロデュースを手掛ける。その他、京都大学総合博物館内のミュージアムショップ経営および地域連携教育への協力、京都市円山公園音楽堂指定管理、観光庁推進「世界遺産二条城MICEプラン」コーディネーターなどを担当。日本ミュージアムマネジメント学会会員。現在は、京都経済同友会「文化の発信を考える研究委員会」などでも活動。
普遍的な人間の生きる力、哲学を100年先の次世代につなぎたいと考えている

審査員
尾畑 英格
おばた　ひでのり

経済産業省　職員

経済産業省入省
2019-20年　同省産業・保安Gガス安全室　室長補佐
2020-23年　国立研究開発法人新エネルギー・産業技術総合開発機構　主任研究員
2023年－経済産業省製造産業局素形材産業室　室長補佐

主な活動

金属3Dプリンタ技術の開発をはじめとしたプロジェクトを担当する

プレデザコン部門

課題テーマ　みんな、あつまれ!

1 25作品／2 17作品／3 10作品
2023.9.25-10.27
応募
2023.9.25-10.31
作品提出 1 2
2023.10.23-10.31
作品提出 3

本選▼

2023.11.11
作品展示、投票
2023.11.12
作品展示、投票、投票結果掲示

52作品

受賞▼

9作品

❶ 空間デザイン・フィールド

■最優秀賞(科学技術振興機構〈JST〉理事長賞)
サレジオ高専『アビタ67団地――Habitat67』[空間003]
■優秀賞(全国高等専門学校連合会会長賞)
サレジオ高専『軍艦島』[空間002]
■特別賞
(全国高等専門学校デザインコンペティション実行委員会会長賞)
舞鶴高専『NEW 京都駅』[空間016]

❷ 創造デザイン・フィールド

■最優秀賞(科学技術振興機構〈JST〉理事長賞)
福島高専『TUNAGARU TUNAGERU』[創造010]
■優秀賞(全国高等専門学校連合会会長賞)
舞鶴高専『growing up with ANAN』[創造015]
■特別賞
(全国高等専門学校デザインコンペティション実行委員会会長賞)
松江高専『紬――Tumugi』[創造011]

❸ AMデザイン・フィールド

■最優秀賞(科学技術振興機構〈JST〉理事長賞)
津山高専『あつまる木』[AM009]
■優秀賞(全国高等専門学校連合会会長賞)
舞鶴高専『「五年の重ね」の塔』[AM008]
■特別賞
(全国高等専門学校デザインコンペティション実行委員会会長賞)
鶴岡高専『ご縁あってまたご縁』[AM003]

応募は高専の本科3年生までを対象として、既成概念にとらわれない自由な発想によるデザインを幅広く求める。デザコンの従来の4部門の内の3部門に連動して、3つのフィールドに分け、それぞれに以下の提案条件を設定する。

❶空間デザイン・フィールド　現存するか、過去に実在した空間の透視図。ただし、異なる時間や視点が混在するなど、唯一無二の時空を表現すること
❷創造デザイン・フィールド　次年、デザコン2024阿南大会で使用するトートバッグのデザイン
❸AMデザイン・フィールド　プレデザコン部門の課題テーマ「みんな、あつまれ！」を体現した、3Dプリンタによる造形物とポスター

最優秀賞(科学技術振興機構〈JST〉理事長賞)

空間 003 サレジオ高専 得点 54

◎村山 朔太郎[デザイン学科1年]
担当教員:谷上 欣也[デザイン学科]

アビタ67団地——Habitat67

提案主旨▶『アビタ67団地』を美しく魅(見)せるための工夫を施した。まず、この建物の非現実的な構造を際立たせるために余白をつくり、不安定な印象に。次に立体感を強調するため、時間帯を、色にメリハリの出る夕暮れ時に設定した。これにより生まれた、紫とオレンジの色の対比は、作品をさらに華やかに。354戸の住宅ユニットを積み重ねたこの建物は、居住者の理想の空間を生み出している。見た目に反した、人に寄り添ったデザイン……。これを表現するために、人々が自然に生活している様子を描き出した。外見はもちろん、内装のデザインも美しい、そんな『アビタ67団地』をできる限り表現した。

投稿者コメント(抜粋)

絵が抜群にうまく、イメージが膨らむ。こういうところに住んでみたくなった。(来賓)
鮮明でメリハリがきいている。/迫力がある。色遣いが斬新。(企業)
最も独創的。実際には単色の『アビタ67団地』を色遣いの工夫で、ここまで幻想的に描けたのが見事。/影の表現がいい。/時間が特定できないカオス(混沌)のように不安定な時空間で、見た人を不安にさせる。/本来ある建物の形に囚われない自由な構造の表現が印象的。/美しく一目で気に入った。/非現実感がすばらしい。/高コントラストの配色で建物に生じる明暗をはっきりさせ、建物の存在感を引き立てている。背景は淡い色、建物は高彩度の色に塗り分けて、建物の輪郭を強調。人を白塗りで表現し、人と生活の存在を表現できている。現実でありながら非現実を、非現実的でありながら現実を描けている。/部屋を切り抜いて室内を見せ、生活を通して時間を描いた点がおもしろい。/色の組合せと画面構成が美しい。(来場者)

優秀賞(全国高等専門学校連合会会長賞)

空間 002 サレジオ高専 得点 51

◎西原 次郎[デザイン学科1年]
担当教員:谷上 欣也[デザイン学科]

軍艦島

投稿者コメント(抜粋)

歴史と人の時を重ねた表現がすばらしい。(来賓)
軍艦島への興味や探究心を感じた。/異なる視点と時間の融合性が良い。/かつて実在した島の生活を現代の視点で想像した点が良い。/人々の存在や生活などの歴史を感じさせる。(企業)
当時の様子の中に、植物などで上手に現在を表している。/産業革命を彷彿させる構図が良い。/かつて、多くの住民が住んでいた歴史を連想できる構図が良い。/センスがピカイチ! 軍艦島にスポットを当てた点がいい。遠近感があり、本当に絵が上手。(来場者)

特別賞(全国高等専門学校デザインコンペティション実行委員会会長賞)

空間 016 舞鶴高専 得点 45

◎芦田 匠[建設システム工学科1年]
担当教員:尾上 亮介、今村 友里子[建設システム工学科]

NEW 京都駅

投稿者コメント(抜粋)

色が美しい。(来賓)
モダンな雰囲気がとても良い。/京都駅の今と昔をうまく融合させている。/歴代の京都駅の特徴を1つの構図に組み込んだ発想がおもしろい。/京都駅の雰囲気を適切にとらえていて良い。(来場者)

註(本書138〜142ページ) *フィールド名000:作品番号。 *作品番号の「空間」は空間デザイン・フィールド、「創造」は創造デザイン・フィールド、「AM」はAMデザイン・フィールドを示す。
*氏名の前にある◎印は学生代表。

最優秀賞(科学技術振興機構〈JST〉理事長賞)

創造 010 福島高専 得点 64

◎金沢 笑瑚、小田嶋 美海、斎藤 あかり[都市システム工学科1年]
担当教員：相馬 悠人[都市システム工学科]

TUNAGARU TUNAGERU

提案主旨▶ デザコン2024阿南大会の大会メインテーマ「繋」から、グローバル化の進む現代で重要な国際間のつながりを連想し、世界中の大陸をつなぐ広大な海をイメージした。トートバッグの地の藍色を海に見立て、水流を表す白色で徳島県の形を象り、名物「鳴門の渦潮」をモチーフに仕上げた。その上に大鳴門橋をモチーフにした橋を架けることで、「地域と地域をつなぐ」「人々の暮らしをつなぐ」を表現。さらに、橋は数十年にわたりその役目を果たすことから、「過去と未来をつなぐ」という「つながり」も表した。これを見た人が、人とのつながりを感じ、温かい気持ちになってほしいという願いを込めている。

投稿者コメント(抜粋)

「繋」が、現代において世界とのつながりを意味してるところがいい。／海の力強さが出ている。／大会メインテーマ「繋」に一番合っていた。／テーマカラーを海に見立て、徳島県と全世界をつなげるようなデザインに仕上げたところがいい。(企業)
徳島県の特徴をよく掴んだデザイン。／渦潮と海と橋の調和がうまくとれている。／群を抜いてすばらしく、応募作の中で1番光っていた。これ以上の作品は今後生まれないと思う。／大鳴門橋で「繋」を表現している点が印象的。／グローバル化だけでなく、地域や人々とのつながりまでイメージした作品名がとてもいい。橋のデザインもいい。／大会メインテーマ「繋」を表しつつ、高専の学生らしく、人工物をモチーフに取り込んだ点が良い。／おもしろ味がありつつも、すばらしい内容。(来場者)

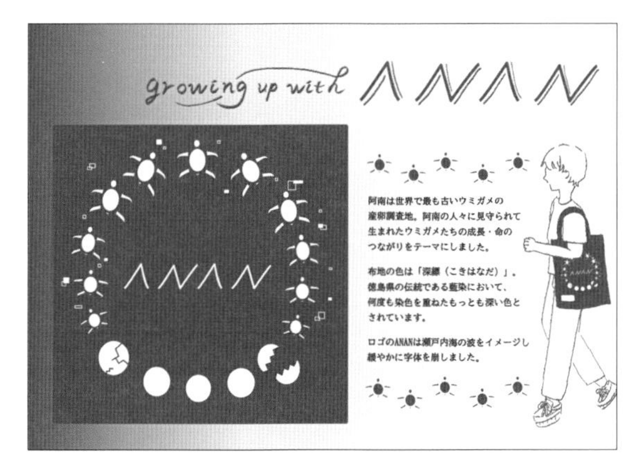

優秀賞(全国高等専門学校連合会会長賞)

創造 015 舞鶴高専 得点 61

◎水嶋 奈緒[建設システム工学科1年]
担当教員：尾上 亮介、今村 友里子[建設システム工学科]

growing up with ANAN

投稿者コメント(抜粋)

ウミガメの産卵地という歴史を大事にし、自然との共生をイメージさせてくれる。／ウミガメの成長とANANの文字が可愛らしいデザイン。(企業)
ANANの文字とウミガメの成長に一目惚れした。／ウミガメが卵から生まれるデザインがおもしろい。／円環を成すウミガメには、「成長する阿南」をはじめ、多様な意味が感じ取れる。無駄な情報が少ない、良いデザイン。／生命のつながりを感じさせる粋なデザインだ。／普段使いができそう。／ANANの文字が橋のようにも見え、建造物と阿南とが融合している。／世代交代と成長の循環をやさしいタッチで表現。／上にいくほどウミガメが成長していく「ウミガメのアーチ」は、正にデザコンに打ち込む高専の学生たちを表している。(来場者)

紬

藍染と波紋を掛け合わせた、シンプルながらも深みのある抽象的なデザイン。染め方によって個性が生まれる藍染と、止まることなく広がり続ける波紋で、人や地域ごとに持つ独特な個性を表現した。個々が持つ個性が交流し合って融合し、新たな発想が生まれ、充実した未来を紡いでほしいという願いを込めた。

Design competition 2024

特別賞(全国高等専門学校デザインコンペティション実行委員会会長賞)

創造 011 松江高専 得点 44

◎岡 蓮水、池袋 蒼空[環境・建設工学科2年]／小林 葵[電子制御工学科2年]
担当教員：岡崎 泰幸[環境・建設工学科]

紬——Tumugi

投稿者コメント(抜粋)

一番、目を奪われた。／今までになかったタイプ。藍染で作るといい。(企業)
波紋をモチーフにした流線形が「繋」に通じる。／藍染と波紋の形の交わる部分が、地域とのつながりを感じさせる。／他の幾何学模様と一線を画したデザインに感動。／伝統的でありながら、現代的でスタイリッシュ。混ざり合う様子が大会テーマに合っている。／シンプルで、「繋」に容易につながる。このトートバッグなら持ちたい。／藍色と動きのある波紋が美しい。(来場者)

最優秀賞（科学技術振興機構〈JST〉理事長賞）

AM 009　津山高専　得点 96

◎松浦 芳郎、池田 大吾［総合理工学科機械システム系3年］
担当教員：塩田 祐久［総合理工学科機械システム系］

あつまる木

部門の課題テーマ「みんな、あつまれ！」に則って、全国の高専とのつながりとSDGs（Sustainable Development Goals＝持続可能な開発目標）を大切にしたいという思いを込め、全国の国立高専の校章を集めて1つの木を制作した。
まず、幹と枝、校章を3Dプリンタで製作し、幹に枝を取り付けて基本的な木の形を作成。それらを製作する際に発生したラフト（仮のサポート材）をほぐして形を整え、葉に見立てて幹に乗せた。最後に、校章に接着剤を付け、葉に見立ててちりばめて完成。フィラメント（材料）はラフトを含めて無駄なく、すべて活用できた。
こだわったのは、校章を葉に見立てるため、なるべく小さく、かつ、きちんと印刷（造形）できるサイズにすることと、SDGsの12番めの目標「つくる責任　つかう責任」を意識し、印刷時にどうしても生じてしまうラフトを葉として活用することである。

投稿者コメント（抜粋）

複雑なデザインを上手に形にしていて、すばらしい。／全国の国立高専の校章がちりばめられ、多くの人が集まるというコンセプトを上手に表現している。（来賓）
SDGｓの側面もあるのがいい。／集合体を樹木に見立て、その樹木でSDGｓの目標を表しているところがいい。（企業）
3Dプリンタで複雑なオブジェが製作できていて見事。／細部まで作り込まれていて、とても美しかった。／全国の国立高専の校章を葉に見立てた発想が良い。／高専らしいオブジェ。自分の高専の校章を探す楽しさがあった。／いろいろなものが木の葉になっていて、見た人の想像を掻き立てる。／フィラメントをうまく利用して、他の作品とは全く違う表現。／通常、廃棄される材料まで利用して1本の木を表現したことと、各高専の校章をちりばめて部門の課題テーマを実現したことに感銘を受けた。（来場者）

あつまる木

今大会のテーマ「みんな、あつまれ！」を体現するために、
木の形になるように幹と枝を造形し、
印刷時のラフトを活用して葉っぱを作り、
その上から全国の国立高専の校章を
葉っぱに見立てて散りばめてみました。
高専のつながりとSDGsを大切にした一品です。
幻想的な時間をお楽しみください。

「五年の重ね」の塔

「みんな集まれ！」というテーマを私たちは、観光地としました。新型ウイルスの対策が緩和されていく中で、少しずつ日常を取り戻しています。
4年前の日本文化観光の賑わいが戻って来い「みんな戻って来い！」と捉え直しました。
私たち高専生は5年の過程を経て成長し、卒業します。
その五年の積み重ねを象徴しているのがこの「五重塔」です。

優秀賞（全国高等専門学校連合会会長賞）

AM 008　舞鶴高専　得点 69

◎前 吾一、佐々木 康介、古山 奏、椿井 洋平［機械工学科3年］
担当教員：室巻 孝郎［機械工学科］

「五年の重ね」の塔

投稿者コメント（抜粋）

五重塔の精密さが見事。／開催地である京都らしさを感じられる。（来賓）
細部までていねいに作り上げられていた。（企業）
作者の想像力が端々から垣間見えておもしろい。／五重塔の垂直方向への建築的な重なりと、高専生活における5年間の経験の重なりとがリンク（連動）していて、よく考えられている。／課題テーマに独自の解釈を加えて表現した点がいい。／高専の学生の5年間と五重塔をかけながら、開催地である京都らしさも最大限に表現したすてきな作品。取扱説明書から、パーツを組み合わせて作ったことがわかり、見事な技術に感心した。（来場者）

ご縁あってまたご縁

コンセプト

人脈を招く意味がある左手をあげた招き猫に願いが集まるように打出の小槌を持たせ、人は音に集まるので太鼓を打たせました。
もう一匹に鈴をつけ、招き猫を笑わせました。
二匹目に良縁のご利益のある布袋尊の頭陀袋を担がせ、ご縁とかけた五円玉を台にしました。

特別賞（全国高等専門学校デザインコンペティション実行委員会会長賞）

AM 003　鶴岡高専　得点 63

◎鈴木 佑弥、齋藤 源治郎、阿部 來翔［創造工学科1年］
担当教員：瀬川 透［創造工学科化学・生物コース材料工学分野］

ご縁あってまたご縁

投稿者コメント（抜粋）

欲しくなった。（来賓）
部門の課題テーマにふさわしく、見ているだけで楽しい雰囲気が伝わった。／五円玉（ご縁）の上にさまざまな招き猫が並ぶ表現が楽しい。（企業）
アイディアがいい！／人のつながりを連想させる温かみがある。／私の地元である舞鶴でデザコンの開催。ご縁を大切にします。（来場者）

3フィールドすべてが投票による審査に！——みんな集まれ！

低学年の学生に向けたデザコンへの登竜門

プレデザコン部門は、参加者の主流が4年生以上の学生であるデザコン4部門への参加に向けた準備として、低学年の内から高い水準をめざして作品づくりに取り組める機会、言わば、デザコンの前哨戦的な位置付けにある。そのため、応募資格を本科1〜3年生に限定し、デザコンで気軽に作品を発表できる機会として設定している。応募作品はすべて本選で競うことができる。各学生はプレデザコン部門への参加を通して、自身の成長を実感し、デザコンを身近に感じるようになる。

今大会のプレデザコン部門の課題テーマは「みんな、あつまれ！」とした。これは、コロナ禍(COVID-19)に起きた人々の分断が緩和され、それ以前の生活様式に近づきつつあるポスト・コロナ時代において、ヒト、モノ、コトが再結集していく空気感をデザインで表現し、社会の閉塞感を打破していくことを意図している。また、デザインを通して、日々の生活に光明が差し込み、人々が新たな目標を設定できるよう願いを込めた。

デジタル手法を解禁
——空間デザイン・フィールド

投票の結果、最優秀賞にサレジオ高専『アビタ67団地』[空間003]、優秀賞にサレジオ高専『軍艦島』[空間002]、特別賞に舞鶴高専『NEW 京都駅』[空間016]が選出された。最優秀賞と優秀賞の得点差はわずか3点と

表2　投票者の持ち点

投票者の分類(部門)	空間デザイン・フィールド	創造デザイン・フィールド	AMデザイン・フィールド
審査員(空間デザイン部門)	10	5	5
審査員(構造デザイン部門)	5	5	5
審査員(創造デザイン部門)	5	10	5
審査員(AMデザイン部門)	5	5	10
来賓	5	5	5
企業	5	5	5
来場者	1	1	1

表註　＊投票者の持ち点(フィールドごと)：「審査員」＝1人10点(関連部門の審査員)、1人5点(他部門の審査員)「来賓」(来賓、プレゼンター、校長)＝1人5点　「企業」(協賛企業関係者)＝1人5点　「来場者」(高専教職員、高専の学生、一般来場者)＝1人1点。　＊投票者は各フィールドごとに、持ち点の範囲内でどの作品に何点票を入れても可。

表1　空間デザイン・フィールド／創造デザイン・フィールド／AMデザイン・フィールド投票集計結果

作品番号	作品名	高専名(キャンパス名)	投票者				合計点	フィールド別順位	受賞
			審査員	来賓	企業	来場者			
空間003	アビタ67団地	サレジオ高専	5	15	5	29	54	1	最優秀賞＊1
空間002	軍艦島	サレジオ高専	5	12	13	21	51	2	優秀賞＊2
空間016	NEW 京都駅	舞鶴高専	0	7	3	35	45	3	特別賞＊3
空間022	ドラウゲン石油プラットフォーム	都城高専	0	8	10	19	37	4	
空間011	片倉館	長野高専	0	12	4	19	35	5	
空間001	馬車道と空	サレジオ高専	1	8	4	4	17	6	
空間017	KAIT広場	徳山高専	0	0	7	8	15	7	
空間004	三鷹天命反転住宅	仙台高専(名取)	0	2	4	7	13	8	
空間009	稲荷山養護学校	長野高専	0	2	6	4	12	9	
空間010	時代を繋ぐ龍	近畿大学高専	1	4	2	5	12	9	
空間021	洞窟図書館	鹿児島高専	1	4	1	6	12	9	
空間013	角川武蔵野ミュージアム本棚劇場	舞鶴高専	1	2	0	7	10	12	
空間005	東京駅	仙台高専(名取)	0	0	1	8	9	13	
空間008	東京都　日本橋	仙台高専(名取)	4	1	0	4	9	13	
空間020	周南工場夜景	徳山高専	0	0	1	8	9	13	
空間024	調和	鹿児島高専	7	0	1	1	9	13	
空間007	調査ファイルNo.25 宮城県図書館	仙台高専(名取)	0	2	0	3	5	17	
空間006	石橋屋	仙台高専(名取)	0	1	0	3	4	18	
空間012	まちなかリビング北千里	舞鶴高専	0	0	3	1	4	18	
空間015	四番町スクエア	舞鶴高専	0	3	0	1	4	18	
空間018	国際教養大学 中嶋記念図書館	仙台高専(名取)	0	0	0	4	4	18	
空間025	高知駅	高知高専	0	3	0	1	4	18	
空間019	新国立競技場	鹿児島高専	0	0	0	2	2	23	
空間014	フルーツ・フラワーパーク	舞鶴高専	0	0	0	1	1	24	
空間023	大賀ホール	長野高専	0	0	0	1	1	24	
創造010	TUNAGARU TUNAGERU	福島高専	0	17	10	37	64	1	最優秀賞＊1
創造015	growing up with ANAN	舞鶴高専	0	1	9	51	61	2	優秀賞＊2
創造011	紬	松江高専	0	1	8	35	44	3	特別賞＊3
創造013	渦(うず)を巻(ま)く白鷺(しらさぎ)	仙台高専(名取)	9	11	4	14	38	4	
創造005	旭日昇天	サレジオ高専	10	6	4	9	29	5	
創造009	旅人	サレジオ高専	0	8	12	8	28	6	
創造007	ほころぶ	サレジオ高専	0	11	6	6	23	7	
創造012	時の共有	岐阜高専	5	7	1	6	19	8	
創造017	向日葵	阿南高専	0	1	11	5	17	9	
創造006	青春	サレジオ高専	0	2	2	11	15	10	
創造008	黎明	サレジオ高専	0	2	6	7	15	10	
創造016	光の融合	舞鶴高専	0	3	1	6	10	12	
創造014	繋げ阿南に。	松江高専	0	5	0	3	8	13	
創造002	集まって、繋がって	岐阜高専	0	4	1	1	6	14	
創造018	融合	舞鶴高専	0	2	0	3	5	15	
創造003	オレがNO.1	長岡高専	1	3	0	0	4	16	
創造001	結んで広げてバトン	仙台高専(名取)	0	1	0	0	1	17	
AM009	あつまる木	津山高専	2	21	20	53	96	1	最優秀賞＊1
AM008	「五年の重ね」の塔	舞鶴高専	0	21	7	41	69	2	優秀賞＊2
AM003	ご縁あってまたご縁	鶴岡高専	9	19	13	22	63	3	特別賞＊3
AM010	目指せ！お金を貯え一攫千金　集い集まる貯金箱	津山高専	4	1	12	25	42	4	
AM011	変幻自在！ パズルBOX	津山高専	16	3	3	11	33	5	
AM006	この指止まれ	鶴岡高専	0	10	5	16	31	6	
AM004	フェザミリー	鶴岡高専	0	4	4	10	18	7	
AM012	希望のコースター	舞鶴高専	4	4	0	10	18	7	
AM007	門前成市(もんぜんせいし)	舞鶴高専	0	1	1	7	9	9	
AM005	デジタルメロディ・ストリートフェスト	鶴岡高専	0	1	0	6	7	10	

表註　＊1　最優秀賞：最優秀賞(科学技術振興機構〈JST〉理事長賞)。　＊2　優秀賞：優秀賞(全国高等専門学校連合会会長賞)。　＊3　特別賞：特別賞(全国高等専門学校デザインコンペティション実行委員会会長賞)。　＊作品番号の「空間」は空間デザイン・フィールド、「創造」は創造デザイン・フィールド、「AM」はAMデザイン・フィールドを示す。
＊作品番号[創造004][AM001][AM002]は登録時の不備により欠番。　＊作品名はサブタイトルを省略。

註　＊文中の作品名は、サブタイトルを省略。『作品名』[フィールド名000]、で表示。　＊[フィールド名000]は作品番号。「空間」は空間デザイン・フィールド、「創造」は創造デザイン・フィールド、「AM」はAMデザイン・フィールドを示す。

いう接戦であった(本書143ページ表1参照)。
また、今大会では「手描き(アナログ)による作品」に限定しなかった。そのため、デジタル手法で描いた作品の応募が多数あり、中には、パソコン上で手描きの手法を使って、一見すると手描きによるアナログ表現としか見えないデジタル作品もあった。
その結果、デジタル作品への投票数が多く、最優秀賞『アビタ67団地』[空間003]と優秀賞『軍艦島』[空間002]がこれに該当する。手描きの作品では、特別賞『NEW 京都駅』[空間016]と『ドラウゲン石油プラットフォーム』[空間022]が健闘した。
応募した学生にとって、本提案条件の内、「異なる時間をどのように、同時に表現するか」「人の活動をどうやって表現するか」が、非常に難解であったと思われる。異なる時代を対比的に描いた作品もあれば、複数の時間帯を同時的に描いた作品もあった。絵画的に人を描くだけではなく、人の存在、人の存在した形跡を表現することで、人の活動を表した作品もあった。

徳島県と阿南市を象徴するモチーフとは?
——創造デザイン・フィールド

従来どおり、提案条件は翌年の大会で使用するトートバッグのデザインで、今回はデザコン2024阿南大会の大会メインテーマ「繋」をイメージしたデザインを求めた。
応募作品には、徳島県阿南市の特産品で、文化的な象徴の1つである藍染めをイメージした青系を地色に使用するよう指示していた。デザインのモチーフは多岐にわたったが、徳島県のシンボルであるシラサギや渦潮を図案化した作品が多かった。
最優秀賞は、渦潮と大鳴門橋をモチーフにした、『TUNAGARU TUNAGERU』[創造010]。優秀賞はウミガメをモチーフにした『growing up with ANAN』[創造015]、特別賞は藍染と波紋をモチーフにした、『紬』[創造011]が選出された。空間デザイン・フィールド同様、最優秀賞と優秀賞の得点差は3点しかなく、こちらもかなりの接戦であった。(本書143ページ表1参照)

3Dプリンタで自由な造形
——AMデザイン・フィールドの新たな試み

今大会では、AMデザイン・フィールドの提案条件を、昨年までの「落下時の衝撃を吸収するシェルター」から大幅に変更。部門の課題テーマ「みんな、あつまれ!」を体現する、3Dプリンタ(AM技術)を用いたオブジェ(造形表現=「作品」=製作物)とし、ポスト・コロナ禍時代のヒト、モノ、コトの再結集を学生らしく表現した作品を期待した。そして、他のフィールド同様に、来訪者の投票によって各賞を決めることにした。
新しい提案条件に込めた意図は、何を集めるのか(対象)、どうやって集めるのか(方法)を考え、3Dプリンタによる、手作業では不可能の正確な設計と造形により、部門の課題テーマを表現することへの挑戦である。これを経験することで、高学年の学生が身に付けているさまざまな設計、造形、組立てのノウハウを、低学年の内から習得していくことも狙っている。
また、学生たちの発想をできるだけ自由に表現できるよう、オブジェの内部にさまざまな仕掛けやカウンターウェイト(バランスをとるためのおもり)を組み込むことで、アンバランスな形状を作るなど、造形の多様性を許容する提案条件とした。
嵌合(かんごう)(はめ合わせ)や接着、塗装を自由にし、大きさ以外にほとんど制限のない中、3Dプリンタの「複数のパーツ(製作物、部品)を個別に出力(造形)するのが容易」という利点を活かし、小さなパーツをたくさん組み合わせて大きい造形物を作成したオブジェも見られた。「集合する」という概念を、若い学生が自分なりに解釈し、新鮮なデザインとして表現していたのは驚きであった。
投票の結果、最優秀賞には、3Dプリンタでの造形時の端材であるラフト(仮のサポート材)と全国の国立高専の校章を組み合わせて「高専の結集」を表現した、『あつまる木』[AM009]が次点と大差をつけて選ばれた。投票者にSDGs(Sustainable Development Goals=持続可能な開発目標)を印象づけたことも手伝って、高い評価を得た。優秀賞は、コロナ禍以前の日常に高専本科5年間の積み重ねと成長を重ね、五重塔に落とし込んで表現した、『「五年の重ね」の塔』[AM008]。特別賞には、人を「集める」3匹の招き猫に打出の小槌を持たせた良縁の縁起物と、五円玉(ご縁)とを組み合わせた、『ご縁あってまたご縁』[AM003]が選出された(本書143ページ表1参照)。
今回の新たな試みをきっかけとして、学生たちが3Dプリンタで素材を自由に造形、加工できるようになり、それぞれの表現力が高められることを期待している。

「来賓」票が順位に大きく影響、「審査員」は専門家の視点で評価

今年は会場が2カ所に分かれ、5部門の開催会場が別々となったことから、投票数の減少が懸念された。そのため、投票者の分類を増やし、従来の「審査員」「企業(協賛企業関係者)」「来場者(高専の教職員、高専の学生、一般来場者)」に、「来賓(来賓、プレゼンター、校長)」を加えた4つとした。
また、昨年に引き続き、今年も、会場に掲示したQRコードを利用したオンライン投票を基本として、要望に応じて投票用紙での投票を実施した(本書143ページ表2参照)。
空間デザイン部門は離れた別会場(舞鶴赤れんがパーク　2号棟1階市政ホール)で、同部門の参加学生や関係者の投票が時間的に難しかったためか、全体的に投票数が少なかった。また、関連する空間デザイン部門の「審査員」の投票がなかった。「来場者」票は、上位の作品、特に『NEW 京都駅』[空間016]に集中した。なお、順位に影響を与えたのは「来賓」票で、その多くがデジタル作品に投票された。
同様に、別会場となった創造デザイン・フィールドでも上位の作品に「来場者」票が集中し、「来賓」票が順位に影響を与えた。
AMデザイン・フィールドでは、「審査員」票が機械仕掛け的な作品の『変幻自在! パズルBOX』[AM011]に集中した一方で、それ以外の票は、抽象的な表現の作品、『あつまる木』[AM009]に集中した。
全体として、投票への参加者はいずれも、作品の審査に集中し、真剣に評価を下していた。また、投票者が応募作品の水準の高さに驚く姿を何度も見かけて、とてもうれしかった。
今回の応募作品はいずれも、各フィールドの提案条件に能動的に取り組み、自分たちの考えをしっかりと形にできていた。その多くは完成度が高く、将来、デザコンの4部門において、即戦力としての活躍を期待させるものであった。まずは、学生誰もが自分の考えを作品として実現し、デザコンに応募すること。その上で客観的に自作の弱点と向き合い、さらにブラッシュアップし続けていくことに、デザコンの大きな意義がある。今年の応募者のさらなる成長を今後も期待したい。　(渡部 昌弘　舞鶴高専)

三鷹天命反転住宅──死なないための住宅

空間 004 仙台高専(名取)

◎大友 海晴[総合工学科Ⅲ類建築デザインコース2年]
担当教員:相模 誓雄[総合工学科Ⅲ類建築デザインコース]

得点 13

東京駅

空間 005 仙台高専(名取)

◎芳賀 楓[総合工学科Ⅲ類建築デザインコース2年]
担当教員:相模 誓雄[総合工学科Ⅲ類建築デザインコース]

得点 9

ドラウゲン石油プラットフォーム

空間 022 都城高専

◎郭 龍佑[建築学科2年]
担当教員:横山 秀樹[建築学科]

得点 37

稲荷山養護学校
──愛があるところに自然と人が集まる

空間 009 長野高専

◎宮澤 七星[工学科都市デザイン系2年]
担当教員:西川 嘉雄[工学科都市デザイン系]

得点 12

東京都 日本橋

空間 008 仙台高専(名取)

◎伊藤 成龍[総合工学科Ⅲ類1年]
担当教員:相模 誓雄[総合工学科Ⅲ類建築デザインコース]

得点 9

片倉館──時を超えてあつまれ!

空間 011 長野高専

◎野明 鈴穂[工学科都市デザイン系2年]
担当教員:西川 嘉雄[工学科都市デザイン系]

得点 35

時代を繋ぐ龍

空間 010 近畿大学高専

◎辰己 允治[総合システム工学科都市環境コース3年]
担当教員:田中 和幸[総合システム工学科都市環境コース]

得点 12

周南工場夜景
──The light that connects the future

空間 020 徳山高専

◎神田 陽菜[土木建築工学科2年]
担当教員:河野 拓也[土木建築工学科]

得点 9

馬車道と空

空間 001 サレジオ高専

◎亀本 晃生[デザイン学科1年]
担当教員:谷上 欣也[デザイン学科]

得点 17

洞窟図書館

空間 021 鹿児島高専

◎今中 美輝[都市環境デザイン工学科1年]
担当教員:髙安 重一[都市環境デザイン工学科]

得点 12

調和

空間 024 鹿児島高専

◎伊地知 美帆[都市環境デザイン工学科1年]
担当教員:髙安 重一[都市環境デザイン工学科]

得点 9

KAIT広場

空間 017 徳山高専

◎背戸 雫[土木建築工学科2年]
担当教員:河野 拓也[土木建築工学科]

得点 15

角川武蔵野ミュージアム本棚劇場

空間 013 舞鶴高専

◎上田 薫[建設システム工学科1年]
担当教員:尾上 亮介、今村 友里子[建設システム工学科]

得点 10

調査ファイルNo.25 宮城県図書館

空間 007 仙台高専(名取)

◎松森 英香[総合工学科Ⅲ類建築デザインコース2年]
担当教員:相模 誓雄[総合工学科Ⅲ類建築デザインコース]

得点 5

註(本書145～148ページ) *フィールド名000:作品番号。 *作品番号の「空間」は空間デザイン・フィールド、「創造」は創造デザイン・フィールド、「AM」はAMデザイン・フィールドを示す。 *氏名の前にある◎印は学生代表。 *得点順に掲載。同点の場合は、作品番号順に掲載。
*作品番号[創造004][AM001][AM002]は登録時の不備により欠番。

石橋屋

空間 006　仙台高専(名取)

◎山口 哲平[総合工学科Ⅲ類1年]
担当教員：相模 誓雄[総合工学科Ⅲ類建築デザインコース]

得点 4

国際教養大学 中嶋記念図書館

空間 018　仙台高専(名取)

◎敦賀 柚姫[総合工学科Ⅲ類建築デザインコース2年]
担当教員：相模 誓雄[総合工学科Ⅲ類建築デザインコース]

得点 4

フルーツ・フラワーパーク

空間 014　舞鶴高専

◎生田 朋也[建設システム工学科1年]
担当教員：尾上 亮介、今村 友里子[建設システム工学科]

得点 1

まちなかリビング北千里

空間 012　舞鶴高専

◎木寺 達士[建設システム工学科1年]
担当教員：尾上 亮介、今村 友里子[建設システム工学科]

得点 4

高知駅

空間 025　高知高専

◎小松 野乃香(2年)、渡部 貴仁(1年)[ソーシャルデザイン工学科]
担当教員：北山 めぐみ[ソーシャルデザイン工学科まちづくり・防災コース]

得点 4

大賀ホール

空間 023　長野高専

◎大工原 若奈[工学科都市デザイン系2年]
担当教員：西川 嘉雄[工学科都市デザイン系]

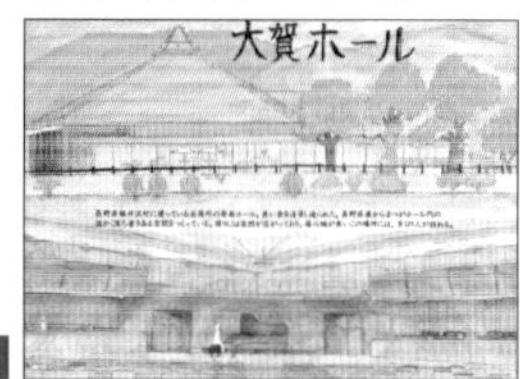

得点 1

四番町スクエア

空間 015　舞鶴高専

◎陌間 聡志　[建設システム工学科1年]
担当教員：尾上 亮介、今村 友里子[建設システム工学科]

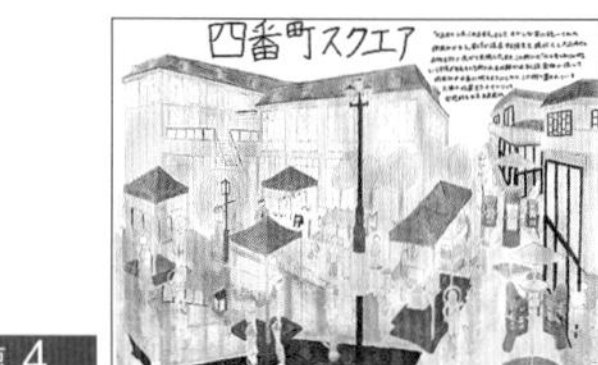

得点 4

新国立競技場

空間 019　鹿児島高専

◎飯森 爽晴[都市環境デザイン工学科1年]
担当教員：髙安 重一[都市環境デザイン工学科]

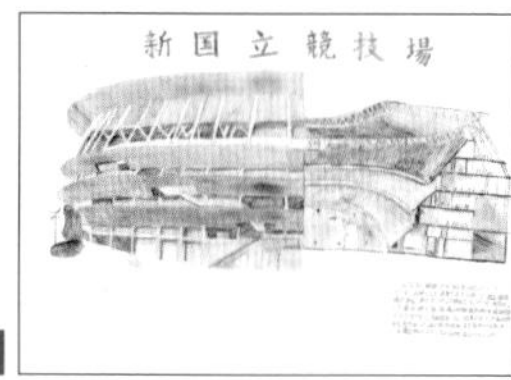

得点 2

時の共有

創造 012　岐阜高専

◎野原 珠実[電気情報工学科1年]
担当教員：菅 菜穂美[一般科目(自然)]

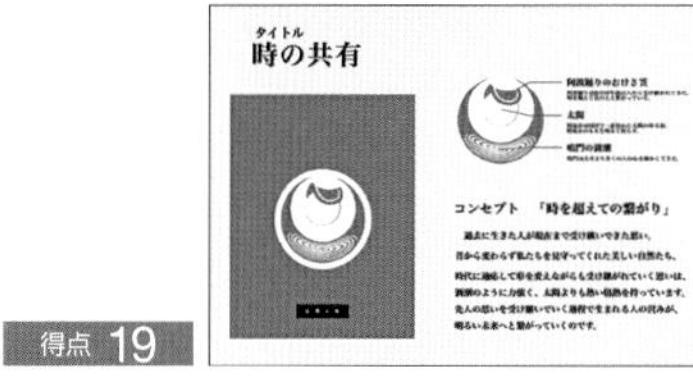

得点 19

繋げ阿南に。

創造 014　松江高専

◎阿瀬川 獅友[情報工学科3年]、
新崎 真央[電気情報工学科3年]
担当教員：
岡崎 泰幸[環境・建設工学科]

得点 8

渦を巻く白鷺

創造 013　仙台高専(名取)

◎鈴木 千愛[総合工学科Ⅲ類建築デザインコース3年]
担当教員：相模 誓雄[総合工学科Ⅲ類建築デザインコース]

得点 38

向日葵

創造 017　阿南高専

◎野村 芽以、吉崎 凪紗
[創造技術工学科建設コース3年]
担当教員：長田 健吾[創造技術工学科建設コース]

得点 17

集まって、繋がって

創造 002　岐阜高専

◎長谷川 楓乃[環境都市工学科1年]
担当教員：菅 菜穂美[一般科目(自然)]

得点 6

旭日昇天

創造 005　サレジオ高専

◎佐藤 明咲、今任 唯[デザイン学科2年]
担当教員：谷上 欣也[デザイン学科]

得点 29

青春

創造 006　サレジオ高専

◎林 譲葉、菊池 里莉[デザイン学科1年]
担当教員：谷上 欣也[デザイン学科]

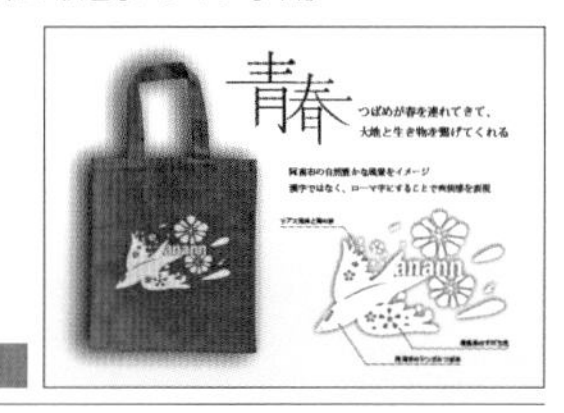

得点 15

融合

創造 018　舞鶴高専

◎和泉 穂花[電子制御工学科2年]
担当教員：丹下 裕[電気情報工学科]

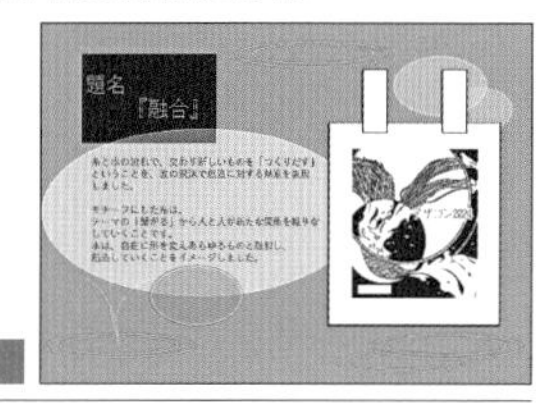

得点 5

旅人

創造 009　サレジオ高専

◎小嶋 廷音(3年)、髙口 菜乃(2年)[デザイン学科]
担当教員：谷上 欣也[デザイン学科]

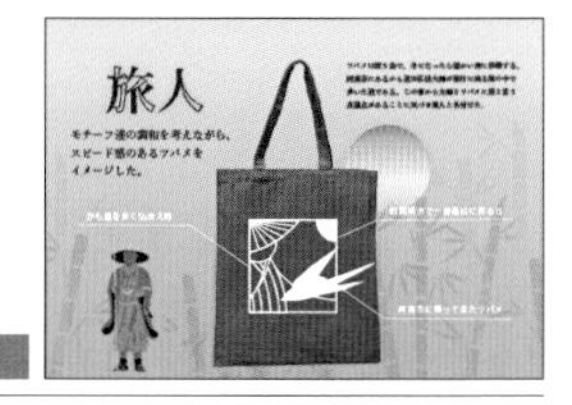

得点 28

黎明

創造 008　サレジオ高専

◎松平 亜弥子[デザイン学科1年]
担当教員：谷上 欣也[デザイン学科]

得点 15

オレがNO.1

創造 003　長岡高専

◎小野 真由[環境都市工学科2年]／田中 理子[物質工学科2年]
担当教員：陽田 修[環境都市工学科]

得点 4

ほころぶ

創造 007　サレジオ高専

◎橋本 美乃、菊地 玉笑[デザイン学科2年]
担当教員：谷上 欣也[デザイン学科]

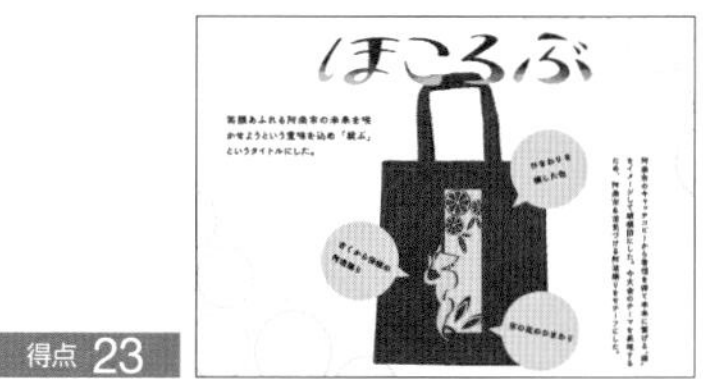

得点 23

光の融合

創造 016　舞鶴高専

◎酒井 悠生[建設システム工学科1年]
担当教員：尾上 亮介、今村 友里子[建設システム工学科]

得点 10

結んで広げてバトン

創造 001　仙台高専(名取)

◎吉岡 冬雪[総合工学科Ⅲ類建築デザインコース3年]
担当教員：相模 誓雄[総合工学科Ⅲ類建築デザインコース]

得点 1

AM
デザイン・フィールド
7作品

この指止まれ

AM 006　鶴岡高専

◎山内 美怜、土井 紗稀寧、石澤 怜奈［創造工学科1年］
担当教員：瀬川 透［創造工学科化学・生物コース材料工学分野］

得点 31

門前成市（もんぜんせいし）

AM 007　舞鶴高専

◎大庭 遥翔、河合 力憲、井貝 比翼、椎野 泰壽［機械工学科3年］
担当教員：室巻 孝郎［機械工学科］

得点 9

目指せ！ お金を貯え一攫千金 集い集まる貯金箱

AM 010　津山高専

◎木下 遥喜、野上 光太、髙宮 啓［総合理工学科機械システム系3年］
担当教員：塩田 祐久［総合理工学科機械システム系］

得点 42

フェザミリー

AM 004　鶴岡高専

◎金内 啓［創造工学科電気・電子コース2年］
担当教員：瀬川 透［創造工学科化学・生物コース材料工学分野］

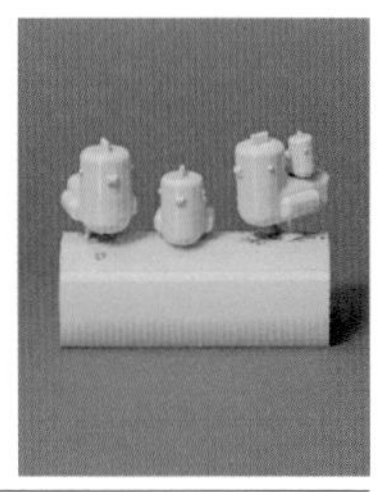

得点 18

デジタルメロディ・ストリートフェスト

AM 005　鶴岡高専

◎佐藤 心吾［創造工学科情報コース2年］
担当教員：瀬川 透［創造工学科化学・生物コース材料工学分野］

得点 7

変幻自在！ パズルBOX

AM 011　津山高専

◎則本 馳天、白濱 颯斗［総合理工学科機械システム系3年］
担当教員：塩田 祐久［総合理工学科機械システム系］

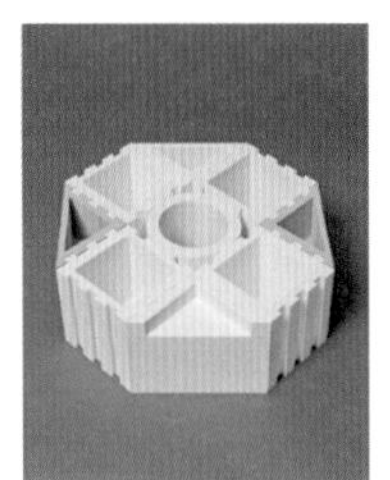

得点 33

希望のコースター

AM 012　舞鶴高専

◎佐々木 啓介、町野 暢郎、高須 美月、髙嶋 俊樹［機械工学科3年］
担当教員：室巻 孝郎［機械工学科］

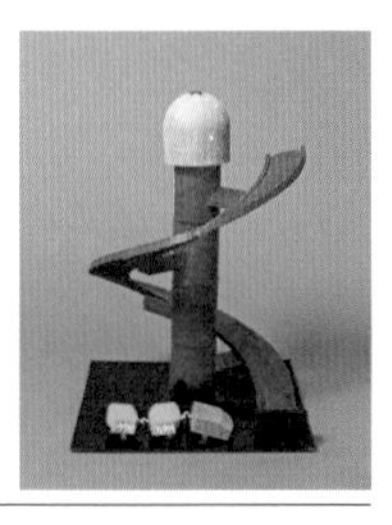

得点 18

プレデザコン部門概要

■ **課題テーマ**
みんな、あつまれ!
■ **課題概要**
高専の本科3年生までを対象とした部門。デザコンの従来の4部門の内の3部門(空間デザイン部門、創造デザイン部門、AMデザイン部門)をもとに連動した3つのフィールドに分け、それぞれに、以下の提案条件を設定して実施する。専門科目を学んだ年数が少ない中で、既成概念にとらわれない自由な発想によるデザインを求める。
❶空間デザイン・フィールド
「実在する」あるいは「実在した」空間のパース(視点と消点を定めた透視図)を描くこと。ただし、時間や視点が固定された写真のように写実的で客観的な表現ではなく、異なる時間や視点が混在するなど主観的な表現とする。その空間の中に人の存在、生活、活動などを感じさせる表現にすること。出典はわかるものの、独創的で想像的な時間と空間をコラージュした「似て非なる」唯一無二の時空を提案すること
❷創造デザイン・フィールド
2024年阿南大会で使用するトートバッグのデザイン。大会メインテーマ「繫」をイメージできるデザインを提案すること
デザイン条件:
❶トートバッグの寸法は、縦380mm×横330mm程度
❷表面のみにデザインを印刷する仕様
❸余白なども考慮の上、デザインの配置まで提案すること
❹使用できる色は1色、トートバッグの色は徳島の藍染をイメージした青系
❺縦15mm×横60mm程度の大きさの協賛企業のロゴの位置を指定すること
❻デザインの意図、コンセプトのわかる説明文を記入すること
❼手書きでもかまわないが、大会で用いるトートバッグの最終デザイン(印刷されるデザイン)は、デジタル的な処理をするかどうか、作者と打合せの上、決定する
❽最終デザインを決定する際、作者の確認を取った上で、その意図を汲んだ多少の修正や変更を依頼する場合がある
❾大会で用いるトートバッグの最終デザインの色とトートバッグの色(青系)は作者と打合せの上、決定する
❸AMデザイン・フィールド
部門の課題テーマ「みんな、あつまれ!」を体現する3Dプリンタで造形したオブジェ(造型表現=「作品」=製作物)を製作すること
製作条件:
❶大きさは、幅300mm×奥行300mm×高さ1,000mm以内
❷自立可能であること
❸原則として、組立て後の完成品を提出すること。オブジェの設置に簡易な施工が必要となる場合は、大会前日に応募者自身が会場で実施すること。オブジェ設置の際、他の展示物に故意、過失を問わず接触すると失格
❹3Dプリンタで造形したオブジェに限るが、造形方法、造形機種、材料(樹脂の種類など)、色は自由。「3Dプリンタで造形したもの」以外(金属製の既製のビスや鋳造した金属など)を「3Dプリンタによる造形物以外の部品(おもりなど)」として使用可。部品ごとに材料を変えても可
❺一体成形でなく、3Dプリンタで造形した部品を組み立てたオブジェも可。造形後の加工(切削、研磨、アセトンによる表面処理など)、部品組立て時の接着剤(種類は不問)、金属部材の使用可
❻接着剤を除く「3Dプリンタで造形したもの」以外はオブジェ表面(底面含む)に露出させないこと
❼「3Dプリンタで造形したもの」以外に該当する金属部品の総重量は1,000g以下
❽展示前日に接着が必要な場合は、概ね1時間以内に初期硬化が発現し、部材同士を安全に固定でき、審査時点で展示に支障が生じない接着剤にすること
❾オブジェは展示台が完全に水平を保つことに十分留意すること。展示台に固定できず、施工精度によってバランスが不安定となるオブジェ、ヒンジなどの可動部分のあるオブジェは不可。電源、光源類、動作可能な状態にしたサーボモータなどの使用不可。軟質材料を用いる場合を除き、会期中、物理的に変形しないこと
■ **応募条件**
❶高等専門学校に在籍する本科3年生以下の学生
❷4人までのチームによるもの
❸フィールドごとに1人1作品
❹同一高専(キャンパス)からの応募は、合計12作品以内、同一フィールドで6作品以内
❺他のコンテスト、コンペティションに応募していない作品
■ **応募数**
52作品(81人、16高専)
❶空間デザイン・フィールド:25作品(26人、9高専)
❷創造デザイン・フィールド:17作品(28人、8高専)
❸AMデザイン・フィールド:10作品(27人、3高専)
■ **応募期間**
2023年9月25日(月)~10月27日(金)
■ **作品提出期間**
❶空間デザイン・フィールド、❷創造デザイン・フィールド
2023年9月25日(月)~10月31日(火)
❸AMデザイン・フィールド
2023年10月23日(月)~10月31日(火)

本選審査

■ **日時**
2023年11月11日(土)、12日(日)
■ **会場**
舞鶴市総合文化会館　展示室A
■ **本選提出物**
❶空間デザイン・フィールド　❷創造デザイン・フィールド
❶ポスター:A3判サイズ(横向き)1枚。作品名、コンセプト(横書き150文字以内)を記載
❷ポスターの電子データ:PDF形式またはJPG形式
❸AMデザイン・フィールド
❶3Dプリンタで造形したオブジェ(「作品」=製作物):製作条件どおりの作品
❷完成形オブジェの3Dモデルデータ:UDATASMITH形式、OBJ形式またはSTL形式(任意/上映用)
❸ポスター:A3判サイズ(横向き)1枚。作品名、コンセプト(横書き150文字以内)を記載
❹ポスターの電子データ:PDF形式またはJPG形式
❺取扱説明書の電子データ:PDF形式
■ **審査過程**
参加数:52作品
2023年11月11日(土)
❶作品展示、投票　13:00~17:00
2023年11月12日(日)
❶作品展示、投票　9:00~12:00
❷作品展示、投票結果集計　12:00~13:00
❸作品展示、投票結果掲示　13:00~15:00
■ **審査方法**
来訪者が展示作品の中で推薦する作品に投票。フィールドごとに、持ち点の範囲内で複数の作品に配点投票も可(投票はQRコードを利用したオンライン投票を基本に、投票用紙も併用)。フィールドごとに、合計点数が高い順に各賞を決定
■ **各フィールドの投票者の持ち点**
関連する部門の「審査員」/1人10点
その他3部門の「審査員」、「来賓」(来賓、プレゼンター、校長)、「企業」(協賛企業関係者)/1人5点
「来場者」(高専教職員、高専の学生、一般来場者)/1人1点
■ **賞**
フィールドごとに、最多得点の作品を最優秀賞(科学技術振興機構〈JST〉理事長賞)、次点の1作品を優秀賞(全国高等専門学校連合会会長賞)とし、特別賞(全国高等専門学校デザインコンペティション実行委員会会長賞)1作品を、全国高等専門学校デザインコンペティション実行委員会が決定

付篇　デザコン2023 in 舞鶴

舞鶴

Contents:　会場と大会スケジュール　開会式／閉会式・表彰式　応募状況　デザコンとは？／大会後記

会場と大会スケジュール

会場：舞鶴市総合文化会館、舞鶴赤れんがパーク

部門	空間デザイン部門	構造デザイン部門	創造デザイン部門	AMデザイン部門	プレデザコン部門
会場	舞鶴赤れんがパーク 2号棟1階　市政ホール 4号棟1階　フリースペース2 （予選作品展示）	舞鶴市総合文化会館 大ホール ホワイエ （作品展示、審査員審査）	舞鶴赤れんがパーク 4号棟1階　フリースペース1 4号棟1階　フリースペース2 （モニタで予選未通過作品紹介）	舞鶴市総合文化会館 小ホール	舞鶴市総合文化会館 展示室A

2023年11月11日（土）

9:00〜9:30 スタッフ準備など

9:30〜10:00 受付

空間デザイン部門	構造デザイン部門	創造デザイン部門	AMデザイン部門	プレデザコン部門
10:00〜11:30 作品の展示設営 規定違反の有無確認	10:00〜11:45 仕様確認 10:00〜11:30 審査員審査	10:00〜10:15 作品の展示設営 10:15〜10:30 オリエンテーション 10:30〜11:30 ポスターセッション	10:00〜10:20 オリエンテーション 10:20〜11:30 作品の展示設営	10:00〜11:30 作品の展示確認

11:30〜12:30　昼休憩

12:30〜13:00　開会式
（舞鶴市総合文化会館　大ホール）

空間デザイン部門	構造デザイン部門	創造デザイン部門	AMデザイン部門	プレデザコン部門
13:30〜13:50 オリエンテーション 13:50〜15:10 ポスターセッション（前半） 15:25〜16:30 ポスターセッション（後半） 16:40〜16:50 ポスターセッション講評	13:30〜13:50 オリエンテーション 14:00〜16:10 耐荷性能試験（競技）1 16:30〜17:00 学生交流会	13:15〜15:00 ワークショップ1 15:05〜17:00 ワークショップ2 「意見まとめ」 「ブラッシュアップ」	13:15〜14:35 プレゼンテーション（前半） 14:50〜15:55 プレゼンテーション（後半） 16:00〜17:00 学生交流会	13:00〜17:00 作品展示 投票

2023年11月12日（日）

8:30〜9:30 スタッフ準備など

空間デザイン部門	構造デザイン部門	創造デザイン部門	AMデザイン部門	プレデザコン部門
9:00〜9:15 オリエンテーション 9:15〜11:15 プレゼンテーション 11:40〜12:50 最終審査（公開審査） 審査員総評 12:50〜14:00 昼休憩	9:00〜11:30 耐荷性能試験（競技）2 11:30〜12:00 最終審査（非公開審査） 12:00〜12:30 審査結果発表、審査員総評 12:30〜14:00 昼休憩	9:00〜9:10　オリエンテーション 9:10〜10:55 プレゼンテーション 11:10〜11:30 最終審査（公開審査） 11:30〜12:00 ワークショップ3「振り返り」／最終審査（非公開審査） 12:00〜13:00 昼休憩 13:00〜13:20 審査結果発表、審査員総評 13:20〜13:40 学生交流会	9:00〜9:10　オリエンテーション 9:10〜10:55 ディスカッション （ポスターセッション） 10:55〜11:00 学生相互投票 11:00〜12:00 最終審査（非公開審査） 12:00〜13:30 昼休憩 13:30〜13:50 審査結果発表、審査員総評	9:00〜12:00 作品展示 投票 12:00〜13:00 作品展示 投票結果集計 13:00〜15:00 作品展示 投票結果掲示

14:00〜15:00　閉会式・表彰式
（舞鶴市総合文化会館　大ホール）

表註　＊　は休憩時間を示す。

開会式

日時：2023年11月11日(土)12:30〜13:00
会場：舞鶴市総合文化会館　大ホール

閉会式・表彰式

日時：2023年11月12日(日)14:00〜15:00
会場：舞鶴市総合文化会館　大ホール

受賞盾　デザインの新たな可能性

「デザコン2023 in 舞鶴」で授与した受賞盾は、ガラス製レンガ「クリスタルブリック」に、デザコンのロゴと「デザコン2023 in 舞鶴」のロゴをサンドブラスト*1により刻印したものだ。旧・鎮守府(海軍の本拠地)という歴史ある「赤れんが倉庫群」は舞鶴市を象徴する名所(旧跡)の1つであり、その「赤れんが」をガラス製レンガに見立てて受賞盾の本体とした。
デザコン2023の大会メインテーマは「session——新しい協働のかたち」。ジャズ音楽のセッション(session)のように、さまざまな掛け合いから新たな価値が創造されることを期待したものである。
受賞盾は、ガラス製レンガを取り扱う建材製造企業、モザイクジャパンに製作を依頼した。各賞名を刻印した銘板は、舞鶴市内の商店街で印判を商う神谷印判店に製作を依頼。受賞盾の包み紙でもある敷紙は、綾部市の伝統工芸品で、京都府の無形文化財にも指定されている黒谷和紙で作成した。舞鶴の周辺地域を含めた商業、工業、伝統産業の協力はまさしく「session」に通じるものであり、新たな価値を創造するというデザインの可能性を示している。
各受賞者がこの受賞盾を手にした時に、自らもデザインの新たな可能性を提案したことを実感してもらえれば幸いである。
(尾上 亮介　舞鶴高専／「デザコン2023 in 舞鶴」実施統括副責任者)

註
*1　サンドブラスト：表面に砂などの研磨材を吹き付ける加工法。

制作協力：株式会社モザイクジャパン(茨城県常総市)、神谷印判店(京都府舞鶴市)、黒谷和紙協同組合(京都府綾部市)

会場で配布されたトートバッグの原案は、「デザコン2022 in 有明」プレデザコン部門の創造デザイン・フィールド最優秀賞作品

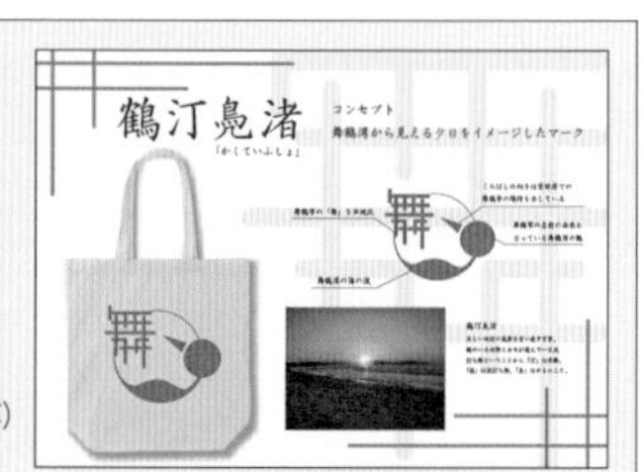

トートバッグ・デザイン原案：板東 礼実、髙口 菜乃(サレジオ高専)
トートバッグ制作支援：株式会社建築資料研究社／日建学院

受賞作品

[空間デザイン部門]

最優秀賞(日本建築家協会会長賞):**賞状+盾+副賞**
舞鶴高専　サンドイッチ・アパートメント
――3人の単身高齢者と5世帯の家族が暮らす家[132]
優秀賞:**賞状+盾+副賞**
岐阜高専　「よそ者」と「地域」を紡ぐ集合住宅[049]
呉高専　個性が彩るみち――みちから広がる世帯間交流[116]
審査員特別賞:**賞状+盾+副賞**
明石高専　風立ちぬ仮寓(かぐう)[086]
呉高専　開いて、閉じて。[114]
建築資料研究社/日建学院賞:**賞状+盾+副賞**
釧路高専　選択できる洗濯場――霧の町釧路における新しい洗濯のあり方[022]
三菱地所コミュニティ賞:**賞状+盾+副賞**
岐阜高専　抽象と具象が生む居場所(スマイ)[038]
エーアンドエー賞:**賞状+盾+副賞**
明石高専　トマリギ――災害と共生する暮らし[110]

132

049

116

086
114

022
038

110

[構造デザイン部門]

最優秀賞(国土交通大臣賞):**賞状+盾+副賞**
米子高専　鴛鴦(えんおう)[028]
優秀賞(日本建設業連合会会長賞):**賞状+盾+副賞**
舞鶴高専　白銀(しろがね)の応力(プレストレス)[021]
優秀賞:**賞状+盾+副賞**
徳山高専　翼棟(よくれん)[023]
審査員特別賞:**賞状+盾+副賞**
有明高専　一部と全部[041]
福島高専　ふぁみりぃ[014]
日刊建設工業新聞社賞:**賞状+企業盾+副賞**
舞鶴高専　押しの弧――コンセプト×最適な分割[020]

028
021

023

041

014

020

[創造デザイン部門]

最優秀賞(文部科学大臣賞):**賞状+盾+副賞**
石川高専　たかが「雪かき」されど「雪かき」
――よそ者が担う地域文化の継承[019]
優秀賞:**賞状+盾+副賞**
舞鶴高専　PLA っと農業[001]
明石高専　マホロバ――次元を超えたまちづくり[010]
審査員特別賞:**賞状+盾+副賞**
明石高専　いただきま〜す![007]
有明高専　有明計画2050――Ariake Utopia[018]
吉村有司賞:**審査員より賞品**
明石高専　水鞠(みずまり)[014]
内山裕弥賞:**審査員より賞品**
都城高専　ぷらっと〜　RINOBUる――デジタル融合が生む日南の未来[005]
塚本明日香賞:**審査員より賞品**
明石高専　いなみのいきもの万博――ため池を未来につなぐために[011]

019
001

010

007

018

[AMデザイン部門]

最優秀賞(経済産業大臣賞):**該当なし**
優秀賞:**賞状+盾+副賞**
神戸市立高専　META MET――3Dプリンタを活用した次世代ヘルメット[001]
弓削商船高専　ディスポ持針器[007]
審査員特別賞:**賞状+盾+副賞**
仙台高専(名取)　Crash・Marble――拡張型ボードゲーム[002]
弓削商船高専　トップナー[009]

001

007

002

009

[プレデザコン部門]

最優秀賞(科学技術機振興機構〈JST〉理事長賞):**賞状+盾+副賞**
サレジオ高専　アビタ67団地――Habitat67[空間003]
福島高専　TUNAGARU TUNAGERU[創造010]
津山高専　あつまる木[AM009]
優秀賞(全国高等専門学校連合会会長賞):**賞状+副賞**
サレジオ高専　軍艦島[空間002]
舞鶴高専　growing up with ANAN[創造015]
舞鶴高専　「五年の重ね」の塔[AM008]
特別賞(全国高等専門学校デザインコンペティション
実行委員会会長賞):**賞状+副賞**
舞鶴高専　NEW 京都駅[空間016]
松江高専　紬――Tumugi[創造011]
鶴岡高専　ご縁あってまたご縁[AM003]

空間003
空間002
空間016
創造010
創造015
創造011
AM009
AM008
AM003

＊000、[000]、フィールド名000、[フィールド名000]:作品番号。
＊作品名は、高専名(キャンパス名)　作品名[作品番号]で表示。プレデザコン部門の作品番号は、[フィールド名000]で表示。
「空間」は「空間デザイン・フィールド」、「創造」は「創造デザイン・フィールド」、「AM」は「AMデザイン・フィールド」を示す。

応募状況

地区	高専名 (キャンパス名)	空間デザイン部門		構造デザイン部門	創造デザイン部門		AMデザイン部門		プレデザコン部門		
		予選	本選		予選	本選	予選	本選	空間	創造	AM
北海道	函館高専						1	1			
	苫小牧高専			2			1	1			
	釧路高専	9	1	2	1						
	旭川高専										
東北	八戸高専										
	一関高専										
	仙台高専(広瀬)										
	仙台高専(名取)	16		1	3		1	1	6	2	
	秋田高専			2							
	鶴岡高専			2			2	1			4
	福島高専	1		1						1	
関東 信越	茨城高専										
	小山高専	1		2							
	群馬高専			2							
	木更津高専										
	東京高専										
	長岡高専									1	
	長野高専	3		2					3		
	東京都立産業技術高専(品川)[公]										
	東京都立産業技術高専(荒川)[公]										
	サレジオ高専[私]	3							3	5	
東海 北陸	富山高専(本郷)										
	富山高専(射水)										
	石川高専	4		2	2	1	2				
	福井高専			2	1		3				
	岐阜高専	10	2	2	1		1	1		2	
	沼津高専										
	豊田高専	17		1							
	鳥羽商船高専						2				
	鈴鹿高専										
	国際高専[私]										
	近畿大学高専[私]			2					1		
近畿	舞鶴高専	6	2	2	1	1			5	3	3
	明石高専	11	3	2	5	4					
	奈良高専										
	和歌山高専			1							
	大阪公立大学高専[公]	5		1							
	神戸市立高専[公]			1			1	1			
中国	米子高専	11		2							
	松江高専			1						2	
	津山高専			1							3
	広島商船高専										
	呉高専	6	2	2	1		1	1			
	徳山高専	1		2	1				2		
	宇部高専										
	大島商船高専										
四国	阿南高専	3		1			1			1	
	香川高専(高松)			2							
	香川高専(詫間)										
	新居浜高専										
	弓削商船高専						2	2			
	高知高専	7		1	1				1		
	神山まるごと高専[私]										
九州 沖縄	久留米高専										
	有明高専	4		2	4	1					
	北九州高専										
	佐世保高専										
	熊本高専(八代)	10									
	熊本高専(熊本)										
	大分高専	1									
	都城高専	6		1	1	1			1		
	鹿児島高専	1		1					3		
	沖縄高専										
海外	IETモンゴル高専			2							
	新モンゴル高専			2							
	モンゴル科技大高専			2							
合計	作品数	136	10	54	22	8	18	9	25	17	10
										52	
	参加学生数	371	27*1	288	77	25*1	72	33*1	26	28	27
										81	
	参加高専(キャンパス)数	22	5	33	12	5	12	8	9	8	3
										16	
	参加高専(キャンパス)総数	40									

表註　*1:本選不参加の学生は不算入。　*高専名欄の[公]は公立、[私]は私立、特記外は国立を示す。　*プレデザコン部門の見出し欄の「空間」は「空間デザイン・フィールド」、「創造」は「創造デザイン・フィールド」、「AM」は「AMデザイン・フィールド」を示す。　*作品の応募登録には、インターネットのクラウド・サービスを利用。

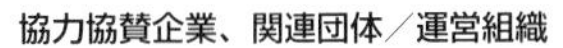

協力協賛企業、関連団体／運営組織

協力協賛企業、関連団体

協力
長岡技術科学大学、豊橋技術科学大学

特別協賛
青木あすなろ建設株式会社、株式会社建築資料研究社／日建学院、三菱地所コミュニティ株式会社

一般協賛
株式会社新井組、株式会社インフォメーション・ディベロプメント、エーアンドエー株式会社、
株式会社エスパス建築事務所、エヌ・ティ・ティ・インフラネット株式会社、株式会社大滝工務店、
鳳工業株式会社、ケイコン株式会社、株式会社鴻池組、シンヨー株式会社、ダイダン株式会社、
大鉄工業株式会社、株式会社竹中土木、中央復建コンサルタンツ株式会社、
内外エンジニアリング株式会社、株式会社ナカノフドー建設、
西日本高速道路ファシリティーズ株式会社、西松建設株式会社、日本オーチス・エレベータ株式会社、
日本国土開発株式会社、株式会社ベクトル・ジャパン、
舞鶴工業高等専門学校 土木・建設システム工学科OB会、株式会社マルイ、メディア総研株式会社

広告協賛
株式会社大建設計

後援
内閣府、文部科学省、国土交通省、経済産業省、国立研究開発法人科学技術振興機構、舞鶴市、
一般社団法人日本建築学会、公益社団法人土木学会、公益社団法人日本コンクリート工学会、
一般社団法人日本機械学会、公益社団法人日本都市計画学会、公益社団法人日本建築家協会、
一般社団法人日本建設業連合会、一般社団法人日本建築士事務所協会連合会、
公益社団法人日本建築士会連合会、株式会社日刊建設工業新聞社、株式会社日刊工業新聞社、
京都新聞、株式会社舞鶴市民新聞社、一般社団法人有本積善社FMまいづる77.5MHz

運営組織

主催
一般社団法人全国高等専門学校連合会

主管校
舞鶴工業高等専門学校

第20回全国高等専門学校デザインコンペティション実行委員会
林 康裕(委員長／舞鶴工業高等専門学校校長)

全国高等専門学校デザインコンペティション専門部会
田村 隆弘(専門部会長／都城高専校長)、玉井 孝幸(幹事／米子高専)
空間デザイン部門：道地 慶子(石川高専)、森山 学(熊本高専＜八代＞)
構造デザイン部門：玉田 和也(舞鶴高専)、寺本 尚史(秋田高専)
創造デザイン部門：玉井 孝幸(米子高専)
ＡＭデザイン部門：堀口 勝三(長野高専)、玉井 孝幸(米子高専)

開催地委員：
前年度開催校委員：岩下 勉(有明高専)
今年度開催校委員：玉田 和也、尾上 亮介(舞鶴高専)
次年度開催校委員：森山 卓郎(阿南高専)

全国高等専門学校デザインコンペティション2023 in 舞鶴　開催地委員会
林 康裕(実行委員長)、片山 英昭(実行副委員長)、加登 文学(実行副委員長)
玉田 和也(統括責任者)、尾上 亮介(統括副責任者)、山田 耕一郎(統括副責任者)、
下元 利之(統括副責任者)
空間デザイン部門：徳永 泰伸(部門長)、今村友里子(副部門長)
構造デザイン部門：毛利 聡(部門長)、中尾 尚史(副部門長)
創造デザイン部門：山崎 慎一(部門長)、牧野 雅司(副部門長)
ＡＭデザイン部門：谷川 博哉(部門長)、石川 一平(副部門長)
プレデザコン部門：渡部 昌弘(部門長)、馬越 春樹(副部門長)
配信担当：竹澤 智樹
記録担当：野間 正泰
ホームページ担当：能勢 嘉朗
事務局：田中 智也、池澤 容子、上方 力、森脇 優奈

デザコンとは?──「教育の場」「成果を社会に示す場」

デザコン(正式名称：全国高等専門学校デザインコンペティション)は、前身である全国高専建築シンポジウムの目的であった「学生相互の研鑽と理解」をベースに、2004年の第1回石川大会からは「人が生きる生活環境を構成するための総合的技術の習得」が目的に加わり、2013年からは建築や建設系の学科の学生に限らず、電気系、情報系、機械系を専門とする学生も参加できる大会として「専門力(=専門的な知識や技術)とエンジニアリング・デザイン力を育む」ことを目的とする場へと発展してきた。これは、情報や関係性がグローバルに広がる現代社会において、生活にまつわるさまざまな課題の解決のため高専の学生が持つ専門力をいかに生かすか、を考えるためだ。つまり、学生が「社会ニーズに専門力で応える」という課題に取り組む体験を通じて、高専の掲げる「『実践的』で『創造性豊かな』技術者」を育成する「教育の場」を提供すると同時に、社会に対して高専教育の成果を示す場として開催されている。

従来、日本では「デザイン(design)」を「設計」「意匠計画」といった狭義にとらえる傾向にあったが、近年は「エンジニアリング・デザイン*1(engineering design)」という言葉がよく使われるようになり、「デザイン」という言葉の持つ幅広い意味が社会的に認知されるようになった。

デザコン第1回の2004年石川大会では、ワークショップ部門と設計競技部門に分かれ、ワークショップ部門では「まちづくりへのチャレンジ」と題した地域交流シンポジウムと、「座ってまちをみつける場所」と題したものづくりワークショップが行なわれた。イベントの内容は設計の領域のみに留まることなく、地域コミュニティを扱った企画や実物大のベンチの制作など、多岐にわたっていた。エンジニアリング・デザインという概念が、大会プログラムの「デザコンの意義」の中に明文化されるのは2013年米子大会を待つことになるが、2004年時点で、すでに「創造性教育」「答えのない課題」など、先進的なプログラムに取り組む大会であったのだ。

改めてデザコンの歴史を整理すると、次ページの年表のように、誕生は1977年、明石高専と米子高専の学生による設計製図の課題の相互発表会に遡る。その後、この相互発表会に呉高専、石川高専が参加し、1993年に「四高専建築シンポジウム」と改称した。以降、運営は学生主体となり、4高専の学生たちが共通のテーマの下に意見交換したり、各校の設計課題を中心に学生生活全般について発表する場となった。四高専建築シンポジウムは、学生の「創造性教育」「相互理解」「交流」の場として重要な意味を持つことが全国の高専の間で理解され、1999年に「全国高専建築シンポジウム」と改称し、全高専の建築系の学科の学生が参加できる大会となった。そして、伊東豊雄、小嶋一浩、内藤廣、村上徹、隈研吾など、招聘した著名な建築家から学生が直接指導を受けられる公開設計競技スタイルの大会へと発展した。その後、建設系を専門とする学生も参加できる大会として、2004年の第1回全国高等専門学校デザインコンペティション(通称：デザコン)石川大会につながった。

一方、2008年から「高専における設計教育高度化のための産学連携ワークショップ」として「全国高等専門学校3次元ディジタル設計造形コンテスト」(通称：CADコン)がスタートした。これは、当時まだ創生期であった3Dプリンタを造形装置として活用して造形物を製作し、造形物を使った競技を通して3D CADによる学生の設計力の向上を目的とした大会である。造形素材の弾性を利用するなど、CADによる設計に加えて構造解析や流体解析などを学生に求める課題であった。2011年北海道大会以降、2013年米子大会、2014年やつしろ大会と、主催は別にするもののデザコンと同一日同会場で開催された。

また、2014年からは、同様に3Dプリンタを使う「3Dプリンタ・アイディアコンテスト」(通称：アイディアコン)が始まった。CADコンの競技に対して、こちらは学生のアイディアや提案を主体とする特色を持った大会であった。この2つの大会は3Dプリンタを使うという共通の特徴を持つことから、関係者の間で協議・検討を重ねた結果、2015年のデザコン和歌山大会では、デザコンのAM(Additive Manufacturing)部門として、夏大会(アイディアコン)と秋大会(CADコン)に分けて開催。2016年デザコン高知大会では、AMデザイン部門として完全に1部門に統合された。これを機に、さらに新たな境地を広げ、内容の充実したデザコンとして進化している。

(玉井 孝幸　米子高専)

註(本書156～157ページ)
*1　エンジニアリング・デザイン：総合的な専門知識を活用してものをつくる力、プロジェクトを推進していく力。そうしたデザイン能力、設計能力のこと。
*2　一般社団法人全国高等専門学校連合会：国立(51校55キャンパス)、公立(3校4キャンパス)、私立(4校4キャンパス)の高専の連合組織。全国の高専の体育大会やさまざまな文化系クラブ活動の発展を助け、心身ともに健全な学生の育成に寄与することが主な目的。
*3　独立行政法人国立高等専門学校機構：全国の国立高専51校55キャンパスを設置、運営している。目的は、職業に必要な実践的かつ専門的な知識と技術を持つ創造的な人材を育成するとともに、日本の高等教育の水準の向上と均衡ある発展を図ること。
*4　主管校：大会運営の主体となる高専。
*5　専門部会：デザコンの運営に当たる主管校を支援するため、高専の教員から構成された組織。各部門に2人ずつの担当者が就く。
*文中の人名は、敬称略

デザコンの開催地(主管校*4〈キャンパス〉)

2004年	第 1 回 石川大会(石川高専)
2005年	第 2 回 明石大会(明石高専)
2006年	第 3 回 都城大会(都城高専)
2007年	第 4 回 周南大会(徳山高専)
2008年	第 5 回 高松大会(高松高専＝現・香川高専〈高松〉)
2009年	第 6 回 豊田大会(豊田高専)
2010年	第 7 回 八戸大会(八戸高専)
2011年	第 8 回 北海道大会(釧路高専)
2012年	第 9 回 小山大会(小山高専)
2013年	第10回 米子大会(米子高専)
2014年	第11回 やつしろ大会(熊本高専〈八代〉)
2015年	第12回 和歌山大会(和歌山高専)
2016年	第13回 高知大会(高知高専)
2017年	第14回 岐阜大会(岐阜高専)
2018年	第15回 北海道大会(釧路高専)
2019年	第16回 東京大会(東京都立産業技術高専〈品川〉)
2020年	第17回 名取大会(仙台高専〈名取〉)
2021年	第18回 呉大会(呉高専)
2022年	第19回 有明大会(有明高専)
2023年	第20回 舞鶴大会(舞鶴高専)

(本書156～157ページの情報は2024年3月末現在のもの)

デザコンの変遷

	デザコン	CADコン	アイディアコン
1977年	設計製図の課題の相互発表会をスタート(参加：明石高専と米子高専の建築系の学科の学生)		
1989年	第13回から呉高専が参加		
1993年	第17回から石川高専が参加 「四高専建築シンポジウム」と改称(運営：学生主体／参加：明石高専、米子高専、呉高専、石川高専の建築系の学科の学生)		
1999年	「全国高専建築シンポジウム」と改称(主催：各高専／参加：全高専の建築系の学科の学生)		
2004年	「全国高等専門学校デザインコンペティション(通称：デザコン)」に改称(主催：一般社団法人全国高等専門学校連合会[*2]／参加：全高専の建築系と建設系の学科の学生)。空間デザイン部門と構造デザイン部門の前身となる種目実施		
2008年		「全国高等専門学校3次元ディジタル設計造形コンテスト」(通称：CADコン)がスタート(主催：独立行政法人国立高等専門学校機構[*3]／参加：全高専の機械系の学科の学生が中心)	
2011年	デザコンとCADコンを同日同会場(釧路)で開催(主催は別)		
2013年	デザコン(米子)とCADコン(明石)を同日に開催(主催は別)		
2014年	デザコンとCADコンを同日同会場(熊本〈八代〉)で開催。 ものづくり部門を廃止		「3Dプリンタ・アイディアコンテスト」(通称：アイディアコン)がスタート(主催：独立行政法人国立高等専門学校機構／参加：全高専の電気系の学科の学生が中心／主管校[*4]：八戸高専と仙台高専を核に東北地区の国立高専)
2015年	CADコンとアイディアコンをデザコンのAMデザイン部門として、夏大会(アイディアコン、仙台／主催：独立行政法人国立高等専門学校機構)と秋大会(CADコン、和歌山／主催：一般社団法人全国高等専門学校連合会)に分けて開催(参加：全高専の建築系、建設系、機械系、電気系、情報系の学科の学生)。創造デザイン部門創設、環境デザイン部門廃止		
2016年	デザコンのAMデザイン部門として、CADコンとアイディアコンが1部門に統合(高知)。プレデザコン部門創設		

大会後記 「デザコン2023 in 舞鶴」を終えて

令和の世を新型コロナウイルス感染症(COVID-19)が跋扈したことで、2020年名取大会はその影響を最大限に受け、インターネット回線を利用したオンライン方式中心での審査を余儀なくされた。2021年呉大会では、ほとんどの参加学生が来場しての審査による開催(一部はオンライン方式の審査)にこぎつけたものの、運営側も参加者も感染症の対策に最大限の注意を払うなど、何かとストレスの高い大会でもあった。2022年有明大会は、全参加者来場による開催の完全復活となったが、参加者は感染症予防のマスクを外すことができなかった。

そして、2023年舞鶴大会(大会メインテーマ：session)では、会場でのマスクの着用が各自の判断に任せられるなど、概ねコロナ禍前の状態に戻ったのである。

2023年舞鶴大会でデザコンは20周年を迎えることができた。企業が出資するコンペティションが林立する中、デザコンに参加する学生の素直な情熱を感じるがゆえに、参加者の記憶に残るような大会にしたい。その一方で、それを賄う経済的な負担、主管校(開催校)の献身的な貢献への依存、協賛企業からのプレッシャーなど、課題は山積みである。そのトレードオフの最適なバランスはどこにあるのか？　そのような思いを抱えながら、今大会の運営にあたった。

専門部会[*5]の創設で、大会の継続性を確保しつつ、主管校の負担軽減を図るなど、時代とともにデザコンの運営方法は徐々に変化してきた。が、デザコンを継続的に開催するためには、主管校の献身的負担をさらに軽減すべきではないか。20周年を迎えた今こそ、デザコンをどのように継続させていくのかを検討するタイミングだと考えている。

来年は阿南高専を主管校として、「デザコン2024 in 阿南」が開催される。ドキドキ、ワクワク、ギリギリの準備期間を経て、学生たちは再びデザコンの「場」に戻ってくる。さて、21回めとなるデザコンはどんな大会になるのだろうか？　その次は福井大会。こちらも今から楽しみだ！

そして、「デザコン2023 in 舞鶴」に参加した学生たちへ。大会メインテーマ「session」への理解は深まっただろうか？　それにしても、君たちが手を抜かないから、教員たちはそれに応えるのに大変である。でも、大丈夫。来年も再来年も、どれだけ情熱をぶつけてもらってもかまわない！　デザコンは君たちの情熱をいくらでも受け止められる大会なのだから。

(玉田 和也　舞鶴高専／「デザコン2023 in 舞鶴」実施統括責任者)

デザコン2023 舞鶴
official book
第20回全国高等専門学校デザインコンペティション

Collaborator:
全国高等専門学校デザインコンペティション2023 in 舞鶴　開催地委員会
舞鶴工業高等専門学校
林 康裕(実行委員長)、片山 英昭(実行副委員長)、加登 文学(実行副委員長)、玉田 和也(統括責任者)、
尾上 亮介(統括副責任者)、山田 耕一郎(統括副責任者)、下元 利之(統括副責任者)

空間デザイン部門：徳永 泰伸(部門長)、今村友里子(副部門長)
構造デザイン部門：毛利 聡(部門長)、中尾 尚史(副部門長)
創造デザイン部門：山崎 慎一(部門長)、牧野 雅司(副部門長)
AMデザイン部門：谷川 博哉(部門長)、石川 一平(副部門長)
プレデザコン部門：渡部 昌弘(部門長)、馬越 春樹(副部門長)
配信担当：竹澤 智樹
記録担当：野間 正泰
ホームページ担当：能勢 嘉朗
事務局：田中 智也、池澤 容子、上方 力、森脇 優奈

協力：舞鶴工業高等専門学校教職員、学生

全国高等専門学校デザインコンペティション専門部会
田村 隆弘(専門部会長／都城高専校長)、玉井 孝幸(幹事／米子高専)

一般社団法人全国高等専門学校連合会
鶴見 智(会長／北九州高専校長)、福田 宏(事務局長)

写真協力：「デザコン2023 in 舞鶴」本選参加学生

Editorial Director: 鶴田 真秀子(あとりえP)
Co-Director: 藤田 知史
Art Director & Designer: 大坂 智(PAIGE)
Photographers: 坂下 智広、中川 敦玲、畑 耕(アトリエR)、畑 拓(畑写真店)、渡辺 洋司(わたなべ スタジオ)、
林 正武、舞鶴高専教職員、舞鶴高専学生
Editorial Associates: 髙橋 美樹、戸井 しゅん

Producer: 種橋 恒夫、三塚 里奈子(建築資料研究社／日建学院)
Publisher: 馬場 圭一(建築資料研究社／日建学院)

Special thanks to the persons concerned.

デザコン2023 舞鶴　official book
第20回全国高等専門学校デザインコンペティション

一般社団法人全国高等専門学校連合会 編
2024年5月1日　初版第1刷発行

発行所：株式会社建築資料研究社
〒171-0014　東京都豊島区池袋2-38-1 日建学院ビル 3F
Tel.03-3986-3239　Fax.03-3987-3256
https://www.ksknet.co.jp

印刷・製本：シナノ印刷株式会社

ISBN978-4-86358-937-7